State and Civil Society in the Era of COVID-19

코로나-19 시대의
국가와 시민사회

State and Civil Society in the Era of COVID-19

코로나-19 시대의 국가와 시민사회

박재창 지음

아내에게

|서문|

팬데믹(Pandemic) 시대의 거버넌스와
맥락적 접근의 과제

코로나-19의 확산과 다면적 위기의 발생

코로나-19는 강력한 전파력과 높은 치명율 및 재감염지수를 자랑하는 범지구 차원의 감염병이다. 그럼에도 불구하고 인류가 이에 대해 아는 것은 별로 많지 않다. 호흡기 전파가 주요 감염 통로인 것으로 알려져 있지만 공기와 비말 가운데 어느 쪽 매개 비중이 높은 지에 대해서는 아직도 서로 다른 견해가 다투고 있다. 무증상 전파, 면역반응, 재감염, 유전자 소인의 역할, 감염에 따른 장기적인 영향 등에 대해서도 베일을 걷어내지 못하기는 마찬가지이다. 상황이 이런 만큼 제대로 된 예방약과 치료제가 개발되기 이전 단계에 있다고 해서 결코 놀랄 일이 아니다. 백신 개발이 상황의 반전을 가져올 것이라는 기대가 있었지만 바이러스의 변이, 돌파 감염, 부작용, 집단면역 달성 등 아직 넘어야 할 산이 많다. 가히 "의과학의 위기"가 아닐 수 없다. 그런 탓에 인류문명사 이래 최고의 과학문명 시대를 산다는 지구촌 거류민들은 지금 매우 당혹스럽고 또 불안하기 짝이 없는 일상을 살고 있다.

이런 상황에 조응해서 감염병을 제압하고 국민의 건강을 지켜야 할 책무를 지는 것은 당연히 국가다. 국가는 그의 존립 근거 자체가 국민의 안전과 존엄의 보호 및 유지에 있기 때문이다. 그러나 그런 국가마저도 위기에 처해 있다. 무엇보다도 국가의 중추적 기능이라고 할 수 있는 "정치의 위기"가 심각하다. 먼저 근대 국가로서 지켜야 마땅한 가치의 추구와 자국민 이익 우선주의가 충돌을 빚는다. 문명국가라면 당연히 인류문명사 이래의 대재앙에 직면해서 인본주의를 지향하고 인권을 존중하며 지구촌 전체의 안녕을 위해 노력해야 마땅한 일이다. 코로나 바이러스의 창궐이 지구 온난화에 따른 파생 효과 가운데 하나라면 지구촌 전체의 환경 오염과 생태 파괴에 대한 대응을 위해 이웃하는 나라들과 보다 더 적극적으로 공조해 나가야 한다. 코로나-19 자체가 국경을 초월해서 확산되는 만큼 효과적인 방역을 위해서도 국가 간 협력과 공조는 필수적 과제다. 외국에서 생산되는 생필품 공급 체인이 유지되어야 이런 재난 속에서도 자국민의 생활경제를 안정적으로 지켜낼 수 있다는 사실에도 유의해야 한다. 그러나 자국민의 건강을 우선적으로 지키기 위한 방역정책이나 의료자본주의 내지는 자국 기업 보호 우선주의 같은 배타적 종족주의의 관점에서 보면 국경폐쇄, 백신 국수주의, 경쟁적 자본주의의 추구는 너무나도 당연한 선택지로 여겨진다. 이런 상황에서는 개별 국가의 이익을 쫓아 다른 나라와 적대적 경쟁에 나서거나 전략적, 독자적 대응을 통해 자국민 보호를 우선시하는 일이 불가피하거나 또는 규범적 책무라는 인식에 빠지지 않을 수 없다.

한 나라의 내부에서도 사정은 결코 다르지 않다. 효율적인 방역을 위해서는 의과학적인 지식과 판단에 따라 정책을 개발하고 집행해야 하지만 어떤 방역정책도 정책 수용자인 일반 시민의 적극적 호응 없이는 기대 효과를 발휘하기가 쉽지 않다. 따라서 시민 개개인의 선택과 주문을 조율하는 정치적 조정과 협력의 과정을 필요로 한다. 의과학의 일원주의와 정치적 조정의 다원주의가 충돌하지 않을 수 없다는 뜻이다. 이런 조정과 타협의 과정은 서로 다른 이해관계를 짜맞춰야 하는 만큼 시간의 경과를 필요로 하고, 그런 까닭에 상황의 시급성에 조응해야 하는 방역 정책은 실기할 수도 있다. 사회경제적 약자와 강자 사이에서 발견되는 정치적 조정과정에 대한 참여 능력의 차이와 기회의 불평등을 어떻게 관리하느냐도 국가가 짊어져야 할 또 다른 난제 가운데 하나다. 특히 코로나-19가 미치는 의과학적 불평등이 사회경제적 불평등과 순비례 관계를 형성한다는 점을 감안하면 문제의 복잡성은 보다 더 심화된다.

어찌어찌 하여 방역정책의 방향이나 내용이 결정된다고 하더라도 이를 집행하는 과정에서 발생하는 "행정의 위기"도 결코 쉽게 풀 수 있는 과제가 아니다. 코로나-19로 인한 위기가 발생하기 이전에 관행적으로 의존해 오던 업무처리양식으로는 위험 상황에 대한 효율적인 대응이 불가능하기 때문이다. 가장 큰 문제는 업무 총량의 갑작스런 증가다. 국정을 운영하는 데 필요한 일상적인 업무 위에 위기 대응이라는 비상업무가 추가되는 데 따른 결과다. 특히 이런 비상업무는 기존의 표준적 절차나 일상적인 대응양식으로는 소기의 목적을 달성하기가 쉽지 않다. 관료제의 상명하달식 업무 처리나 법규중심주의, 그에 따른 보편적, 일반적, 경직적 대응으로는 위험 상황이 필요로 하는 현장 조응성, 탄력성, 유연성, 속도성에 제대로 반응할 수가 없다. 그렇다고 해서 사안의 시급성에 비추어 긴박한 시간 내에 새로운 인력을 충원, 교육하거나 업무처리양식을 개발하고 체화하여 이를 범정부적으로 확산시키기도 쉽지 않다. 무엇보다도 방역행정의 효율화를 위해서는 행정 현장에서 관리전문가로서 내리게 되는 판단과 방역 수혜자들의 개별적인 요구, 나아가서는 의과학적 진단이 서로 충돌하는 상황을 극복하는 데 필요한 제도적인 장치를 개발해서 체계적인 대응에 나서야 하지만 그럴 경우 상황변화에 대한 능동적이고 유연한 대처가 곤란해지는 문제에 봉착하게 된다. 문제의 성격이 모호하고 불확실한 만큼 인과관계를 추정하거나 효율적인 대응조치를 개발하기가 곤란하다는 점도 본질적인 숙제 가운데 하나다.

따라서 그때그때의 상황 변화에 조응해서 점진적으로 이뤄지는 실시간 조정이 불가피한 과제로 제기된다. 지속적인 긴장과 모순의 연속 속에서 대안을 찾아 암중모색해야 한다는 뜻이다. 특히 이 과정에서 일반 시민의 이해와 참여를 독려하기 위해 필요로 하는 국가의 위험 콤뮤니케이션은 목표의 우선 순위를 정하기가 간단치 않다. 질병 관련 정보를 신속히 모두 공개해서 시민의 확신과 동의를 구하는 일이 옳을까? 그럴 경우 질병에 대한 공포와 위험 의식을 과도하게 자극하는 결과가 되는 것은 아닐까? 정보의 정확성과 투명성을 위해 의과학적인 전문용어를 차용하는 것과 내용 전달상의 불명확성을 감수하더라도 일반 용어로 전달함으로써 이해력을 높여야 하지 않나? 이런 모순적 과제에 대한 해답을 찾아 나서야 하는 행정 현장은 언제나 긴장과 망설임으로 인해 무기력의 연속으로 점철될 수밖에 없다. 보다 더 심각한 과제는 이로 인해 정부의 행정이 효율적인 문제 해결 능력을 상실했다고 판단하거나 그럴 가능성이 크다고 평가하는 경우 자체 정화 기능을 상실하면서 부패와 탈법, 적당주의, 무의사결정, 외면 등 행정의 무기력화가 심화될 위험성이 배가된다는 점이다. 위기의 본질에 대한 인식의 차이가 갈등과 역기능을 유발하면서 방역행정 관여자들 사이에서 오히려 보다 더 근본적인 문제를 야기한다는 뜻이다.

훨씬 더 우려되는 문제는 이렇듯 방역행정의 일상화가 지속되면서 큰 정부, 작은 개인 내지는 국가 개입주의에 대한 방어기제가 약화되고 정부에 의한 감시와 개입을 당연시하는 태도가 일종의 사회적 경향성으로 자리 잡게 된다는 점이다. 이런 현상은 이미 우리의 현대사를 통해 확인되고 있다. 한국전쟁은 물론 1960년대에 시작된 경제개발 5개년 계획은 국가 개입주의를 정당화한 이래 큰 정부의 일상화를 추동하는 핵심적 기제로 작동해 왔고, 87년 체제 이후 꾸준히 제기되어 온 사회복지 정책에 대한 수요는 중앙집권적 대응과 정부 의존성 심화의 사회적 정당성 기반을 확장한 바 있다. 여기에 더해 코로나-19로 인한 "경제적 위기"는 정부의 재정 투입 확대를 불가피한 과제로 제기한다. 국경 폐쇄, 도시 봉쇄, 사회적 거리두기, 자가 격리 등 경제적 일상을 차단하는 방역 조치가 빈발하면서 경제활동이 위축되고 계층 간 경제적 불평등을 심화시키는 데에 따른 결과다. 방역 정책의 수혜자가 보편적, 일반적이라면 그에 따른 사회경제적 비용의 부담은 특정적, 개별적으로 구체화 되어 나타난다. 자영업자, 비정규 노동자, 중소 상공인 등 경제적 취약 계층의 피해가 더 크고 결정적이다. 이런 사회경제적 취약 계층을 지원, 보상하고 경제의 일상적 운영을 지원하기 위해서는 국가의 재정 투입 규모를 크게 확장하지 않을 수 없다. 큰 정부의 등장을 당연시하게 된다는 의미이다. 이로 인해 정치적 자유주의와 경제적 자본주의가 위협받게 되고 사민주의 내지는 포퓰리즘의 등장 가능성이 급격히 증대한다. '이념의 위기" 시대를 마주하게 된다는 뜻이다.

시민사회와의 협력적 공조, 무엇이 문제인가?

코로나-19 사태를 맞이하여 감염병을 제압하고 국민의 건강을 지켜야 하는 국가는 이렇듯 그 책무를 구현하는 과정에서 실로 다차원에 걸쳐 여러 모순과 갈등을 마주하게 된다. 그런 만큼 인류문명사 차원의 감염병에 직면해서 국가 혼자서는 이를 효과적으로 대응하기가 쉽지 않다. 시민사회의 협력과 공조가 필수적 과제로 제기되는 이유다. 보다 본질적으로는 시민이 감염의 출발점이자 매개의 숙주이며 치료의 현장이기도 한 다층적, 복합적 성질을 함축하기 때문에 생기는 일이다. 기실 한 사회가 지닌 자원을 총동원해서 대응해야 한다는 점에서는 시민사회뿐만 아니라 시장의 협력도 요청된다. 그러나 국가 중심주의가 강화된 상태에서는 경제도 어려운 만큼 시장이 독립적으로 정부의 지원에 나설 여력을 찾기는 쉽지 않다. 자율성과 자기결정권을 중시하는 시민사회와의 협력적 공조에 거는 기대가 커지는 이유다. 이는 다차원에 걸쳐 확인된다. 정부의 일방적 조치로 인해 사회경제적 부담을 져야 하는 비정규 노동자, 자영업자, 여성, 어린이, 소수인종, 장애인, 원격지 거주자, 정보처리기술 미숙자 등 사회경제적 약자의 의견과 요구를 보다 더 정교하고 신속하게 반영하기 위해서는 시민사회의 지원이 불가피한 과제로 제기된다. 사회적 위기 상황에서 사회경제적 약자를 보호하고 지원하는 데에는 정부 혼자만의 자원이나 의지만으로는 충분치 않고 시민사회의 공감과 자원봉사 및 재정자원의 지원 같은 보완적 조치를 필요로 하기 때문이다. 정부의 방역행정과정에서 발생하는 인권침해, 오류, 권력남용, 부패, 역기능, 예산낭비 등을 감시하고 안전성, 포용성, 평등성, 책임성, 투명성, 등을 제고하기 위해서도 시민사회의 협력을 구하는 일은 불가피한 과제다. 방역행정이 감염 현장의 불확실성과 불명확성 속에서 이뤄지는 만큼 시민사회와의 교류를 통해 현장에서의 점진적, 부분적 수정과 보완을 모색하는 일도 불가역적 과제로 제기된다. 정부가 아무리 좋은 방역 대책을 내놓는다고 하더라도 이를 최종적으로 구현하는 현장은 시민사회일 수밖에 없다. 사회적 거리두기에 맞추어 재택근무, 원격구매, 원격수업, 등을 구현하는 일도 궁극적으로는 시민 개개인의 일상적 삶이 영위되는 시민사회의 현장에서 구체화 된다.

그러나 이렇듯 시민사회와의 협력적 공조를 통해 재난에 대응하고자 하는 경우 순기능만 발생하는 것은 아니다. 우선 시민참여가 국가를 매개로 투입자원의 전환과정을 거치는 과정에서 시간과 경비의 추가적인 지출이 불가피해진다. 신속성을 생명으로 하는 위기 대응 과정에서 핵심적인 장애요인이 아닐 수 없다. 국정과정에 대한 시민참여 자체가 용이한 것도 아니다. 특히 코로나-19로 인한 위기 상황에서는 사회적 거리두기, 대면 접촉에 따르는 위험 요인 등으로 인해 공적 영역에서의 집회와 결사의 자유가 침해되거나 참여와 숙의에 대한 심리적 저항이 커지는 등 심각한 주저 요인이 발생하기 마련이다. 디지털 장치에 의존하는 참여와 숙의가 대안으로 제시되지만 참여의 비효율이나 정보처리능력상의 비대칭으로 인해 사회경제적 약자가 겪어야 하는 참여 능력상의 불평등 문제는 여전한 과제로 남는다. 숙의 없는 참여가 협력적 거버넌스의 본질을 위협할 것은 정한 이치나 같다. 시민사회 구성원이라고 해서 집단 이익을 우선하거나 민의를 왜곡하고 권한과 책임의 분리를 통해 무임승차에 나서고자 하는 등 재난이기주의의 함정에 빠지지 말라는 법도 없다. 시민사회의 사회적 규범 정립에 대한 수요는 오히려 더 커지는 위험성이 내재해 있다는 뜻이다.

이런 경우 가히 "시민사회의 위기"가 아닐 수 없다.

국가와 시민사회가 협력적 공조체제를 구축하는 전략의 보다 더 본질적인 문제는 이때의 국가를 시민사회는 과연 어떻게 이해하고 있는가에 대한 답을 구해야 한다는 점이다. 원래 대의민주주의 아래에서의 국가는 국정운영에 상대적으로 최적화 되어 있다고 믿어지는 엘리트와 단순히 참정의 권한을 지녔으나 수적인 다수를 형성하는 보통 사람들 사이에서 일종의 기능적 분업이 일어난 결과로 여겨진다. 권력 엘리트에게 시민이 스스로 참정의 권한을 위임하게 되는 이유이다. 중우정치나 포퓰리즘에 빠져서는 안된다는 우려의 표출이라는 점에서는 일반 시민의 자기 자신에 대한 불신을 나타내는 것이기도 하다. 그런데 인류 문명사 차원의 재난에 직면하여 이를 극복하기 위한 대안으로 국가와 시민사회가 협력적 공조체제를 구축해야 한다는 주문은 국가의 기능적 무력화와 시민사회의 수월성을 시사한다는 점에서 대의민주주의의 가정적 전제에 대한 이중적 도전을 함축하는 것이 아닐 수 없다. 국가는 더 이상 국정운영에 최적화 되어 있지 않고 시민도 더 이상 우매한 존재, 피동적 주체가 아니라는 점을 시사하기 때문이다. 이를 대표성 원리의 관점에서 보면 일반 시민의 권력 엘리트에 대한 권한의 위임과 권위의 승인을 부분적으로나마 취소한다는 의미이고 권력 엘리트가 스스로 책무성 구현에 나설 것이라는 도덕적 기대를 철회한다는 뜻이기도 하다. 그러나 그렇다고 해서 권력 엘리트에 대한 기대를 완전히 부인하자는 것도 아니다. 아니 거버넌스가 국가와 시민사회 사이에서 일반적으로 국가의 상대적 우위 내지는 국가에 대한 의존성을 결코 부정하지 않는다는 점에서 보면 권력 엘리트의 수월성에 대한 역할 기대는 여전하다고 보아야 한다.

이렇듯 국가와 시민사회 사이의 공조 과정에는 자체의 내재적 모순 내지는 기댓값의 이중성이 개재되기 마련인 만큼 이를 협력 현장의 타협과 조정을 통해 극복하고자 하는 것이 거버넌스의 특장 가운데 하나다. 코로나-19 같은 전대미문의 재난에 대응하기 위해서는 국가와 시민사회가 어떤 선제적 프레임에 따라 역할 분담에 나설 것이 아니라 재난 대응 현장의 구체적 요구와 수요에 따라 임기응변적으로 상호작용해 나가야 한다는 의미다. 이를 두고 중립적 입장에서 제3의 눈으로 관찰하고자 하는 과학적 이론의 주창자들은 중앙집권적 시각과 분권적 시각, 전문가적 식견과 정치적 주문, 합리주의와 온정주의, 서비스 제공자의 관점과 수용자의 요구가 타협과 조정을 통해 서로의 차이와 격차를 줄여나가는 리퀴데이션 현상으로 이해하고자 한다. 반면에 이를 현상학적 관점에서 조명하고자 하는 이들은 상대의 입장에서 세상을 바라보는 시각의 빈번한 교환을 통해 서로의 인식과 이해의 차이를 줄여나가고자 한다는 뜻에서 양초점(bi-foclaism) 이론으로 설명에 나서고자 한다. 차이 자체를 줄이려는 것이 아니라 차이에서 비롯되는 이해의 격차를 줄여나가고자 한다는 뜻이다. 그러나 이들 모두가 위기에 대응하고자 하는 국가의 권능에는 문제가 있으며 사회 문제 해결에 있어 국가가 독점권을 행사하던 시대는 지났다는 데에 동의한다는 점에서는 서로 같다. 더 나아가서는 오늘날 어느 누구도 이렇듯 복잡하고 파편화된 세상에서 결코 혼자서는 위기 대응에 나설 수 있는 지식, 자원, 능력을 충분히 확보할 수 없다는 데에도 의견을 같이 한다. 따라서 아이디어, 능력, 자원 등을 교환하고 협력하기 위해 상호작용하는 일은 위기 대응과정이 수용하고 극복해야 마땅하고 또 불가피한 과제라고 보는 데에서도 같다.

공간과 시간의 차이에 따른 맥락적 접근의 수요

그런데 문제를 보다 더 복잡하게 하는 것은 이런 위기 대응을 위한 상호작용이 진공상태에서 이뤄지는 것이 아니라 개별 국가의 역사문화적 문맥이나 시대 상황의 특성에 따라 유동한다는 점이다. 보다 구체적으로 말하자면 국가의 어떤 위기대응 조치에 대해 시민사회가 어떻게 반응할 것이냐의 문제는 단순히 재난 현장의 상황적 요구에 따라 조응하는 것 외에도 보다 더 본질적으로는 역사문화적 특성이나 시대상황적 특징에 따라 서로 다른 반응을 보이는 데에서 해답을 찾아야 한다는 뜻이다. 우선 역사문화적 문맥에서 보면, 이번의 사태를 대응하는 과정에서 드러나는 가장 큰 특징 가운데 하나도 근대 문명을 선도해 왔다는 대부분의 서구 선진국들이 코로나-19의 질곡으로부터 헤어나지 못한 체 혼란과 실패를 거듭한 반면 한국은 감염병의 방역과 치료에 있어 비교적 선도적 수범을 보였다고 평가된다는 점이다. 당연히 그 원인을 규명하는 일이 이 시대를 살아가는 우리 모두에게 주어진 숙제 가운데 하나가 아닐 수 없다. 그런데 서구 대부분의 나라들은 그들의 일상인 만큼 당연히 우리의 눈으로 보면 서구적 편견 또는 근대 문명기의 편향성 가운데 하나라고 할 수 있는 과학주의, 합리주의, 이성적 담론을 선제적 가정 내지는 당위로 삼는 가운데 대응한 반면, 한국은 바로 그런 선험적 가정에서 벗어나 온정주의, 감성주의, 이해관계보다는 헌신과 희생을 강조하는 차이점을 드러냈다. 한국 문화의 정수라고 할 수 있는 가족주의에 주목하게 되는 이유다. 아니 보다 더 본질적으로는 위기상황이라고 판단할 때와 그렇지 않은 경우 서로 의존하는 인식의 프레임이 달리 작용한다는 점에서 한국 사회는 이중국가론 내지는 전환국가론을 문화적 특성으로 삼아 반응해 왔다는 사실에 주목하지 않을 수 없다.

　이렇듯 코로나-19 사태에 대응하는 한국형 방역의 성공요인을 역사문화적 문맥을 통해 밝히고자 하는 작업은 단순히 사례 연구의 중요성을 확인해 주는 것일 뿐만 아니라 거기에서 더 나아가 근대 문명의 대안 모색에 대한 단초를 여는 시발점이 될 수도 있다는 점에서 그 의의가 결코 작지 않다. 이미 후기 근대에 들어서면서 과학주의, 이기주의, 개인주의, 계약주의, 기계론 등에 기초한 근대 문명의 수명이 다했다는 진단은 일찍부터 나와 있었다. 조금 과장해서 말한다면 다만 그의 변증법적 대안이 무엇이냐에 대한 궁금증과 암중모색의 과제가 남아있을 뿐이다. 그런 점에서 코로나-19의 대응 과정에서 한국 사회가 보여준 대안의 비중은 결코 가볍지 않다. 특히 그동안 과학주의 또는 문화 중립적 접근에 따른 일원론에 빠져 지식수입국으로 살아온 우리에게는 이를 지구중심적 관점에서 객관화하고 해석, 평가함으로써 다원론의 소구력에 주목하고 또 이를 널리 공유해야 하는 과제가 또 다른 차원의 책무로 제기된다. 코로나-19 사태에 대한 국가와 시민사회의 협력적 공조를 한국적 문맥에서 천착해야 하는 이유이고 사례 연구의 중요성에 주목해야 하는 까닭이기도 하다. 이를 토대로 서구 이론 중심주의의 식민적 지배로부터 벗어나 독자적 인식의 틀을 개척하고 정립하는 데에 배전의 노력을 경주해야 할 것은 물론이다.

　그런데 이렇듯 국가와 시민사회 사이의 상호작용에 대한 맥락적 이해의 중요성이 강조되는 데에는 단지 역사문화적 특성을 감안해야 한다는 과제 외에도 시대상황적 요구를 배려해야 하는 수요도 제기되어 있다. 가장 큰 변화로는 정보사회의 도래와 더불어 가상사회로의 진입이 일상화되었다는 점을 들 수 있다. 주목해야 할 것은 이로 인해 국가와 시민사회 사이에서 시민참여의 공간이 배가되는 변화를 낳았다는 사실이다. 무엇보다도 먼저 가상사회는 현실사회와는 달리 시민참여 과정에서의 익명성을 확장해 준다. 기존의 사회 현실이 빚어 논 신분, 재산, 인종, 성별 등의 차이에 따른 장애에 의해 차별되거나 구애받지 않고 누구나 평등하게 의사를 개진하거나 참여할 수 있는 기회 공간을 열게 된다. 보다 더 광범위한 시민참여를 가능케 한다는 뜻이다. 또한 시간과 공간의 제약을 뛰어넘을 수도 있게 된다. 대의민주주의가 등장한 중요 이유 가운데 하나가 일반 시민의 일상 속에서는 공론장에 참여할 수 있는 시간을 배려하거나 지리적, 물리적 이격성을 극복하기가 곤란하기 때문이라는 점을 상기해 보면, 직접민주주의로의 전환 가능성을 여는 열쇠 가운데 하나가 제공되는 셈이다. 무엇보다도 구미디어가 정보의 발신자를 중심으로 하는 일방적 소통을 강요하던 데에서 벗어나 가상사회의 뉴미디어는 쌍방향 소통을 가능케 함으로써 소통의 지경을 원초적으로 확장한다는 점에 주목하지 않을 수 없다. 가상사회는 또 정보의 개방성과 가촉성을 혁신적으로 제고하기도 한다. 언제 어디서나 정보에 접근할 수 있게 함으로써 정보교환과 의사소통의 상시성을 보장하고 그 결과 정치적 공론 형성의 제도화를 위한 환경적 토대를 강화한다. 가상사회의 이런 특성들은 특히 위기상황에서 직면하게 되는 현실사회의 여러 장애들을 돌파하는 데 있어 대안적 통로로서의 의의가 작지 않다. 현장밀착적이고 상황조응적이며 그렇기 때문에 신속하고 정교하게 대응해야 하는 위기상황에서는 현실사회에 내재되어 있는 사회구조적 차등성이나 시공간상의 장애 및 정보의 폐쇄성이나 이격성을 극복하는 일이 문제 해결의 핵심적 과제로 제기되기 마련이다. 그런데 가상사회는 그의 본질적 특성상 이를 초극하는 데에 있어 현실사회보다 훨씬 더 용이하고 효율적이다.

그러나 이를 다른 측면에서 보면 가상사회의 등장이 시민참여를 독려하기만 하는 것은 결코 아니다. 오히려 민주적 시민참여를 저해하는 장애요인으로 작용하기도 한다. 먼저 익명성의 확대에서 비롯되는 책무성의 외면을 들 수 있다. 개인의 정체성이 가려진다는 점을 기화로 진지한 자세로 소통에 참여하는 대신 허위 정보를 남발하고 합의와 조정보다는 갈등과 불화를 재촉할 가능성이 열려 있다. 선호 복제에 따른 자기충진적 편향과 그에 따른 펜덤 현상이 대표적인 사례다. 보다 더 심각한 과제는 그런 우려가 있더라도 이를 통제하기가 마땅치 않다는 점이다. 기명성에 따른 자기 통제력이 사라지는 데에서 비롯되는 결과다. 또한 시공간의 제약을 뛰어넘는다거나 정보의 개방성과 접근성이 제고된다는 점도 이로 인해 정보의 소통이 폭증하면서 시민참여의 증가로 인해 정책형성과정에 과부하가 걸리고 그 결과 정부의 역할 수행에 지장을 초래하거나 과비용 지출을 강제하게 될 위험성도 작지 않다. 보다 더 본질적인 문제는 현실공간의 의사소통 및 시민참여 과정에서 발생하는 다양한 형태의 과제들이 그대로 가상공간에 투사되어 나타나기 마련이라는 점이다. 기존의 권력적 편향이나 불평등을 그대로 투사할 가능성이 작지 않다. 가상공간이 불러오는 의사소통 환경의 변화는 그럴 수 있는 가능성의 지경을 연다는 뜻이지 이를 어떻게 인식하고 대응할 것인가의 과제는 현실공간에서 활동하는 시민 개개인의 선택과 결정에 의해 좌우되지 않을 수 없다. 가상공간은 단지 하나의 가능성을 확장하는 것일 뿐 실제로 어떤 상황이 빚어질 것이냐의 문제는 현실사회를 구성하는 시민 각자의 선택과 결정에 달려 있다는 뜻이다. 이는 당연히 위기대응에 있어서도 같다. 그러나 그렇다고 해서 가상공간이 현실공간에 의해 일방적으로 통제되거나 구속되는 관계만을 구성하는 것은 아니다. 가상공간이 현실공간의 모사체인 것이 분명하기는 하지만 가상공간이 현실공간 그 자체는 아니기 때문이다. 가상공간이 디지털 시스템에 의존하는 인공의 세계인 것은 맞지만 그렇다고 해서 고정불변의 세계는 아니며 자체의 내재율에 따라 끊임없이 유동하는 가능태에 다름 아닌 일이기도 하다는 뜻이다.

이런 인식상의 프레임을 토대로 여기에서는 국가와 시민사회의 관계를 총합적 관점에서 다루고자 한다. 그런데 국가와 시민사회의 관계를 국정운영의 체계론적 관점에서 조망해보면 투입, 전환, 산출, 환류의 단계에 따라 정책의 기획, 설계, 전달, 평가로 구체화 되어 나타난다. 이에 따라 거버넌스의 운영 실제를 각각의 단계에 따라 선거관리, 의회운영, 행정집행, NGO 활동을 중심 과제로 선정해서 다루고자 한다. 나아가 각각의 과제를 시민참여에 초점을 맞추어 선거와 선거관리 거버넌스(제1장), 가상의회와 의회 거버넌스(제2장), 가족주의와 집행 거버넌스(제3장), NGO와 협력적 거버넌스(제4장)로 나누어 검토하고자 한다. 이는 먼저 국정운영의 투입단계에서 볼 때 선거가 미래 정부의 운영 기획을 놓고 후보자 간의 경쟁을 통해 국정운영의 담당자를 결정하는 과정에 해당된다고 보기 때문이다. 그런 만큼 선거관리 거버넌스는 국정운영 기획의 우열을 선별하는 과정에 대한 관리 업무를 시민과 함께 전개함으로써 그의 타당성과 적실성을 높이자는 것으로 해석된다. 둘째 국정운영의 전환단계에 해당하는 의회에 대해서는 일반시민의 의견과 선호를 반영하여 정부가 취해야 할 행동 노선의 대강을 설계하는 곳으로 이해하고자 한다. 따라서 가상의회는 그런 설계 업무를 가상사회에서 구현하자는 것에 다름 아니다. 그럼으로 가상의회에서의 의회 거버넌스는 당연히 가상사회에서 이뤄지는 정부의 설계 작업에 시민이 참여하고자 하는 것으로 해석된다. 이를 어떻게 확장할 것인가가 문제의 핵심적 과제 가운데 하나다. 셋째 국정운영의 산출 단계에서 이뤄지는 행정의 집행은 정부의 설계를 일반시민에게 전달하는 과정에 해당된다. 따라서 집행 거버넌스는 그 전달 과정에 시민을 참여시키자는 의미에 다름 아니다. 그런데 한국의 경우에는 이때 위기라는 상황 인식이 시민참여를 독려하는 주된 에너지를 가족주의로부터 동원하도록 재촉하는 특성을 지녔다. 가족주의 발현 현장으로서의 집행 거버넌스를 다루고자 하는 이유다. 넷째 국정운영은 최종적으로 정부의 행정 집행 결과에 대한 평가를 통해 환류가 이뤄짐으로써 완결된다. 따라서 NGO 주도의 협력적 거버넌스는 NGO가 정부와의 상호작용을 통해 구현하는 것이라는 점에서 볼 때 그것 자체가 일종의 평가작업을 구성하는 것에 다름 아니다. 이로써 긴급 재난에 대응하는 한국 사회의 협력적 공조체제를 종합적, 입체적으로 분석, 검토함으로써 그 과정에서 발현하는 모순과 충돌을 극복하기 위한 대안 모색에 나서고자 하는 데에 이 책은 일차적인 목표를 두고 있다. 그 결과 재난 대응을 위한 위기 정부의 구성에 필요한 이론적 논의의 토대가 마련되기를 기대한다는 점에서는 한국형 대안 정부의 탐색을 도모하는 것이라고도 말할 수 있다.

이를 위해 여기에서는 제1장과 제3장에서 한국의 역사문화적 문맥에 주목하고자 하는 한편 제2장과 제4장에서는 상대적으로 가상사회의 문맥에 비중을 두어 다루고자 한다. 그러나 이 책은 원래 이런 총체적 기획을 먼저 수립한 후 그에 따라 순율적으로 쓰여진 것은 아니었다. 먼저 국정 운영의 산출 단계라고 할 수 있는 집행 거버넌스의 문제를 한국의 역사문화적 문맥을 중심으로 『코로나-19와 한국의 거버넌스』(서울: 박영사 간행)에서 다루었다. 이는 영국의 러틀리지(Routledge) 출판사에서 『코로나-19, 가족주의 그리고 한국의 거버넌스(COVID-19, Familism and South Korean Governance)』라는 제목으로 영문판이 출간된 바도 있다. 그러나 이를 저술하는 과정에서 코로나-19 대응을 위한 국정운영의 실체를 총체적, 종합적으로 분석하기 위해서는 국정운영의 산출 단계 뿐만 아니라 투입, 전환, 평가 단계를 다루어야 한다는 점을 자각하게 되었다. 그에 따라 선거관리 거버넌스, 의회 거버넌스 및 협력적 거버넌스를 추가하게 되었다. 아무쪼록 다른 나라의 코로나-19 대응 국정운영 현장에 대한 체계적인 사례 연구가 보고되어 비교론적 논전의 텃밭이 열리기를 바라는 마음 간절하다. 이 분야 개척서를 자임하는 만큼 적지 않은 오류가 있을 것이라고 생각된다. 아무쪼록 독자 제현의 따가운 질책과 혹독한 고언이 있기를 고대한다. 어려운 출판 환경에도 불구하고 흔쾌히 출판을 결심해 준 한국학술정보의 관계자 여러분께도 감사의 말씀을 전한다.

2022.09.

분당 우거에서

※ 이 책은 아래의 글을 전제 또는 발췌, 수정, 보완하는 가운데 완성되었음을 밝힌다.

서문

박재창. (2021). 코로나-19와 한국의 거버넌스. 서울: 박영사.

제 I 장 선거와 선거관리 거버넌스

박재창. (2021.10.01.). 코로나-19의 확산과 선거의 자유와 공정, 어떻게 확보할 것인가? 한국NGO학회 추계 학술대회 겸 중앙선거관리위원회 주최 "2021 유권자 정치 페스티벌" 기조발제문

_____. (2021). 코로나-19의 확산과 선거의 자유와 공정, 어떻게 확보할 것인가? 「내 나라」, 30: 93-136.

제 II 장 가상의회와 의회 거버넌스

박재창. (2022.09.23.) 코로나-19 시대의 의회 거버넌스: 가상의회의 기여와 한계. 2022 한국정책학회 추계 학술대회 발표 논문. 세종시: 정부세종컨벤션센터.

제 III 장 가족주의와 집행 거버넌스

박재창. (2021). 「코로나-19와 한국의 거버넌스」. 서울: 박영사.

Jai Chang Park. (2021). 「COVID-19, Familism, and South Korean Governance」. UK.Routledge.

제 IV 장 NGO와 협력적 거버넌스

박재창. (2022). 코로나-19 시대의 NGO, 무엇이 문제이고 어떻게 대응해야 하나? 「NGO 연구」, 17(2): 149-190.

‖목 차‖

제Ⅰ장 선거와 선거관리 거버넌스

제Ⅱ장 가상의회와 의회 거버넌스

제Ⅲ장 가족주의와 집행 거버넌스

제Ⅳ장 NGO와 협력적 거버넌스

COVID-19

제 I 장
선거와 선거관리 거버넌스

제1절 서론

후보자가 소속되어 있는 여야 진영 간의 균열과 대치가 고조되어 있어 2022년 3월에 실시된 20대 대통령 선거는 그 어느 때보다도 치열했다. 무엇보다 선거의 결과가 사회에 미치는 영향이 매우 클 것이라는 관측이 지배적이었다. 누가 당선되느냐 보다 집권 세력이 유지되느냐 또는 교체되느냐에 보다 더 큰 관심이 모아졌기 때문이다. 그런 만큼 선거의 과열에 대한 우려와 함께 선거의 자유와 공정에 대한 수요가 그 어느 때보다도 컸다. 더군다나 코로나-19의 확산에 따른 뉴 노멀 시대의 도래로 인해 물리적 환경과 조건이 크게 바뀐 상황에서 치러지는 선거였다. 이로 인해 새로운 선거 환경 변화에 조응해서 선거의 규범과 질서를 조정하거나 새롭게 정립해야 하는 일이 매우 긴박한 사회적 과제로 제기되었다.

보다 본질적으로는 그 동안 선거의 모태라고 할 수 있는 근대 민주주의의 시대적 정합성에 대한 우려가 작지 않았다. 정보사회의 도래와 함께 산업사회적 생산양식에 기초한 고체사회가 퇴조하고 네트워크와 유동성을 특징으로 하는 액체사회가 들어서면서 대의민주주의의 한계를 보완하고자 하는 다양한 노력과 함께 국가와 시민사회가 협력적 파트너십을 형성하는 거버넌스 체제에 대한 수요가 커져 있는 상태였다. 이런 환경 속에서는 국정운영의 국가중심주의를 전제로 하는 공직자 선출과정으로서의 선거가 함축하는 의미와 내용이 달라지지 않을 수 없다. 이런 시대 상황의 변화를 선거과정에 반영해야 하는 과제가 오늘날 우리 사회가 당면한 최우선적 과제 가운데 하나로 제기될 것은 당연한 일이다.

대의민주주의의 쇄락만이 문제가 아니다. 한국의 정치체제 자체가 아직 미성숙 단계에 머물러 있다. 원래 대의 과정을 체계론의 관점에서 보면 대의 과정의 핵심 구성요소인 선거, 정당, 의회는 서로 연동해서 작용한다. 정당의 공천을 통해 공직 선거의 후보자가 결정되고 그 후보자들 사이에서 선거를 통해 당선자를 결정한 결과가 의회를 구성한다. 의회를 구성하는 원내 정당이 선거법 제정과 개정을 주도하고 그 결과 선거의 주요 참여자인 후보자와 유권자의 행동 양식을 규율하게 된다. 선거, 정당, 의회를 체계론의 관점에서 접근하는 경우 이들 사이의 경계를 이분법적 시각(binary perspective)에서 구분하거나 설명하는 것은 적절치 않은 이유다. 그런 만큼 정당과 의회의 제도화 정도가 선거에 직접적인 영향을 미칠 것은 당연한 이치이다. 그 가운데서도 정당정치가 선거에 미치는 영향은 매우 크고 또 결정적이다.

이런 점을 감안하여 여기에서는 먼저 한국 정치의 현주소를 조감한 후, 코로나-19의 확산이 선거의 물리적 토대에 미치는 영향을 검토하고 그에 대한 대응 수단으로서의 전자민주주의가 선거에 끼치는 결과가 무엇인지를 논의해 보고자 한다. 이를 토대로 코로나-19의 확산이 선거에 미치는 부정적 영향을 전자민주주의가 선거에 끼치는 여러 영향 가운데 긍정적 효과의 확대를 통해 극복해 보기로 하고 그 대안 모색에 나서고자 한다. 이런 관점에서 앞으로 한국의 선거과정에서 자유와 공정을 모두 담보해 나가기 위해서는 어떤 과제들을 개선하는 일이 우선적으로 요구되는 지를 따져 보려는 것이 이 장(章)의 최우선적인 목표다.

이를 위해 여기에서는 선거를 과정론의 관점에서 이스톤의 투입, 전환, 산출 모형(Eastonian model)을 토대로 선거의 환경 조건, 선거의 전개 과정, 선거의 진행 결과로 나누어 다루고자 한다. 선거의 환경 조건은 투표가 이뤄지기 전 단계에서 선거 관련 법제, 정당 및 의회의 활동 등을 토대로 후보자 및 유권자에 의해 선거운동이 이뤄지는 정치사회적 환경 및 조건을 함축한다. 선거의 전개 과정은 기표, 산표, 계표, 등 주로 투표 단계의 전후 과정에서 이뤄지는 선거 활동을 총칭한다. 선거의 진행 결과는 선거가 끝난 후 당선자가 결정되거나 그에 따라 집권 세력의 교체나 유지가 확정되고 나아가 특정 정책에 대한 사회적 합의가 창출되거나 선거관리에 대한 회고적 평가 같은 환류 작업을 포괄한다.

제2절 선거의 자유와 공정: 두 마리 토끼 잡기

1. 대의민주주의와 준직접 민주주의

선거는 민주주의를 구현하기 위한 핵심 장치 가운데 하나다. 이를 선출직 공직자에 주목해 보면 국민의 참정권 행사를 위해 대리인을 선출하거나 집권 세력의 교체를 결과하는 정치적 절차 내지는 행사에 해당된다. 그러나 유권자의 입장에 주안점을 두고 보면 집권 세력에 대한 불만을 표출하거나 평가하고 나아가 정서적 순화를 이루며 새로운 정책 의제를 형성하고 그 내용을 합의해 나가는 정치적 참여의 한 양식이라는 의미가 차지하는 비중이 커진다. 선거는 이를 보는 이의 관점 내지는 이해관계에 따라 국민 대표자의 선출 내지는 정치적 참여의 공간 가운데 하나를 우선적으로 인식하게 되는 이유다. 전자가 민주정체의 운영을 위한 전제적 조건이라면 후자는 민주주의라야 가능하다는 점에서 민주정체의 결과적 소산에 해당된다.

그런데 선거가 민주주의의 전제적 조건이라는 사실은 이때의 민주주의가 대의민주주의 내지는 간접 민주주의임을 시사한다. 국민의 참정권을 국정 대리인에게 위임하는 대의민주주의가 아니라면 공무 담임권자를 선출하는 권위적 절차로서의 선거는 불필요할 것이기 때문이다. 그러나 오늘날 기계론적 세계관에 기초한 근대적 프레임의 정합성에 대한 의문이 제기되면서 이런 대의민주주의의 사회적 소구력 내지 당위성에 대한 의문이 제기되기 시작한 지는 이미 꽤 오래 되었다.

원래 대의민주주의는 공장식 생산양식에 기초한 산업사회의 도래와 함께 임금 노동자들이 생겨나고 그에 따라 참정권의 일반화, 보편화가 이뤄지면서 거기에서 비롯되는 정치사회적 수요에 대응하고자 고안되었다. 대의민주주의가 대량생산체제에 기초한 대중 민주주의, 기계론적 세계관에 기반하는 뉴톤식 민주주의(Newtonian democracy)를 인식론적 토대로 삼는다거나 그의 운영 체계를 집적 민주주의(aggregative democracy) 내지는 다수제 민주주의(majoritarian democracy)에 두는 이유다.

그러나 제3의 물결에 따른 정보사회의 도래와 함께 이분법적 기계론에 기초한 고체사회가 퇴조하고 일원론적 인식 프레임에 따라 유동하는 액체사회가 등장하면서 후기 근대사회가 들어서게 되었다. 이에 따라 선거 민주주의, 자유 민주주의, 다수제 민주주의를 특징으로 하는 대의민주주의는 참여 민주주의, 숙의 민주주의, 평등 민주주의, 합의 민주주의, 등을 향해 변모를 거듭해 나가고 있다. 정기적인 선거의 실시 외에도 다양한 양식의 단일 쟁점형 사회운동, 시위, 자발적 결사체로서의 NGO 활동, SNS 등 온라인상에서 이뤄지는 적극적 숙의권 행사 등이 활발하게 전개된다는 점에서 보면, 선거의 상대적 비중이 줄어들면서 대의민주주의와 직접 민주주의를 융합 또는 중복하는 혼합 민주주의(hybrid democracy)의 시대가 열리고 있음을 알 수 있다.

이에 따라 일반 시민의 정치적 참여가 다원화, 광역화, 일상화하면서 대표성의 가변성 내지는 상황조응적 차등화가 일반화하는 변화를 맞이하게 되었다. 공무 담임권자를 중심으로 운영되던 국가중심주의의 시대로부터 국가와 시민사회가 서로 파트너십을 형성하면서 협력적 공조체제를 구축하는 거버넌스 시대로의 이동이 가속화하고 있음을 뜻한다. 그런 만큼 선거가 그동안 시민의 국정운영에 대한 수동적 참여 내지는 간접 참여의

한 양식으로 개발, 운영되어 온 것이라고 한다면 이제는 시민의 직접 참여가 확대되는 협력적 거버넌스 시대의 등장에 맞추어 그의 의미와 내용 내지는 운영양식을 수정, 보완, 또는 재편하는 일이 불가피하게 되었다.

2. 선거의 자유와 공정: 상보적, 갈등적 과제

선거가 대의민주주의가 되었건 또는 준직접 민주주의가 되었건 민주주의의 구현에 기여하기 위해서는 자유롭고 공정해야 한다. 그런데 자유와 공정은 그 자체가 민주주의의 핵심 가치 가운데 하나다. 그렇기 때문에 민주주의 체제 아래에서라야 구현하기가 용이하다. 이로 인해 선거의 "자유와 공정"은 민주주의와의 관계에서 전제적 조건이면서 동시에 수단적 방편이기도 한 이중적, 복합적 관계를 구성한다. 전자가 선거의 자유와 공정을 의미론의 관점에서 이해하는 것이라고 한다면 후자는 도구론의 관점에서 접근하고자 하는 것에 다름 아니다.

먼저 선거에서의 "자유"는 사상의 자유, 표현의 자유, 이동의 자유, 집회의 자유, 결사의 자유 등이 헌법상 기본권으로 명시되어 있는 데에서 보는 것처럼 민주주의의 전제적 조건에 해당된다. 따라서 의미론적으로 볼 때 누구나 어디서나 불편이나 강제 없이 선거에 참여할 수 있는 가능성이 열려 있는 상태를 말한다. 부언하면 선거과정에서 형식적, 실체적 차원의 선택권이 보장되는 것은 물론이고 그런 선택에 따라 불이익이 발생하거나 그럴 것이라는 불안으로부터 격리되고 나아가서는 그런 선택에 대해 자긍심을 가질 수 있어야 한다는 의미로 해석된다. 이를 선거의 환경 조건에 주목해 보면 평등하고 보편적인 참정권이 주어지는 것은 물론이고 출마하고자 하는 경우 어떤 장애도 있어서는 안된다는 뜻이다. 선거의 전개 과정에서 보면 당연히 투표에 참여할 수 있는 기회의 보장이 선결과제다. 선거의 진행 결과 문제가 있다고 판단될 경우 장애나 제한 없이 이의를 제기할 수 있어야 한다. 이를 도구론의 관점에서 보면 통상 건전한 경쟁관계를 유지하는 다당제, 자유로운 의사소통과 편향되거나 오염되지 않은 언론, 그 것을 보장하는 법치주의 등이 확보되어 있어야 구현 가능한 것으로 이해된다. 이때 선거에서의 자유로운 선택권을 보장하기 위해서는 정기, 비밀, 직접, 평등, 보통 선거 등이 보장되어야 한다.

그러나 유권자 개개인이 누리는 선거의 자유만을 강조하는 경우에는 서로의 자유를 침해하는 가운데 선거의 참여자들 사이에서 평온이나 평등성의 원리가 훼손될 수 있다는 우려에서 법치주의에 의한 국가의 개입을 정당화하게 된다. 이때 선거의 진행과 관련하여 국가가 지향하는 핵심 가치가 바로 "공정"이다. 이를 의미론적 관점에서 보면 선거 참여자들 사이에서 어느 쪽으로도 기울지 않는다는 것을 시사한다. 이를 균형이라고 한다면 그런 균형 또는 중립이 현실 정치사회에서 과연 구현 가능하거나 또는 측정 가능한 것이냐의 과제가 제기된다. 나아가 누구의 관점에서 본 균형을 말하느냐의 차원에서는 몰가치 내지는 탈가치의 과제 나아가서는 맥락적 편향의 문제에 직면한다. 그렇기 때문에 "공정한 공정"은 성립 불가능한 개념이라는 주장이 뒤따르기 마련이다.

그러나 도구론의 관점에서 보면 선거가 누구나 어느 쪽을 향해서도 편향되지 않는다는 점을 지향한다는 뜻에서 불평등 처우, 비이성적 우대, 규칙의 편향적인 적용 등을 극복하려는 것으로 이해된다. 선거가 일정한 정도의 규칙성(regularity), 상당성(reasonableness), 내지는 합리성

(rationality)을 지녀야 마땅하다는 뜻이다(Elkit & Svensson, 1997: 35). 보다 구체적으로는 정치적 경쟁의 보장, 선거에 따르는 사회경제적 비용의 적정성 유지, 균등한 선거 참여 기회의 확보와 함께 선거운동 자유의 배려를 함축한다.

이를 먼저 선거 환경 조건의 관점에서 보면 투표 전단계에서 이루어져야 할 과잉금지의 원칙과 편향금지의 원칙을 말한다. 선거가 과열한 나머지 일상생활의 유지가 침해받지 않는 상황이나 민주주의의 핵심 주체인 시민이 정치적 경쟁에서 동등한 성공 확률을 갖는 상태가 유지되어야 한다는 뜻이다. 이를 위해서는 두려움 없이 자유의사의 표현이 가능해야 하지만 그것이 선거 결과에 미치는 영향은 동등하게 취급되어야 하고 이를 위해서는 균등한 선거운동의 기회를 보장하는 환경이 조성되어야 한다.

그렇지만 현실적으로는 어느 민주정체에서도 정치적 경쟁자들 사이의 정치적 자원이 평등하게 배분되는 경우란 거의 찾아보기 어렵다. 따라서 개별 사회의 특성과 한계를 고려하는 가운데 상대적인 관점에서 공정 여부를 평가하지 않을 수 없다. 개별 사회 조응적 판단과 평가가 불가피하다는 뜻이다. 선거의 환경 조건에 대한 평가는 그것이 그 사회에 미치는 영향이 무엇인지를 염두에 두는 가운데 진행되어야 한다. 선거의 환경 조건에 대한 선제적, 부정적 평가는 자칫 그 사회의 민주주의에 대한 부정으로 이어지면서 정치적 갈등을 심화시키는 기폭제가 될 수도 있기 때문이다. 맥락적 평가가 불가피한 이유다. 누구를 위한 것인지 또는 무엇을 위한 평가인가를 염두에 두자는 것이다.

따라서 선거 전개 과정의 공정성이 차지하는 비중이 커지게 되는 데 그에 따라 절차의 정당성에 주목하게 된다. 이는 선거 과정의 공정성을 보장하는 절차가 적법성의 원리에 따라 진행되고 있는 지의 여부를 묻자는 것에 다름 아니다. 이와 관련해서는 먼저 그런 절차를 규정해 둔 선거제도에 대해 국민적 합의가 전제되어 있는 지의 여부를 묻게 된다. 민주적 절차(혹은 과정)는 어디에서건 그 사회 구성원들이 스스로 행동과 생활을 통제하는 규칙을 제정하고, 상황에 따라서 이를 해석하고 내면화하면서 무엇인가 목적하는 바를 이행해나가는 질서를 의미하기 때문이다(이돈희, 2021.04.11.). 따라서 정상배들 사이의 정략적 타협에 의한 선거제도의 변경은 당연히 공정성의 원리를 침해할 수밖에 없다. 적법절차의 원칙에 위배 되기 때문이다. 그런데 적법절차가 유지되려면 선거제도를 논의하는 회의의 공개 원칙이 지켜지면서, 야합 밀실정치의 결과물은 이를 수용할 수 없다는 인식이 선행되어 있어야 한다. 그런 의미에서 공정한 선거는 정당정치의 정상화를 전제로 한다는 의미이기도 하다.

끝으로 선거 진행 결과의 공정성 여부는 선거의 결과가 집권 세력의 이동에 권력적 편향성 없이 기여하는가의 차원에서 제기되는 과제다. 자칫 집권 정당의 권력적 프리미엄이 선거의 결과를 왜곡하는 요인으로 작용해서는 안된다는 의미로 해석된다. 되도록 많은 유권자가 선거에 참여해서 선거 결과의 정당성 정도를 높일 수 있어야 한다는 의미를 함축하는 것이기도 하다. 무엇보다 중요한 것은 그렇게 해서 선출된 공직 담임자들이 파당적 이해관계가 아니라 국민 전체에 대한 책무성 구현의 의지에 충만해야 한다는 뜻이기도 하다.

종합해 보면 선거의 자유와 공정은 일견 상충되는 관계에 있다. 공정을 위해서라면 자유를 제한해야 하는 일도 이를 수용할 수 있어야 하기 때문이다. 그러나 그런 제한이 궁극적으로는 자유라는 근원적인 목표의 달성을 위한 수단적 의미를 함축한다는 점에서 보면 자유와 상합적 관계를 구성한다. 그러나 그렇다고 해서 자유의 제한이 곧바로 선거의 공정을 보장하는 관계에 있는 것은 물론 아니다.

제3절 코로나-19 이후 한국 사회의 정치 환경

1. 한국의 민주주의는 민주적인가?

오늘날 한국 사회는 후기 민주주의 성향이 강화되는 과정에 있다. 무엇보다도 "촛불 민주주의"가 불러온 영향이 크다. 기실 87년 체제의 등장 이후 진행된 민주화 작업의 실체는 정부의 역할 범위를 줄이면서 직접 민주주의 요소를 확장해 온 것에 다름 아니다. 제도 운영 차원에서 보더라도 헌법재판소가 법제 차원에 머물러 있던 정당해산권이나 대통령에 대한 탄핵 및 법률의 위헌 심판권을 실제로 행사했으며, 중앙정부 권한의 지방 이양을 촉진하거나, 참여예산제의 도입을 통해 시민참여의 공간을 넓히고, 다양한 국제기구 가입에 따른 외국 정부의 영향력 행사를 확대 수용해 왔다. 대의기구로서의 국회와 대통령이 지니는 정책결정 내지는 국민대표 기능이 잠식되어 온 것이다. 여기에 더해 외환위기를 거치면서 신자유주의의 이념적 정당성이 커지자 공적 영역의 권능을 축소하는 민영화 작업이 진행되었다. 선출직 공직자들의 관할 업무 영역 자체가 축소되어 온 셈이다. 이명박 정부가 들어서면서 직면한 미국산 소고기 수입 반대 시위나 박근혜 정부의 몰락을 불러온 연인원 수천만 명이 참가한 촛불 시위는 대의기구로서 국회가 지니는 권능을 무력화한 것에 다름 아니다.

여기에 더해 다양한 양식의 친정부 시민사회단체가 발흥하면서 국가와 시민사회 사이에는 조악한 양식의 한국형 조합주의 체제가 자리 잡았다. 이로 인해 공식적인 대의기구가 담당해야 할 정책결정 기능의 상당 부분을 시민사회 대표자가 공유하는 결과를 낳았다. 이 과정에서 정당이 권력의 노점상 역할을 수행했음은 이를 부인하기 어렵다. 정치적 지지를 동원하기 위해 시민사회단체가 유사 정당적 기능을 수행하도록 방치하거나 그런 단체의 지도자나 상근 간사를 기성 정당에 흡수, 동원해서 권력의 공유 장치로 활용한 까닭이다. 이 과정에서 발현한 대의 과정과 관련한 정당 체제의 왜곡은 매우 심각한 상태다.

한국의 정당은 그 운영 실제에 있어 사실상 국가와 시민사회를 잇는 연결핀 기능을 상실한 상태에 있다고 해도 과언이 아니다. 태생부터가 정치적 명망가 내지는 권력지향형 룸펜 중심으로 구성, 운영되는 엘리트 정당일 뿐만 아니라 호소력 있는 정치철학이나 이념적 결속을 토대로 구축되어 있는 것도 아니어서 정책정당으로서의 소임을 다하지 못한다는 평가를 받아 왔다. 따라서 가치 중심의 사회적 결속이나 이해관계 경쟁에서 무력할 것도 물론이다. 지역감정에 기대는 지역정당이자 특정 인물 중심의 패거리 정당 내지는 정치자금줄 중심의 사당 체제 범주를 벗어나지 못하는 한계도 지녔다. 기존의 여야 정당 중심으로 배타적 기득권을 유지해온 카르텔 정당이라는 비난도 받는다. 여기에 선거 전문가 정당의 요소까지 끼어들면서 일종의 잡동사니 정당(hodge-podge party)에 다름 아니라는 진단이 제시되어 왔다(김용호, 2008: 74).

그 결과 제대로 된 정당을 경험해 보지 못한 상태에서 정당정치가 지속되자 가성 정당에 대한 사회적 학습이 확대 재생산되는 결과를 낳았다. 정당정치에 있어 비정상의 정상화가 거듭되었다는 뜻이다. 이에 따라 당원의 자기 정당에 대한 충성심이 약하고 무당파 유권자가 늘고 있으며 정당 활동을 통한 정치적 효능감이 축소 일변도에 있다. 최근에는 사회 여론조사가 활성화되면서 정당의 정책 수요 진단 기능을 대체하는 경향마저 나타나 있다. 이런 경우 정당정치에 대한 유권자의 무관심과 냉소주의가 일상화할 것은 물론이다.

이런 정당정치에 대한 불신을 토대로 국익 지상주의를 부르짖는 민족주의, 국수주의가 기승을 부리고 있으며, 이를 기화로 국가권력의 권위주의 성향이 강화되고 있다. 반일 프레임을 통한 친정부 세력의 규합과 반정부 세력 몰아 세우기가 대표적인 사례다. 이로 인해 국정운영상의 합리주의가 퇴조하고 포퓰리즘의 등장을 여는 환경이 조성되고 있다. 기득권 지향의 친정부 집단과 반정부 집단 사이에는 집단 갈등이 일상화되어 있다. 따라서 이렇듯 사회 갈등의 해소 요구에 신속하게 반응하지 않는 정당정치에 대한 대안 모색 수요가 클 것은 당연한 일이다.

이런 기성 정치에 대한 부정적 평가는 새로운 대안 모색에 대한 열망을 촉진한다는 점에서 일면 불가피하다고도 할 수 있지만 기본적으로 정치를 악마화(demonization)한다는 점에서 부정적 결과를 동반한다[1]. 무엇보다도 권위주의 정부의 등장에 대한 견제기능을 약화시킨다는 점에서 치명적인 결함을 지닌다. 권위주의 정부의 출현은 흔히 여당을 매개로 행정부의 대 국회 지배력을 구조화한다거나 헌법상 권력분립의 정신을 침해하면서까지 국회의원의 내각 겸직을 제도화하는 데에서 보는 것처럼 정치지도자들 사이의 불평등을 구조화하는 데에서 목격된다. 그럼에도 불구하고 정치가 이를 겨냥해서 견제하거나 시정 조치할 수 있는 능력을 유실하게 된다는 데에 문제의 심각성이 있다.

---

1 윤경호(2020.11.30.)를 참조하기 바란다.

2. 뉴 노멀(New Normal) 시대의 도래와 선거

오늘날 한국 사회가 당면한 가장 긴박하고 충격적인 과제 가운데 하나는 당연히 코로나-19 감염병의 확산이다. 2020년 1월 19일 유증상자가 처음 확진된 이래 2022년 8월 7일 현재 일일 신규 확진자 55,292명, 총 누적 확진자 2050만명, 누적 사망자 25,292명을 낳았다(CSSE, 2022.08.08.). 최근에는 1주일 내내 일일 평균 확진자 수가 10만명을 넘는 일이 거듭되고 있다.

이런 코로나-19 확산에 대응하기 위해 정부는 그동안 시민들에게 사회적 거리두기, 마스크 쓰기, 손 씻기 등 개인위생을 철저히 지켜달라는 협조를 당부해 왔다. 그러나 코로나-19의 대유행이 장기화하면서 시민의 피로감이 축적되고 일용직, 중소 상공인, 자영업자 등 일부, 제한적, 선별적 계층에 경제적 손실과 부담이 가중되면서 이제는 사실상 '위드(with) 코로나' 단계로 진입했다는 의견이 설득력을 더하고 있다. 코로나-19 감염병 확산이 일상화하는 뉴 노멀 시대로의 진입이 가시화되어 있는 셈이다.

이로 인해 한국 사회는 선거의 자유와 공정을 지켜내기가 쉽지 않은 환경에 내몰리고 있다. 먼저 선거의 자유와 관련해 보면, 선거의 환경 조건 면에서 볼 때 '밀집·밀접·밀폐를 피하라'는 감염병 예방수칙에 따라 대규모 유세가 금지되거나 밀폐된 공간에서 이뤄지는 실내 간담회나 정책 토론회가 제한되거나 외면되는 일이 빈발하고 유권자 대면이나 명함 또는 전단지 등의 배포 같이 직접 유권자를 접촉하는 일도 주저하게 되었다. 선거와 관련해서 자유로운 토론이나 정보의 공유가 사실상 제한되고 있는 것이다. 이로 인해 유권자는 후보자 검증에, 신인 후보자는 인지도 높이기에 많은 어려움을 겪을 수밖에 없다.

또한 건강의 안보화(securitization of health)(Rushton, 2011: 779-796)가 불러오는 현상도 문제다. 감염병의 확산으로 사회적 위기 의식이 높아지고 마치 전시 상태처럼 국가주의의 정당성이 제고되면서 국가가 시민을 훈육하는 것에 대해 큰 저항 없이 이를 수용하고자 하는 사회 환경이 빚어지고 있다. 국민 보건상의 안전을 담보하기 위해서라면 국가의 강제권 행사가 불가피하다는 인식이 자리 잡게 되었다(van de Pas, 2020: 18). 이 경우 국민 개개인은 더 이상 독립된 개체로서의 주체적 존엄성이나 자기 신체에 대한 자유로운 처분권 내지는 일상성의 유지에 대한 배타적 지배권을 유지하기가 어렵게 된다.[2] 이런 인식의 프레임이 일상화하면서 선거와 관련한 국가의 개입을 보다 손쉽게 용인하고 나아가 선거 관련 자유 선택의 의지와 권리의 행사를 저어하게 될 개연성이 커진다. 건강권과 참정권 사이에서 건강권 우선의 원리를 큰 저항 없이 수용할 가능성이 커지게 되었다는 뜻이다.

선거의 전개 과정과 관련해서는 자유로운 정보 소통의 제약으로 인해 충분한 정책 정보나 후보자에 대한 정밀 진단과 평가 없이 투표에 임할 가능성이 커지게 되었다. 감염병에 대한 노출을 염려한 나머지 기권율이 높아질 확률이 커질 것도 물론이다. 선택의 자유가 제한된다는 뜻이다. 이는 선거의 진행 결과에 있어서도 같다. 코로나-19로 인한 사회적 거리두기는 개인이나 가족으로 생활반경을 제한하는 결과 다양한 사람들과의 접촉을 제한하고 나아가서는 균형있는 정보의 공유를 어렵게 한다. 여기에 더

---

2 박재창(2021: 13)을 참조했다.

해 설혹 인터넷 등을 통해 외부와의 정보 교류에 나선다고 하더라도 인터넷 필터링 효과가 편향된 정보의 축적을 유도하게 된다. 그에 따라 자유로운 선거 정보의 수집이 차단되고 편향화하는 결과를 낳는다. 심리적 장애 없이 자유롭게 정보를 수집, 평가하는 것이 아니라 자기가 선호하는 정보만을 선택하는 사회심리적 정당화 기재가 발동하면서 기존의 신념을 극단화하는 경향을 낳는다는 뜻이다. 이런 현상을 반향실 효과(echo chamber effect)라고 한다면 이는 기성의 질서를 확대 재생산하면서 편견의 울타리로 인해 자유로운 정보의 취사선택이 차단된다는 의미에 다름 아니다. 이는 선거 결과의 해석과 판단에서도 같다. 자기가 선호하는 정보만을 취사선택함으로써 스스로 자신의 자유 선택 의지를 제한하는 경향성에서 벗어나기 어렵게 된다.[3]

반면에 선거의 공정과 관련해서는 기득권 재생산 효과로 인해 선거의 편향성이 높아질 가능성이 크다. 먼저 선거의 환경 조건면에서 보면 가두 캠페인 같은 대면 접촉 기회가 감소하면서 이미 현직에 있거나 미디어를 통해 인지도가 높아져 있고 지역 내 유력 인사로 잘 알려져 있는 후보가 선거에서 유리한 고지를 점하게 된다(전형남, 2021.08.12.). 코로나-19의 확산은 정치 신인에게 불리하게 작용할 가능성이 커진다는 뜻이다. 이는 정당에 있어서도 유사한 효과를 낳는다. 고정 지지층보다 부동층에 더 많이 의존하는 정당일수록 비대면 선거운동에서는 불리한 입장에 놓이게 된다. 소규모 정당이거나 야당일수록 집권 정당보다 불리한 것도 같다.

이렇듯 코로나-19 사태가 기득권 정당이나 후보자에 대한 프리미엄으로 작용하는 현상에는 재난지원금 지급 같은 데에서 보는 바와 같이 국가

---

3 박재창(2021: 68)을 참조했다.

재정자원의 확대 공급에서 오는 포퓰리즘 효과도 예상된다.

선거의 전개 과정과 관련해서는 코로나-19 사태에 대한 대응의 성공 여부가 여타의 정책 이슈를 압도하면서 정부나 집권 여당에 대한 평가 척도를 왜곡할 가능성이 있다. 이 경우 균형있는 정책평가나 집권세력에 대한 책임의 추궁이 훼손될 가능성이 커지는 것은 물론이다. 예컨대 21대 총선의 경우 선거 중반부터 선거 판세를 장악한 여당의 방역 성공론은 조국 사태, 경제 악화, 부동산 문제 등의 악재를 유권자의 시야에서 밀어내기에 충분했다. 코로나-19 확산 이전에도 높은 실업률과 자영업자 폐업률, 가계 부채 증가 및 수출 악화 등과 같은 경제 문제가 꾸준히 문재인 정부의 최대 약점으로 지적되었지만 정작 선거 과정에서는 유권자에게 정부 정책의 실패보다는 코로나-19가 경제 악화의 결정적 원인으로 인식되었다. 따라서 정부와 여당이 경제 문제 책임론에서 비교적 자유로울 수 있었고 이에 따라 경제 악화에 대한 책임을 물었던 야당의 정권 심판론은 제한적 힘만을 발휘할 수 밖에 없었다(강우창 외, 2020: 21).[4] 유권자가 다양한 공약이나 정책 현안을 파악하고 후보자 및 정당의 입장을 정리할 수 있도록 도움을 주는 선거운동 본연의 역할이 집권세력 친화적으로 제한되거나 왜곡되었다는 뜻이다.

반면에 코로나-19 사태가 정부와 여당에 불리한 영향을 미치기도 한

---

4 21대 총선의 경우 여당이 압승한 것은 이런 유형의 기득권 정당 프리미엄 때문이 아니라 정파적 충성심이 우선적으로 작용한 탓이라거나(김정아, 강원택, 2020: 140) 코로나 대응 성공에 따른 긍정적 평가 외에도 야당의 실책에 대한 반발이 복합작용한 결과라는 사실조사 보고도 있다. 그럼에도 불구하고 감염병의 발생과 그로 인한 개인의 피해 유무로 투표의 향배를 결정한 것이 아니라 재난에 대한 정부의 대응을 평가해서 투표에 나선 결과라는 주장이 대체로 주류를 이룬다(신정섭, 2020).

다. 코로나-19 사태에 효율적으로 대응하기 위해서는 정부가 나서서 어떤 조치를 취해야 하지만 이는 기본적으로 획일적일 수밖에 없다. 사회적 약자에 대한 존중이나 배려가 쉽지 않다는 뜻이다. 공동체 전체를 단위로 움직이는 국가권력의 일원주의는 국민 개개인의 사례별 특성에 대한 배려를 외면하기 마련이다. 이런 경향성은 신속성과 적극성을 필요로 하는 위기 대응 과정에서 보다 더 두드러지게 나타난다. 그러나 질병의 감염 자체가 사회경제적 취약 계층을 파고들어 사회경제적으로 차등적인 분포를 보일 뿐만 아니라(김명희, 2020: 69), 감염에 따라 개인이 겪는 사회적, 경제적, 신체적 손실과 위험도 차등적이다. 그럼에도 불구하고 정부는 비록 정도의 차이가 있을지언정 이를 단지 보편적, 일원적으로 다룰 수 있을 뿐이다. 이로 인해 정부·여당은 감염병 대응 조치에 대한 불만을 피할 수 없게 된다.[5]

또한 방역을 위해 사회적 거리두기나 도시 또는 지역 봉쇄 같은 적극적 조치에 나설 경우 이는 경제활동을 극단적으로 위축시킬 뿐만 아니라 종당에는 경제적 비용과 부담을 국민 개개인에게 전가하게 된다. 해당 지역 주민이 겪는 심리적 위축과 불편함도 문제다. 효율적인 방역을 위해 이런 경제적, 사회적 비용을 외면할 경우 이를 부담하는 국민들의 불만이 쌓이면서 정부 정책에 부정적 평가를 내리게 된다. 이를 우려하여 적극적 방역을 완화하거나 외면하는 경우 감염병 확산이 악화되면서 정부의 방역 능력에 대한 불신이 심화된다. 정부로서는 어느 쪽을 선택해도 부정적 평가를 면하기가 쉽지 않다(김동환·조수민, 2020: 438).[6] 코로나-19 사태는

---

5 박재창(2021: 14)를 참조했다.

6 박재창(2021: 15)를 참조했다.

이렇듯 유권자의 정부와 여당에 대한 평가와 선택에 부정적 영향을 미치고, 그런 의미에서 선거의 균형성 내지는 공정성 유지에 역행하는 결과를 빚는다.

보다 구체적으로는 코로나 바이러스에의 노출 가능성이 커지면서 투표장의 보편적, 일반적 위생을 보장해야 하는 문제가 제기된다. 이에 따라 다양한 위생 안전 조치를 취하는 경우 투표에 소요되는 시간이 증가하면서 긴 줄을 서거나 투표장에서 이뤄지는 현장 투표를 저어하는 경향성을 유발하게 된다. 이로 인해 투표가 평등성을 유지해야 하지만 보건 위생상의 위험성이 사회경제적으로 불평등하게 배포되고, 투표에 따르는 비용의 지출도 불평등하게 발생하는 문제에 직면한다. 자유 · 공정 선거를 보장하는 물리적 환경의 확보가 어려워지면서 보통 일반 선거권의 정신에 배치되는 결과를 불러오는 것이다. 이를 피하기 위해 선거의 연기를 생각해 볼 수도 있지만 그럴 경우 선거가 대의민주주의의 필요불가결적 사회기초자산(infrastructure)이라는 점에서 볼 때 기존의 선거제도 나아가서는 민주정체의 정당성 자체에 흠집을 내는 결과를 낳게 된다.

선거의 진행 결과와 관련하여 중요한 점은 정부의 방역 조치에 문제가 있더라도 이에 대한 비판을 제쳐두고 외면하고자 하는 마음이 유권자들 사이에 흐르게 될 가능성이 커지고 그 결과 권력의 이동을 저어하는 경향이 심화된다는 점이다. 코로나-19의 확산 같은 사회적 위기 상황에서는 기존의 질서 내부에 내재되어 있는 모순과 하자는 이를 일단 제쳐놓고자 하는 현상 유지의 경향성이 생겨나기 때문이다. 당면한 위기에 집중하기 위해서는 현재의 시스템을 유지해서 더 이상의 혼란이나 위험의 부담을 줄이는 지혜가 필요하다고 보게 된다. 이를 "시스템 정당화의 심리"(천관율, 2020.06.12.)라고 한다면, 이로 인해 정부의 대응을 일단 수용하고 지지하려는 경향성이 커지게 된다. 현존하는 시스템을 개선하기보다는 일단 유지하면서 우선 위기부터 극복해보자는 욕구가 커진다는 뜻이다(천관율, 2020.06.12.). 21대 총선에서 여당이 압승한 결과도 이를 정부 여당에 대한 신뢰의 표시(Moon, 2020: 4)라기 보다는 권력의 이동과 분산에 따른 위험 부담을 최소화하려는 유권자의 소극적 대응 결과로 해석해야 하는 이유다. 여당의 대승은 강요된 선택의 결과이지 자발적 평가나 자유로운 선택의 결과가 아니라는 뜻이다. 질병의 불확실성으로 인한 두려움이 정부에 대한 자유로운 선택과 권력의 이동을 제한하는 결과를 낳은 셈이다.[7]

코로나-19로 인해 국가의 재정 지출 규모가 확대되면서, 정부의 영향력 행사 범위를 증대하는 결과를 낳는 것은 불가피한 일로 여겨진다. 그런데 선거는 그 결과를 통해 집권 세력의 유지 또는 교체를 낳는 만큼 이 경우 선거가 보다 더 커진 정부의 유지 또는 교체 권한을 시사하게 된다. 선거의 정치적 비중이 커진다는 뜻이다.

---

7 박재창(2021: 69)를 참조했다.

제4절 전자민주주의와 선거의 관계

한국은 정보사회의 선도국 가운데 하나로 다양한 양식의 온라인 시스템 사용이 일상화되어 있다. 일반시민의 일상생활에 가까운 것으로는 스마트폰의 보급과 SNS의 이용을 들 수 있다. 이들이 선거운동의 장(場)에 넘어온 지는 꽤 오래 되었다. 여기에 더해 코로나-19의 확산으로 전통적인 양식의 선거운동이 곤란해지면서 유권자에게 지지를 호소하거나 선거 관련 정보를 습득, 공유하기 위해 유튜브 같은 소셜미디어나 인터넷을 통한 온라인 선거운동이 급성장하게 되었다. 가히 온라인 선거의 전성기라고 해도 과언이 아니다. 아니 전자민주주의는 그 운영의 방식과 양태가 빠른 속도로 변하는 데에 특성이 있는(오명은, 2020.04.09.) 만큼 오히려 앞으로의 전개를 보다 더 흥미롭게 지켜보아야 할 일이다.

그런데 이런 전자민주주의 시대의 도래가 선거에 미치는 영향은 양면적이면서 동시에 양가적이다. 선거의 자유와 공정은 그를 통해 민주주의를 구현하고자 하는 것이라는 점에서 민주주의의 수단적 가치에 해당된다. 그런데 전자민주주의의 여러 장치들을 도입하는 경우 선거의 자유와 공정 모두에 영향을 미칠 뿐만 아니라, 그 결과 각각의 수단 가치에 끼치는 영향의 방향도 긍정과 부정으로 나뉜다. 선거의 자유를 확장하거나 축소하고, 다른 한편으로는 선거의 공정을 확장하거나 또는 축소하는 결과를 낳는다는 뜻이다. 따라서 선거가 민주주의와의 관계에서 지향하는 수단 가치와 전자민주주의가 선거에 미치는 영향을 양축으로 하는 경우 〈표 Ⅰ-1〉과 같은 도식을 낳게 된다.

<표 Ⅰ-1> 전자민주주의가 선거에 미치는 영향

선거의 수단 가치 선거에 미친 영향	자유	공정
긍정적	Ⅰ	Ⅲ
부정적	Ⅱ	Ⅳ

1. 선거의 자유 제고(제 Ⅰ 유형 효과)

전자민주주의의 핵심적 구현 양식이라고 할 수 있는 온라인 선거는 정보소통 양식상의 신속성, 유동성, 다양성, 역동성, 광역성을 특징으로 한다. 그 결과 선거의 환경과 조건에 당연히 영향을 미친다. 먼저 선거의 자유에 긍정적 영향을 미친다는 관점에서 보면, 후보자가 제시하는 정책을 비롯하여 선거 관련 정보를 보다 신속하고 광범위하며 경제적으로 전달, 공유할 수 있게 함으로써 교차 검증을 용이하게 하고, 그 결과 선거 유관 정보의 정련도를 높이는 변화를 낳는다. 보다 다양한 정보를 보다 명확하게 보다 많은 이들과 보다 신속하게 공유할 수 있을 뿐만 아니라 이를 토대로 자유로운 토론과 비판이 가능해지면서 이견의 조정이 일어나고 보다 일치된 의견에 이르게 한다(Clark & Aufderheide, 2009). 선거의 본래 기능이라고 할 수 있는 정책의 개발과 사회적 결속 및 통합을 보다 더 용이하게 이끌어낸다는 뜻이다. 여기에 더해 SNS 같은 정보통신기기는 정보 노출의 우연성을 보장하기 때문에 의도하지 않게 자신과 다른 성향을 지닌 정보에 노출될 가능성이 보다 더 커지게 되고(Brundidge, 2010), 그 결과 보다 다양한 이견을 폭넓게 취합할 수 있게 된다. 보다 더 다양한 의견의 수렴을 통해 사회적 결속의 범위와 강도를 높인다는 뜻이다. 선거의 자유를 확대 구현해주는 셈이다.

이렇듯 온라인 선거운동은 후보자뿐만 아니라 일반 유권자도 쉽게 접근할 수 있고, 그 방식과 양태가 굉장히 빠른 속도로 변화하는 만큼 지속적으로 선거운동상의 시민참여 공간과 범위 및 속도를 확장하면서 과학기술과 민주주의 간의 공진화를 통해 선거의 자유는 물론 전자민주주의 자체의 구현 가능성을 확장하는 속성을 지녔다(송경재, 2009: 85). 무엇보다도 일반 시민이 인터넷을 통해 정보를 획득하고 다른 시민 혹은 집단이나 선거 관련 기구들과 소통하는 가운데 직접 선거 과정에 참여함으로써 선거 관련 정보 소통의 양과 질을 높인다는 사실은 대의민주주의의 한계를 극복하고 직접 민주주의의 실현 가능성을 확장한다는 점에서 매우 바람직한 현상이 아닐 수 없다. 특히 민주주의의 본질이 '인민에 의한 지배(rule by the people)'라는 점에서 그렇다(조일수, 2020: 47).

이런 유권자 주도 선거의 발현 현상으로는 먼저 의제설정(agenda-setting)에서의 능동성 구현을 들 수 있다. 유권자들이 정당과 후보자에게 수동적으로 반응하는 것이 아니라 스스로 선거의 의제를 개발하고 제시하기가 유리해진다. 여론형성(forming of public opinion)에 있어서도 기존의 미디어들이 누려온 게이트키핑(gate-keeping)을 우회해서 독자적, 독립적으로 주요 쟁점들을 발굴하고 제시해서 서로의 의견을 교환하는 가운데 어떤 정책 대안을 결집해 나갈 수 있게 된다. 또한 개별적으로 선거과정에 참여하는 데에서 더 나아가 조직화(organizing)를 통해 집단을 형성하거나 결집된 힘을 모아 압력을 행사하거나 의견을 관철하기가 보다 더 유리해진다. 온라인 선거는 이런 집단 형성의 비용을 크게 줄여주고, 특히 동질적인 개인들 간의 선택적 조직화를 촉진한다는 데에 특징이 있다.

또한 다른 유권자에 대한 설득과 동원이 용이해진다는 점도 장처다. 동원 (mobilizing)을 통해 다른 유권자를 설득하거나 선거운동에의 참여를 유도, 격려하는 가운데 자신의 의견에 동조하거나 지지하는 세력을 결집하는 데 유용하다는 뜻이다(장우영, 2011: 11).

이런 점에서 여론조사나 구글 트랜드 검색 등을 통한 빅데이터의 활용은 매우 유용한 온라인 선거의 구현 수단 가운데 하나다. 실제로 지역 특성 및 유권자 성향을 종합한 '선거 마이크로 전략 지도' 같은 장치가 이미 후보자 유세에 활용된 바 있다. 지난 19대 대선에서 활용됐던 '선거 마이크로 전략 지도'는 전국 17개 시도의 인구, 연령, 선거인 수 등 통계청 정보와 지리정보, 여론조사 결과 및 역대 선거 결과 등의 정보들을 분석하여 투입 대비 득표 확률이 높은 지역을 단계별로 표시했다. 이를 바탕으로 정밀한 유세 전략을 세우고 유세 차량의 동선을 계획하는 등 선거전략의 효율화를 기할 수 있었다(김현정, 2021.04.08.). 이는 후보자와 유권자의 관계에서 후보자 친화적으로 양자의 관계를 재편하는 성격이 있음을 뜻한다. 그러나 전략지도가 제공하는 정보에 따라 정보 소통 자원의 차등 배분을 가능케 하고 그 결과 후보자와 유권자의 소통을 효율화, 경제화, 적극화한다는 점에서는 선거의 자유 확장에 기여하는 것으로 평가된다.

2. 선거의 자유 훼손(제 II 유형 효과)

반면에 온라인 선거운동이 실체적인 심의와 토론 없이 상징적인 기호나 메시지의 전달 같이 전략적 신호의 소비에만 집중하거나 쌍방향이 아닌 일방향적인 정보의 배출이 이루어지는 경우 자유의 남발이나 의미 없는 참여의 과잉을 촉진하는 것으로 귀결될 우려가 작지 않다. 대표적으로는 유투브에서 보는 사용자 제작 콘텐츠(UCC: user created contents)의 경우를 들 수 있다. 정보를 공개하는 새로운 네트워크를 확장한다는 점에서는 선거 과정에 대한 시민참여의 공간을 확대함으로써 참여민주주의를 강화하는 것이 틀림없다. 온라인과 오프라인을 연계해주는 정보 상호작용성를 높인다는 점에서도 유용하다. 그러나 심의나 토론 없이 자기 정보의 일방적인 남발을 부추긴다는 점에서는 오히려 실질적인 내용면에서 선거의 자유를 확대할 기회를 박탈하면서 참여를 축소하거나 정치적 통합의 가능성을 낮추는 결과를 낳는다(김민수 외, 2010: 485).

선거 정보 소통에 있어 감각적, 정서적 선택을 촉진하는 것도 문제다. 원래 선거의 기능은 서로 경합하는 여러 가지 쟁점과 정책을 이성적인 토론을 통해 합리적으로 선택하고 통합해 나가자는 것이다. 그러나 이미지 전달에 치중하고자 하는 정보의 소통은 그와 같은 선거 본래의 기능에 역행하는 결과를 낳기 쉽다. 선거 관련 정보가 쌍방향이 아니라 일방향 통행을 거듭하는 경우 선거주도자들에 의해 유권자를 동원하거나 조작(manipulation)하는 일이 용이해지는 것도 문제다. 정보 소통의 원활화가 오히려 선거의 자유 구현에 역진적인 결과를 낳는 경우다. 유권자들이 매스컴이나, 기타의 정보 전달 수단에 의해 의도적으로 조작, 동원되는 경우 선거 자체에 대한 인식이 형혜화하면서 선거나 정치에 대한 무관심을 유발하고 나아가 기권율을 높이는 결과를 불러오게 된다. 전자민주주의를 통해 제고된 선거관련 정보 소통 양식의 혁신적인 개선이 정치적 무관심의 증대나 기권율의 증대 같은 정치의 불신을 초래하는 경우 선거의 자유 확산에 따른 본래의 목적 가치를 훼손하게 될 것은 물론이다.

3. 선거의 공정 제고(제 Ⅲ 유형 효과)

인터넷 등을 이용한 온라인 선거운동은 저렴한 비용으로 누구나 손쉽게 접근할 수 있다는 점에서 참여의 용이성을 특징으로 한다. 이에 따라 일반유권자 누구나 인터넷상에서 정치적 의사표현이나 선거운동에 나설 수 있고 이 경우 무엇보다도 경제력 차이에 따른 선거의 공정성 훼손을 상대적으로 덜 우려하게 된다(장영수, 2012: 25). 물론 온라인 선거운동의 경우에도 그의 정치사회적 비중이 높아지면서 보다 주목을 끌기 위해 그래픽 디자인이나 컨텐츠의 개발을 위해 많은 돈과 인력을 투입하는 경향이 높아지고 있는 것은 사실이다. 그리고 그에 따라 온라인 선거운동이 미치는 영향의 차등화가 이뤄지는 것도 틀림없다. 그러나 그런 차등성을 불러오기 이전에 온라인이라는 플랫폼 자체가 오프라인에서의 물리적 공간에 비해 경제사회적 차등성에서 비롯되는 선거의 공정성 훼손 정도를 현저히 낮춘다. 이점에서 보면 온라인 선거는 기본적으로 전통적인 선거운동에 비해 선거의 공정성 신장에 기여한다. 온라인 매체 자체의 내부에서 잘못된 정보에 대한 반론과 토론, 교정이 이루어지면서 보다 다양한 정보에의 노출이 가능해진다는 점에도 주목할 필요가 있다. 온라인 선거는 자체의 특성으로 인해 정보의 편식과 거기에서 비롯되는 편향성을 자기 수정해나가는 성질이 있다는 뜻이다.

다른 한편 블록체인 기반 온라인 투표 제도를 도입하는 경우 투표에 관한 정보의 저장 방식이 중앙집중형에서 분산형 시스템으로 바뀌게 된다. 즉, 유권자의 본인 인증 및 투표 내용 등의 정보가 블록체인에 기록되고, 정보가 저장된 블록체인은 중앙서버뿐만 아니라 다수의 노드(정보 저장

· 전송 역할)에도 저장된다. 더 나아가 후보자 · 참관인 등 선거의 이해관계자들이 스스로 노드 및 개표 결과를 검증할 수 있는 권한을 행사할 수도 있게 된다. 이로 인해 하나의 정보를 수정 또는 삭제하려면 그 정보가 저장된 다른 사용자의 동의와 승인을 얻어야만 하는 변화를 낳는다. 개표가 끝난 후에도, 후보자 · 참관인 등이 투 · 개표 내용을 스스로 검증할 수 있다. 투표 결과의 조작 가능성이 매우 희박해지면서 선거의 안정성이 보장될 뿐만 아니라 선거과정에 대한 선거 이해관계자들의 통제력이 균등 배분된다는 점에서 선거의 공정성 확보에 크게 기여하는 결과를 낳는다.

온라인 투표의 경우 스마트폰, 2G폰 등 휴대전화, PC 등을 통해 언제 어디서든 손쉽게 투표할 수 있다는 점에서 투표 행위에 대한 접근권을 매우 광범위하게 보편화, 일반화하는 성질을 지녔다. 사회경제적 열등 세력의 경우 투표일을 포함해서 자신이 원하는 시간과 장소에 투표할 가능성이 우등 세력보다 상대적으로 취약할 것이라는 점에서 보면 온라인 투표를 통해 그런 접근권의 차등성을 보완하거나 시정하는 결과를 낳는다. 기계장치에 의해 기표가 이뤄지기 때문에 종이 투표에 비해 의도하지 않은 무효표가 방지된다는 점에서는 투표의 민주적 정당성을 제고하는 효과도 낳는다. 실수로 인해 발생하는 무효표를 예방한다는 점에서 투표 의도의 표출과정에서 유발되는 의도하지 않는 차등성을 시정하는 효과도 발생한다.

4. 선거의 공정 훼손(제 Ⅳ 유형 효과)

정보 유통의 파편화 가설(fragmentation thesis)(Kim, 2011: 972)에 따르면 선별적 정보의 노출이 용이한 인터넷 매체의 특성상 전자민주주의는 균형 있는 정보의 습득 대신에 일종의 정보 편식 현상을 일으키면서 토론과 숙의에 장애를 낳고 나아가서는 선거의 공정을 훼손한다. 이렇듯 정보취득의 편향화 경향은 인간이 심리적으로 인지적 일관성(cognitive consistency)을 유지하려는 성향이 있어서 자신의 견해를 뒷받침하는 정보를 우선적으로 취하고자 하는 데에서 영향받는 바 크다(Smith et al, 2008).

다른 한편 선거 관련 가짜 뉴스의 생산과 유통도 문제다. 가짜 뉴스의 생산과 소비는 정보의 유통과 소비에 따르는 시간과 에너지를 선제적으로 소비하게 하고 나아가 오도된 판단과 선택을 유도한다는 점에서 선거의 공정을 왜곡하는 결정적 유해 요인에 다름 아니다. 그러나 그렇다고 해서 가짜 뉴스의 유통을 차단하거나 추방하기 위한 법제적 장치를 동원하는 경우 우선적으로 당면하는 과제는 무엇이 가짜 뉴스인지의 여부를 판단하는 일이 쉽지 않다는 점이다. 설사 가짜 뉴스를 진단해 낸다고 하더라도 온라인상에서 일어나는 정보유통의 속도성에 비추어 사후적인 조치에 불과하고 그런 만큼 실익을 담보하기가 쉽지 않다. 경계 초월적 유동성 측면에서 보면 국경을 초월해서 유통하기도 하기 때문에 외국에서 발진하는 가짜 뉴스의 경우 이를 추적하거나 통제하기가 사실상 곤란하다는 점도 문제다(이향선, 2018). 적극적 차단에 나서는 경우 오히려 온라인상의 자유로운 활동을 규제하는 결과를 불러오면서 불이익이 실익을 상회할 가능성도 있다. 운영 실제에 있어서는 권위주의 정부에 대한 비판을 제갈물리거나 억압하기 위한 수단으로 악용될 소지도 있다(Daly, 2021: 2). 새로운 규제 장치를 동원하지 않아도 기존의 법제 수단인 명예훼손죄나 사기죄 등을 통해 최소한의 견제는 가능하고 다양한 정보의 유통을 통해 발생하는 자쟁의 효과를 기대해 볼 수 있다는 점에서 일종의 필요악으로 간주하려는 시각도 적지 않다.

그러나 가짜 정보의 생산과 유통이 이뤄진다는 것은 당연히 선거의 공정을 왜곡하는 것에 다름 아니다. 기존의 정보 유통 구조 특히 매스 미디어의 경우에는 뉴스의 생산과 유통과정에서 필터링 과정을 통해 가짜 뉴스를 걸러내 왔다. 그러나 SNS 같은 자가 정보 생산 체제 아래에서는 다수의 정보 생산자들이 정보를 생산, 유통하면서 자가 검증 단계를 거치지 않고 직접 전달하게 되고, 그 전파의 속도가 빨라 잘못된 정보를 걸러내지 못한 체 신속히 유포되는 정도가 높아지는 것이다(오택섭 외, 2012). 이로 인한 영향이 어떤 이에게는 긍정적으로 또 다른 이에게는 부정적으로 미친다는 점에서 선거의 공정을 헤치는 주요 요인 가운데 하나일 것은 췌언을 요하지 않는다. 보다 더 중요한 것은 선거가 비교적 짧은 기간 내에 당선자 또는 낙선자를 결정하게 되는 데 반해 가짜 뉴스가 선거에 미치는 영향은 이를 그 짧은 시간 내에 신속하게 수정하거나 당낙의 결정을 회복하기가 쉽지 않다는 점이다. 선거의 공정성이 훼손된다는 차원을 넘어서 사실이 아닌 정보가 선거에 영향을 미친다는 점에서 정직과 성실 나아가 합리주의 정신에 기초한 민주주의 기본값을 훼손한다는 데에 문제의 심각성이 있다.

온라인 선거운동은 또한 특정 후보에 대한 지지를 증폭시키는 성질을 지녔다. 예를 들어 후보자 관련 유투브의 경우 후보자의 메시지를 유권자에게 전달하는 데 있어 신속성, 정교성, 직접성 등을 확보함으로써 유권자로 하여금 후보자의 정책을 꼼꼼하게 점검할 수 있는 정보 소통 통로를 확대 제공하는 것은 분명하다. 그러나 SNS 추천 알고리즘이 취향 소비를 부추기는 데에서 보는 바와 같이 확증편향을 강화하고 그 결과 이미 관련 후보자에게 호감을 가지거나 지지하는 유권자가 주로 접속하는 결과를 낳는다. 선호기제가 뚜렷이 나타나는 것이다. 그런 탓에 기왕의 지지를 공고히 하는 데에는 기여하지만 새롭게 지지 유권자를 포섭하고 확장하는 데에는 한계를 노정하면서 극단적인 지지 성향 쏠림을 낳는다(김현정, 2021.04.08.). 선거의 공정성을 훼손할 것은 췌언을 요하지 않는다.

유사한 현상으로는 유권자의 인구사회학적 특성에 따라 온라인 매체에 대한 의존도가 달라진다는 점도 들 수 있다. 한 사실조사 결과에 의하면 여성보다는 남성이 연령이 젊을수록 교육 수준이 높을수록 소득 수준이 높을수록 보수유권자보다는 진보유권자가 정치관심도가 높을수록 기권자보다는 투표자가 온라인 매체에 대한 의존도가 높은 것으로 나타났다(강우창 외, 2020: 101). 이는 온라인 매체에 의한 선거의 자유가 사회적 결속과 통합에 기여하는 것이 아니라 오히려 단절과 분열을 유발하면서 파편화의 성질을 동반한다는 말에 다름 아니다. 보다 더 중요한 것은 이로 인해 선거 참여자들 사이에 차등화가 심화되면서 결과적으로 선거의 공정을 훼손하는 성향이 강화된다는 점이다.

그러나 다른 한편에서 보면 온라인 선거운동은 정치적 견해가 다른 유권자에게 적절한 정보를 전달하면서 그들을 설득하고 지지자로 만드는 개변효과(conversion effect)를 동반하기도 한다(조희정, 2012). SNS 공간은 유권자들 사이에서 중요한 선거 쟁점들을 논의하고 확산하는 채널이지만, 다른 한편으로는 이에 대한 여론을 후보자에게 전달하고 대응하도록 하는 소통 수단이기도 한 만큼 이 과정을 통해 후보자에 대한 지지를 철회하거나 새롭게 지지 후보를 선택하는 등 개변효과를 불러오게 된다(홍주현 외,

2011: 263-264). 그런 의미에서 선거과정에 대한 정보통신기기의 도입은 그 자체로서 현존하는 선거의 상대적 균형성을 파괴하는 요소를 동반한다.

또한 후보자 지지 정보 기록 수단으로서의 투표를 전자화하는 경우에도 유사한 효과가 발현된다. 전자투표가 도입되는 경우 투표의 용이성과 신속성 때문에 선거의 자유가 확장되는 건 분명하지만 그로 인해 투표자 행태가 변하면서 전자투표 제도의 도입 자체가 투표율에 영향을 미치는 결과를 낳는다. 예컨대 정보통신기기의 활용에 익숙한 청년층의 투표율이 높아진다거나, 그 결과 특정 정당에 대한 지지표가 많아지거나 또는 줄어드는 변화를 동반하게 된다. 그런 점에서 선거의 공정성 유지에 영향을 미칠 건 분명한 일이다. 선거에서의 온라인 활용은 지식격차 가설(knowledge gap hypothsis)에 따른 정보 격차(digital divide)로 인해 기존의 사회경제적 격차에 따른 계층별, 지역별, 성별 차등성이 선거 과정에 반영되어 불평등 관계를 확대 재생산할 위험성이 크다는 뜻이다.

제5절 선거개혁의 방향과 과제

한국 사회는 선거를 통해 이미 한국의 정치체제가 제기해 온 일반적, 보편적 정치개혁의 과제를 소화하고 동시에 코로나-19 사태가 요구하는 특정적, 특수적 요구에 대응해야 하는 복합적 수요에 직면해 있다. 그런데 코로나-19가 유발하는 선거 개혁의 과제는 대체로 감염병 확산에서 비롯되는 물리적 한계를 우회하거나 보완하기 위한 장치를 요구한다는 점에서 전자민주주의의 구현을 통한 가상적 접근(virtual approach) 전략에서 해답을 찾게 된다. 보다 구체적으로는 선거의 자유(제 Ⅰ 유형 효과)와 공정(제 Ⅲ 유형 효과)을 제고하는 기제들을 확대 공급하는 전략을 동원해보자는 것이다. 그러나 한국 정치의 본질 문제는 단순히 전자민주주의의 순기능을 확대하는 것만으로는 해결할 수 없는 문화적, 법제적 과제를 안고 있다. 누가 누구를 위해 전자민주주의를 도입, 또는 확대하고자 하는 지를 물어야 한다는 뜻이다. 따라서 단순히 물리적 장애를 넘는 것만으로는 유효한 대안을 모색하기가 쉽지 않다. 정당정치의 개혁과 같은 물리적 접근과 함께 정련된 전자민주주의를 확장하는 것과 같은 가상적 접근을 융합 또는 중복 사용하는 복합적 접근 전략의 도입이 불가피해지는 이유다.

1. 선거의 환경 조건

1) 선거운동 기간 설정의 폐지

원래 선거운동과 정치활동을 구분하기는 쉽지 않다. 이는 오프라인이나 온라인 모두에서 같다. 정치인의 일상적 활동은 그것 자체가 선거운동의 효과를 동반하기 때문이다. 특히 전자민주주의 시대로 들어서면서 사회적 관계의 밀도가 높아지고 그 결과 선거운동과 정치활동의 경계를 구분하는 일이 훨씬 더 어려워지게 되었다. 후보자와 유권자 사이의 기능적 관계도 이를 구분하기가 보다 더 쉽지 않다. 그런 만큼 선거운동을 다른 정치활동과 구분해서 규제하는 일이 훨씬 더 어려워지게 되는 것은 물론이다. 무엇보다도 선거운동을 구속한다는 발상 자체가 선거 자유의 원리에 반한다. 따라서 선거운동의 기간 설정을 철폐하는 경우 혁신적으로 선거의 자유를 확장하게 될 것은(제 I 유형 효과) 췌언을 요하지 않는다.

그러나 현재는 비록 예비후보자제도가 있어 선거운동 허용 기간 전이라도 선거운동을 일부 할 수 있도록 되어 있기는 하지만 사실상 대부분의 일상생활에서 선거운동이 제한되고 있다. 이렇다 보니 기왕에 이름이 잘 알려져 있는 현직자나 기득권자에게 유리하고 정치 신인에게는 불리한 상황이 지속되고 있다. 선거의 공정을 훼손한다는 뜻이다. 이는 OECD 국가 가운데 대부분의 나라가 선거운동 기간을 별도로 정하지 않는 이유 가운데 하나다. 더욱이 선거운동 기간 외에는 선거운동을 원칙적으로 금지하면서도 직접 전화통화, 인터넷, 문자, 메일 등에 대해서는 이를 명시적으로 허용하고 있어 선거운동 기간을 두는 입법 취지가 무엇인지 매우 혼란스럽게 되어 있다.

다만 그렇다고 해서 선거운동도 헌법상 보장된 표현의 자유 가운데 하나라고 보고 그 기간을 무제한 허용하는 경우 선거가 과열하면서 선거의 또 다른 원칙인 선거의 평온과 공정의 유지가 침해될 수 있다는 점에서는 간접 규제의 필요성을 부인하기 어렵다. 이런 점을 감안해서 미국에서는 선거자금에 대한 규제를 통해 간접적으로 통제하는 방식을 취하고 있다. 연방선거운동법을 통해 개인이나 단체가 후보자, 정당 등에 기부하는 총액을 제한하고, 법인과 노동조합, 국립은행은 그 자금으로 기부를 할 수 없으며, 정부계약자 등의 기부도 금지하고 있다(오명은, 2020.04.09.). 타산지석으로 삼아볼 일이다. 이럴 경우 우리로서는 현재의 정치자금법은 이를 개정하여 개인 중심의 모금 체계를 정책 중심 모금 체계로 전환하는 일이 필수적 과제로 제기된다. 모금 자체가 정책형성과정과 융합하지 않는 경우 그렇지 않아도 사적 연고주의의 유제가 강한 우리 사회에서는 사적 네트워크를 통한 정치적 부패의 도구로 전락할 위험성이 큰 까닭이다.

2) 선거운동 방식의 제한 철폐

선거운동의 방식을 제한하는 현재의 제도를 철폐하는 경우 선거의 자유를 혁신적으로 확장하는 결과(제 I 유형 효과)를 낳을 건 췌언을 요하지 않는다. 여기에서 선거운동의 자유를 보다 적극적으로 보장하자는 주문은 단순히 투표권 행사가 가능한 지의 여부를 묻자는 것이 아니다. 그보다는 훨씬 더 궁극적인 것으로서 선거를 통해 국민 주권의 행사가 이뤄져 민주주의의 목적 가치가 제대로 구현되는 지의 여부를 확인하자는 것이다. 다만 이를 구현하는 과정에서 이뤄지는 지나친 선거의 자유 확장이 자칫하면 기회균등의 원리와 선거의 공정을 훼손할 가능성이 있는 만큼 최소한의 범위 내에서 선거의 자유를 제한할 필요가 있음은 이를 인정하지 않을 수 없다. 따라서 선거운동의 자유를 제한하고자 하는 때에는 과잉금지의 원칙에 따라 "원칙적인 허용과 예외적인 금지" 전략에 따라 접근하는 것이 타당하다(방승주, 2017).

그러나 현재는 "선거운동을 할 수 있는 자"로 국한하여 마치 일부 정치인들만이 누릴 수 있는 특권인 것처럼 전제하고, "원칙적인 금지와 예외적인 허용"방식으로 규제하는 전략을 택하고 있다. 이에 따라 현장에서의 상황과 부합하지 않는 일이 빈발하고 있다. 이로 인해 그때 그때 예외를 확대 인정해 온 결과, 선거의 자유 증진이라는 본래의 취지와는 달리 도리어 이를 위축하는 결과를 낳고 있다. 무엇보다 이런 점진적, 산발적, 중첩적 예외의 남발로 인해 이제는 금지와 허용의 경계를 구별짓는 일 자체가 어렵게 되어 있다. 여기에 더해 코로나-19의 확산으로 인해 그렇지 않아도 선거운동의 물리적 공간을 제한하지 않을 수 없는 상황이라는 점을 감안하면 이제 선거운동의 양식을 제한해야 할 이유가 없다. 더욱이 온라인 상의 선거운동에 대해서는 이미 폭넓은 자유가 허용되고 있다는 점도 감안할 필요가 있다. 이는 온라인 상의 선거운동은 이를 규제하는 일 자체가 쉽지 않거나 실기할 가능성이 크다는 점을 반영한 결과다. 따라서 관련법을 대폭 수정하여 선거운동의 자유를 원칙적으로 허용하되 극히 심하게 공정의 원칙을 훼손할 가능성이 있는 경우, 예컨대 금권 내지 관권의 개입, 매표행위 처럼 선거의 자유와 공정을 침해할 위험성이 큰 경우에 한해서만 그의 위법성을 쉽게 인식할 수 있는 행위들을 중심으로 명확하게 적시하고 비례성의 원칙에 따라 제한 조치를 취할 필요가 있다.

영국, 미국, 독일, 스웨덴, 스위스, 아일랜드, 덴마크, 이탈리아, 네덜란드 등을 비롯한 대부분의 OECD 국가들이 선거운동 방법에 대해 특별한 규제를 두지 않고 자유롭고 창의적인 선거운동이 가능하게 하고 있다는 점을 참고할 필요가 있다. 대의민주주의는 물론이고 특히 준직접 민주주의 아래에서 유권자의 선거 자유를 제한하는 경우 국가권력의 정당성을 확보하기가 쉽지 않다는 점도 유의해 볼 일이다.

3) 온라인 선거운동의 장려

코로나-19로 인해 대인 접촉 선거운동이 제한되거나 불가능하게 되었다. 따라서 정당과 후보자가 유권자에게 지지를 호소하거나 정책을 설명하고 유권자는 후보자를 평가하거나 정책을 요구하는 데 필요한 선거 정보 소통상의 대체 수단을 강구하지 않을 수 없게 되었다. 그렇지 않아도 기존의 선거운동 양식은 경제적 비용의 과다 지출을 유발하고 운동에 따르는 공간적, 시간적 제약이 작지 않았다. 그렇기 때문에 이를 대체하는 수단으로 인터넷, SNS, 스마트폰, 메시징, 등 다양한 양식의 온라인 선거운동 방법이 개발, 운영되어 왔다. 특히 페이스북, 와츠업, 트위터 같은 쌍방향형 정보 소통 양식의 활용도가 높다. 온라인 선거운동이 전통적인 선거운동 양식 보다 운동의 균형성, 투명성, 저비용성 측면에서 선거의 자유와 공정을 제고하는 데 있어 훨씬 더 유용할 것은 췌언을 요하지 않는다. 온라인 선거운동은 단순히 전통적인 선거운동 양식을 대체하는 것 이상의 혁신성을 동반한다는 뜻이다. 따라서 선거의 자유(제 I 유형 효과)와 공정(제 III 유형 효과)을 제고하기 위한 도구로서의 온라인 선거운동을 적극적으로 장려하지 않을 이유가 없다.

다만 온라인 선거운동에 따르는 정보 격차와 가짜 정보의 유통 등으로 인한 선거의 자유와 공정 모두의 훼손을 우려하는 목소리가 없지 않다. 그렇다고 해서 이를 어떤 일원적, 선제적 기준에 따라 관리하는 일은 현실적으로 가능하지도 않고 바람직하지도 않다. 이런 온라인 선거운동의 특수성을 감안하지 않고 오프라인에서와 유사한 양식으로 이를 관리하고자 할 경우 선거운동의 자유와 공정을 헤칠 위험성이 커지게 된다. 따라서 온라인 선거운동에 대한 규제는 이를 최대한 소극적으로 접근해야 마땅하다(오명은, 2020.04.09.),

2. 선거의 전개 과정

1) 전자투표제도의 확대 도입

코로나-19로 인해 투표장의 위생관리 수요가 커지고 그에 따라 현장 투표에 대한 대안 모색이 불가피한 과제가 되었다. 이와 관련하여 지금까지 관행적으로 채택해 온 종이투표 내지는 기표소 투표가 절대선이라는 인식을 넘어설 필요가 있다. 이런 맥락에서 부상하는 대안이 전자투표제의 도입이다. 전자투표는 통상 전자식 선거인 명부의 작성과 운영, 터치 스크린식 투표 방식, 그리고 온라인 투표로 구분된다. 그런데 우리는 이미 전자식 선거 명부 제도는 이를 도입해서 운영중에 있다. 터치 스크린 투표는 기술적으로 개발이 끝난 상태에 있지만 이를 아직 공직 선거에 채택하지는 않고 있다. 그러나 투표가 끝나면 거의 동시에 계표가 되고 투표 결과가 기록된 기억장치와 기록지를 통해 투표의 안정성이 보장된다는 점에서 실용 가능성이 크다. 무엇보다 PC와 휴대전화를 통한 온라인 투표는 찬반투표, 선택투표, 점수투표 등 다양한 방식으로 투표할 수 있고, 신속하고 정확한 개표와 실시간 통계처리와 확인이 가능하다는 점에서 그 유용성이 매우 크다. 특히 디지털 기기를 사용하기 때문에 직접적인 대면 없이 언제 어디서나 투표가 가능하다는 점에서 현재로서는 가장 이상적인 투표방식 가운데 하나로 논의된다. 다만 컴퓨터와 인터넷 통신망을 이용하기 때문에 정보의 노출, 위조, 해킹, 대리투표 등의 위험에 노출될 우려가 있다는 점이 지적되어 왔다(제지희, 2020.12.21.). 그러나 최근에는 블록체인과 암호 기술, 생체인증 기술 등이 발달하면서 이런 우려를 불식할 수 있게 되었다(이광형, 2020.11.02.). 비밀투표의 훼손, 투표값 위·변조 및 중복투표 등의 방지기술을 통해 선거의 신뢰성을 확보할 수 있다는 뜻이다.

이렇듯 전자투표는 시간·장소의 제약이 적어 투표에 대한 접근성이 높고, 그에 따라 투표율이 높으며, 선거관리비용을 절감할 수 있고, 무효표를 줄일 수 있다는 점에서 선거의 자유를 제고하는 데 있어(제Ⅰ유형 효과) 핵심 장치 가운데 하나로 간주된다. 현재 미국과 러시아, 호주, 스페인 등에서는 이미 전자투표를 시행했거나 도입을 준비 중에 있다. 우리나라도 국회에서는 전자투표를 이용한 표결 제도가 운영되고 있으며 '온라인 투표 시스템(K-voting시스템)'을 개발하여 여러 공사 영역에서 활용하고 있다. 다만 이를 공직 선거에 도입하는 데에 따르는 사회적 의구심을 불식하고 정치적 신뢰를 확보하는 일만 남아 있을 뿐이다. 사회경제적 차등성을 뛰어넘는 투표의 접근성과 보편적 편의성을 감안하면 선거의 공정을 제고하는 데에(제Ⅲ유형 효과) 크게 기여하는 장치가 아닐 수 없다. 비대면 사회의 도래에 따른 물리적 한계를 극복해야 한다는 점을 기화로 전자투표제도의 도입을 서두르지 않을 이유가 없다.

2) 정책 및 소환 투표 제도의 도입

전자투표제가 도입되는 경우 투표 관리 비용이 줄고 상시 투표의 실시가 가능해짐에 따라 공직자 선출을 위한 투표와 함께 주요 정책에 대한 찬반 투표를 동시에 실시하거나 또는 주요 정책에 대한 투표를 별도로 실시해서 협력적 거버넌스 시대의 정치적 수요에 부응하는 선거제도로 전환해 나갈 필요가 있다. 이는 국민투표의 정신을 공직 선거에 도입하자는 것이기도 하고 선거 자유의 범위와 차원을 혁신적으로 제고하자는 것이기도 (제Ⅰ유형 효과) 하다. 이미 미국의 캘리포니아 주 같은 데에서는 이를 실시해 왔다. 이는 선거과정에서 후보자와 유권자가 감당하는 역할이 융합적, 혼합적 관계로 전환해 나가는 협력적 거버넌스 체제 아래에서는 불가피한 선택지로 여겨진다. 준직접 민주주의를 구현하기 위한 방안 가운데 하나로 여겨지는 까닭이다.

또한 공직자 선출 과정에서 발생하는 선거 자유의 훼손과 선거 공정의 훼손 문제를 근인적으로 보완, 제거하려는 것이라는 점에서는 한국의 정당정치를 비롯한 정치 과정이 안고 있는 비민주적 요소를 우회, 극복하려는 혁신적 조치 가운데 하나로도 간주된다. 정치적 대리인에 대한 의존도 자체를 낮춤으로써 선거의 정상성 회복에 기여하고 나아가 국가와 시민사회의 협력과 결속을 강화함으로써 기존의 한국형 대의체제가 동반하는 정치적 결손을 보완하는 효과를 기대해 보자는 것이다.

같은 이치로 선출직 공직자에 대한 소환 투표제의 도입도 검토해 보아야 한다. 선거의 궁극적인 목표는 유권자의 신뢰를 기반으로 그들의 의사를 국정과정에 효율적으로 전달하는 대리인을 선출하고 그 결과 유권자의 정책적 요구를 현실 정치에 반영하자는 것이다. 그러나 선거를 통해 선출된 공직자가 그런 유권자의 기대를 저버리는 경우 책임정치의 구현을 위해 임기가 다 소진될 때까지 기다리기에는 유권자의 정치적 지출 비용이 너무 크다. 특히 오늘날과 같이 정보화 사회의 도래로 인해 사회 정책과제의 의미와 내용이 급변하는 상황에서는 더욱 그렇다. 따라서 유권자와의 약속을 지키지 않는 당선자에 대해서는 이를 소환하고 새로운 대리인을 선출할 수 있게 되어야 정치적 대리인에 대한 유권자의 통제력이 강화되면서 유권자의 정치적 요구 구현이라는 선거의 본래 목적 달성이 용이하게 된다. 이는 결과적으로 선거 자유의 제고를 확대 보장하는 것이기도 하다(제 I 유형 효과). 왜곡된 정치적 대리인으로 인해 유권자의 정책적 요구가 왜곡 반영되는 것을 시정한다는 측면에서는 선거의 공정성 제고를 말하는 것에 다름 아닌 일이기도 하다(제 III 유형 효과). 전자투표제를 도입하는 경우 추가 선거 실시에 따르는 경제적, 사회적 지출 비용의 증가를 크게 염려하지 않아도 된다는 점도 감안할 필요가 있다.

3) 정당 내부 민주주의의 강제

선거는 후보자 가운데 당선자를 가려내는 정치 행사에 다름 아니다. 그런데 철학적 기반이나 가치 연대에 기반하지 않는 한국의 정당정치에서는 지역을 기반으로 하는 연고주의가 가장 강력한 득표기반이 되어 있다. 따라서 지역주의에 기반하는 정당의 공천이 정치권에 진입하는 관문일 뿐만 아니라 당락을 결정짓는 결정적 요인으로 작용한다. 그런만큼 선거의 정상화를 위해서는 정당의 공천권 행사가 얼마나 민주적 가치에 따라 이뤄지는가를 점검해 보아야 한다. 그런데 우리 사회에서는 정당의 공천권을 과두적 지배체제를 구축하고 있는 정당의 수뇌부가 배타적으로 장악하고 행사해 왔다. 이로 인해 정당 내부 민주주의가 무너지는 것은 물론이고 여당의 경우 대통령의 권위주의적 국정운영을 부추기고 또 가능케 하는 핵심적 장치로 작용해 왔다. 공천권을 둘러싼 금전거래로 인해 부패정치의 출발점이 된다는 지적도 적지 않다.

따라서 정당 공천의 민주성과 공정성을 확보하는 일은 정당의 민주화를 결정짓는 시금석일 뿐만 아니라 정당 밖의 선거과정에서 발생하는 공정의 훼손을 근인적으로 시정하게 될 것은 두말할 필요도 없다(제 III 유형 효과). 그런 만큼 법적 구속을 통해 이를 정상화하는 일이 시급한 과제가 되어 있다. 무엇보다도 당원과 지지자들에게 실질적인 후보선출권을 보장하는 방향으로 정당의 공천제도를 개혁하고 이를 정당법과 선거법 개정을 통해 구속해야 한다. 이를 위해서는 정당의 지역 단위 조직을 부활하고 활성화하는 일이 선결과제다. 당원의 실질적인 참여가 가능하도록 제도적 장치를 개선하자는 것이다.

3. 선거의 진행 결과

1) 온라인 선거 시스템의 보안성 확보

선거관리가 다양한 전산정보 시스템을 통해 이뤄지는 경우 우선적으로 제기되는 과제는 가상 정보 시스템의 안전성 보장이다. 특히 외국 정부에 의한 해킹 방지는 중요한 과제 가운데 하나로 제기되어 있다. 미국의 경우 2016년 당시 오바마 대통령은 미국의 정보당국이 러시아가 미국 민주당 전국위원회와 민주당 조직들을 해킹한 것으로 본다고 밝힌 바 있다. 유출된 전자우편은 폭로 전문 사이트인 위키리크스에 등장함으로써 당시의 민주당 대선 후보였던 힐러리 클린턴 진영에 타격을 주었다(연합뉴스, 2016.12.17.). 2020년에 실시된 한국의 21대 총선에서도 중국 정부의 개입설이 유포된 바 있다. 사실 유무를 떠나서 적어도 기술적으로 가능한 일이라는 데에서 비롯되는 염려가 확산되고 있다. 이런 온라인 선거 시스템의 안전성에 대한 불안과 우려 자체가 공직 선거 전반에 대해 부정적 영향을 미칠 것은 당연한 일이다. 실제 이런 일이 발생해서도 안되는 만큼 그럴 가능성을 염두에 두고 대안 마련에 나서는 것은 당연한 수순으로 여겨진다. 선거 관련 전산 시스템의 해킹 방지 체제를 강화하고 시스템의 안전성을 보장하는 기술적, 제도적, 법제적 장치를 확대하는 일이 시급한 이유다. 무엇보다도 이런 조치를 통해 온라인 선거에 대한 사회적, 심리적 신뢰를 확보하는 일이 매우 중요한 과제다.

이를 위해서는 선거관리위원회의 기능을 확대 개편하는 일이 불가피하다. 전산 시스템의 해킹을 방지하고 새로운 전자투표 시스템을 연구, 개발하는 등 선거과정의 사이버 안전성(cybersecurity) 보장에 필요한 작업을 단순 기술 작업으로 간주하고 외주주는 경우에는 시스템 관리의 안전성 보장에 대한 사회적 의구심을 불식시키가 쉽지 않을 것이기 때문이다. 따라서 선거관리위원회가 분야별 전문가를 직접 확대 고용하여 해당 분야의 관리, 개발 능력을 강화하고 그 과정을 공개하여 사회적 신뢰를 구축하는 일에 진력해야 한다. 선거관리위원회로서는 이를 위해 선거의 안전성을 위협하는 시도가 가능하다는 사실을 공표하고, 그러나 대응 조치가 기술적으로 가능하다는 정보를 공유하도록 해야 한다. 나아가 어떤 선거가 끝나는 경우 선거의 안전성을 보장하기 위해 적절한 조치가 취해졌고 그 결과 안정성이 확보되었다는 사실을 공개하는 등 관련 정보를 투명하게 공유함으로써 사회의 신뢰를 확보하도록 노력해야 한다. 이는 그렇지 않을 경우 선거의 공정성에 대한 사회적인 의구심이 확대되면서 선거의 정당성에 대한 우려가 커지고 그 결과 선거에 대한 참여를 저어하는 정도가 커질 것이라는 점에서 선거의 자유(제 I 유형 효과)와 공정(제 III 유형 효과)을 함께 제고하는 조치가 아닐 수 없다.

2) 선거관리의 거버넌스 체제 도입

정보사회에서는 정보 유통의 빈도와 강도가 높아지면서 사회관계의 복잡성을 높이게 된다. 이는 유권자, 후보자 같은 선거 유관자와 선거 관리자의 관계에서도 같다. 선거 유관자는 문제 해결의 객체이고 선거 관리자는 그런 문제 해결의 독립 주체라는 인식은 선거 관련 정책과제들을 기능적으로 구분한다는 점에서 일종의 분업의 원리에 기초한 할거주의의 산물인 셈이다. 그런데 이렇게 선거 유관자와 관리자를 이분법적으로 구분하는 경우, 선거 관리자는 선거 현상의 외부에서 제3자의 눈으로 선거를 관찰하고 거기에서 발생하는 문제의 인과관계를 추적 조사하게 된다. 그러나 전자민주주의 아래에서는 사회적 관계의 밀도가 높아지면서 그 구조의 복잡성과 유동성으로 인해 현상의 외부에서 제3자의 눈을 통해 인과관계를 추적하기가 쉽지 않다. 어찌어찌하여 문제의 원인을 규명하고 해결의 대안을 개발한다고 하더라도 이를 들고 다시 선거과정에 개입해서 문제 해결에 나서고자 하는 경우, 밀도 높은 사회관계로 인해 일종의 '간섭효과'를 낳지 않을 수 없다. 문제의 성질 자체를 변화시킨다는 뜻이다. 따라서 선거 관리자가 제3의 평정자 내지는 문제의 권위적인 해결자로서 선거 과정에서 발생하는 문제의 전인적인 해결에 나서고자 하는 한 선거 관리자의 무력성은 이를 피하기가 쉽지 않다.

전자민주주의에서의 선거 관리자는 선거과정의 유일한 책임자라는 인식을 더 이상 유지해서는 안 되며, 오히려 그동안 문제 해결의 객체로만 여겨지던 후보자 내지는 유권자로부터 필요 정보가 수집되고 문제 해결의 주도권이 행사되도록 조장하고 지원하는 일에서 자신의 존립 근거를 찾아야 한다. 문제의 발원지야말로 가장 정교하고 풍부한 관련 정보 자원의 생산지이고 또 그렇기 때문에 문제 해결의 출발점일 것이기 때문이다. 그러나 그렇다고 해서 선거 관리자의 존립 근거가 소진된다는 의미는 당연히 아니다. 선거 관리자는 여전히 규범적 지표의 제시자로서[8] 그리고 선거 관련자들과의 관계를 규율하거나 설정하는 총합적 조망자로서 자신이 감당하고 소화해야 할 책무와 과제를 지닌다. 다만 자신의 역할 수행양식을 수정해야 하는 일은 이제 어쩔 수 없게 되었다. 선거 관리자와 후보자 내지는 유권자 간의 경계를 초월하는 융합적 질서를 창출함으로써 이음새 없는(seamless) 선거관리를 모색해야 하기 때문이다. 그런 의미에서 후보자, 유권자를 선거관리의 중요한 파트너로 삼는 선거관리 거버넌스 체제의 도입은 이제 불가피한 과제가 되었다.[9]

이 경우 선거 관련 NGO의 역할 비중이 커지는 것은 물론이다. 이와 관련하여 선거관리 과정에서 발생하는 다양한 민원을 수렴하고 필요한 경우 시정 조치할 수 있는 선거 옴부즈만을 운영하는 문제도 검토해 볼 일이다. 선거관리 자체에 대한 환류체제를 갖추자는 의미이고 NGO의 활동 공간을 제공함으로써 보다 적극적으로 협력적 공조체제를 갖추자는 시도이기도 하다. 이는 선거관리가 더 이상 선거관리상의 일방주의를 허용하지 않는다는 점에서 당연히 제기되는 과제다. 선거관리에 대한 사회적인 신뢰를 확보하는 데에 기여할 것은 물론이다. 결국 선거에 대한 관리자의 객관적 개입에 따르는 정당성과 효율성을 높일 것이라는 점에서 선거의 공정성 제고에 크게 기여할 것은 물론이다(제 Ⅲ 유형 효과).

---

8 특히 선거 유관자와 선거관리자 간의 협력의 양식이나 질서를 설정하고 제시하는 역할은 여전히 선거 관리자가 담당해야 할 과제다.

9 박재창(2019: 53)을 참조했다.

3) 선거 교육의 확대 실시

민주주의는 시민이 주인으로 활동하는 정체다. 특히 시민의 주도적 역할 비중이 급격히 증가하는 전자민주주의 체제에서는 더 말할 나위도 없다. 따라서 전자민주주의 아래에서 선거의 자유(제 Ⅰ 유형 효과)와 공정(제 Ⅲ 유형 효과)이 모두 제고되고 그 결과 선거과정이 제대로 작동하기 위해서는 시민이 민주적 선거에 대한 이해력과 실천력을 담보하고 있어야 한다. 그러나 시민의 이런 질적 능력은 그냥 주어지는 것이 아니다. 적극적으로 개발하고 격려해야 한다. 그런 점에서 선거 시민 교육은 필수적 과제다. 아무리 완벽하게 민주주의 이론에 근거해서 여러 가지 선거제도를 마련하거나 개선한다고 하더라도 이를 운영하는 시민의 자질이 부족할 경우 무용지물이 되고 만다.

선거 현장 참여나 미디어를 비롯한 각종 사회 기관의 정보 공유가 선거에 대한 시민의 인식과 능력을 제고하는 데 기여하기도 한다. 그러나 보다 체계적으로 훈련하려면 아무래도 학교 교육이 효과적이다. 단순히 선거 관련 지식이나 대응력을 키우는 데에서 벗어나 보다 근본적으로는 민주시민으로서의 자질과 능력을 개발하는 일이 중요하다. 민주적 시민이라야 민주적 선거에 기여할 것이기 때문이다. 이에 따라 민주시민이 필요로 하는 비판적 사고력, 이해력, 선거를 비롯한 민주적 정치제도에 대한 지식의 축적을 권면해야 한다. 다름과 차이에 대한 존중 능력, 감정이입, 가치와 책임의 공유력 등을 배양하는 것도 중요하다. 나아가 책임있게 행동으로 옮기는 실행력을 쌓도록 해야 한다. 시민교육을 당파적 이해관계를 증폭하기 위한 기회로 이용하고자 하는 경우를 차단하려는 노력이 병행되어야 할 것은 물론이다.

제6절 결론

지금까지 선거의 자유와 공정에 대한 논의는 대개 투표를 중심으로 하는 선거의 전개 과정에 주목해 왔다. 그러나 코로나-19의 확산과 그에 대한 대응의 한 양식으로 전자민주주의에 대한 수요와 관심이 증대하면서 선거의 환경 조건과 선거의 진행 결과에도 주목하는 비중이 커지게 되었다. 특히 선거의 환경 조건에 대한 관심이 크다. 대의민주주의 아래에서는 선거를 주로 후보자 또는 피선거권자를 중심으로 이해하고 접근하던 데에서 벗어나 준직접 민주주의 시대에 들어서면서부터 유권자의 역할 비중이 함께 높아지는 탓이다. 이는 선거를 단순히 선출직 공직자의 선택과정으로 이해하던 데에서 벗어나 정책의 형성 내지는 사회적 통합과 결속에 보다 더 비중을 두어 다루기 시작했다는 의미로도 해석된다.

그렇기 때문에 전자민주주의에 대한 수요가 매우 크다. 온라인 선거운동을 비롯한 전자민주주의는 접근성과 편리성을 특징으로 하는 까닭이다. 그러나 그렇다고 해서 전통적인 선거 방식을 외면할 수 없을 것은 물론이다. 가상 세계가 구현되는 물적 토대는 당연히 오프라인 세상이기 때문이다. 따라서 전자민주주의의 요소를 도입할수록 현실은 양자를 이어주는 혼합 민주주의에 대한 수요가 커지는 관계에 있다. 그런데 이런 혼합 민주주의가 당면하는 최대 과제는 참여의 기회와 능력면에서 격차의 과장이 일어난다는 점이다. 대표적으로는 정보격차(digital divide)를 들 수 있다. 이는 선거과정에서 사회경제적 약자가 차지하는 비중이 기하급수적으로 악화한다는 의미에 다름 아니다. 진화된 민주주의 아래에서라면 사회경제적 약자, 소수자, 정치적 신인 등에 대한 배려를 배가해야 하는 이유다. 보다 구체적으로는 컴퓨터를 소지하지 않은 사람들을 위해 공공 키오스크의 설치 같은 조치를 통해 시설적·공간적 제약을 해소할 수 있는 체제를 마련해야 한다. 전자민주주의는 시공간을 초월하는 유용성이 크지만 이를 운영하는 현실 사회에서의 시공간상에서 제기되는 물리적 제약을 극복하지 않고서는 그 효과를 극대화할 수 없는 까닭이다.

이는 자연히 포괄 범위의 확장을 동반해야 한다는 의미를 시사한다. 전자민주주의에서의 온라인 선거운동은 장애나 차등 없는 정보의 확산을 전제하는 것인 만큼 포괄 범위의 확대는 당위이자 현실이기도 한 이중성을 지닌다. 그런 포괄성의 신장이 참여의 진정성으로 전환하기 위해서는 관련 정보의 투명성을 필요로 한다. 참여의 질에 주목해야 하기 때문이다. 참여의 과다는 민주주의의 목적 가치를 훼손한다는 주장도 있지만 이는 참여의 과소비 내지는 소화불량을 우려하는 목소리에 다름 아니다. 이를 극복하기 위해서는 관련 정보의 투명성 확보가 필수적 과제다. 정보 공유의 질적 수준을 높이는 일이야말로 참여 증대의 전제 조건일 것이기 때문이다. 부언하면 전자민주주의 아래에서의 선거는 단순히 자유와 공정을 보장하는 것만으로는 소기의 목적을 달성하기가 쉽지 않다. 거기에 더해 참여성, 포괄성, 투명성을 추가해야 한다는 의미다.

이 과정에서 무엇보다 중요한 것은 코로나-19 사태에 대한 대응 조치로 전자민주주의의 다양한 수단과 장치를 도입하는 과정에서 정파적 이해관계나 정략적 판단이 개입하지 않도록 각별히 유의해야 한다는 점이다. 권위주의 체제의 정당화 수단으로 활용되어서는 안되겠기 때문이다. 그렇지 않을 경우 그 폐해가 승수적으로 영향을 미치는 것이 바로 전자민주주의의 특징 가운데 하나다. 선거의 자유와 공정을 심하게 훼손할 개연성이 내재되어 있다는 뜻이기도 하다. 따라서 기존의 정당체제가 왜곡되어 있는 우리의 경우 정파적 이해관계에 함몰되어 있는 정당의 개입을 최소화하는 가운데 추진할 필요성이 제기된다. 그러나 이 모든 개혁 조치들을 권위적으로 다루는 권한을 지닌 곳은 국회다. 그런데 국회는 바로 한국형 카르텔 정당들이 주도권을 행사하고 있는 곳인 만큼 선거 개혁에 대한 제도론적 접근은 스스로 한계에 봉착할 수밖에 없다. 그러나 법과 제도의 개혁 없이 선거의 혁신성을 담보하기는 쉽지 않은 일이다. 이런 한국형 자폐적 모순을 타개하는 일이 선거의 정상성 회복을 위한 핵심적 과제다.

그러나 인터넷을 매개로 하는 온라인 민주주의의 등장은 이제 시민사회가 정치적 매개 조직 없이 자발적으로 결집하고 행동할 수 있는 도구를 갖추게 되었음을 뜻한다. 선거 개혁 과정에서 차지하는 시민사회단체의 역할 비중을 높이는 경우 선거 개혁 과정에서 국회가 차지하는 영향력의 비중을 최소화할 수 있는 가능성이 커지게 된다. 무엇보다도 발빠르게 대응하고 반응할 수 있다는 속도성을 지녔다는 점도 장처다. 그런 점에서 이제 한국의 시민사회단체들로서는 선거 옴부즈만 운동에 나서는 일이 시대적 소명 가운데 하나가 되었다. 이는 그것 자체로 선거 개혁의 핵심 파트너가 된다는 점에서 선거 거버넌스 체제의 등장을 알리는 것에 다름 아닌 일이기도 하다. 그 과정에서 국가와 시민사회 사이의 대화와 협력이 일상화한다는 점에서는 합의제 민주주의, 숙의 민주주의 시대의 도래를 시사하는 것이기도 한다.

또한 전자민주주의는 그의 속성상 국경초월적 성질을 지닌다, 이점을 감안하여 선거개혁 과제를 국제적 연대의 관점에서 접근하는 전략에도 유의해야 한다. 정보사회에서는 선거 자체가 외국과의 정보교류를 통해 영향을 받지 않을 수 없게 되어 있다. 그뿐만 아니라 국제적 연대를 통해 선거 개혁과정에서 필요로 하는 기술정보를 공유하거나 정치적 지지와 협력을 동원할 수도 있는 법이다(Fidler, 2017). 국제협력은 특히 국회가 선거의 개혁과 정상화에 미온적인 태도를 취할 개연성이 크다는 점에서 볼 때 이에 대한 보완적 장치로서의 의의가 적지 않다. 그런 점에서 시민사회단체로 하여금 선거 개혁과 관련하여 국제적 연대 활동을 조직하고 개혁해 나가도록 응원하고 독려하는 일은 이제 매우 긴요한 과제 가운데 하나가 되었다.

제II장
가상의회와 의회 거버넌스

제1절 서론

코로나-19 감염병의 확산이 사회에 미치는 영향은 실로 다층적, 전방위적이다. 먼저 보건 의료 차원에서 갑작스런 감염병의 확산으로 인해 이를 차단하고 환자를 치료해야 하는 수요가 급증하면서 정부로서는 일상적인 국정운영 업무 외에 감염병 대응 과제를 추가로 감당해야 한다. 스웨덴, 네덜란드, 프랑스, 영국 등에서 보는 바와 같이 코로나-19 환자의 치료 수요가 급증하면서 의료 시스템에 과부하가 걸리고 그 결과 다른 질병 환자의 수술, 입원, 검진 등이 미뤄지거나 심지어는 치료를 포기하는 사태까지 발생한다(박성원, 2022: 8). 핀란드의 경우 정신적 스트레스를 호소하는 전화가 급증했다는 보고에서 보는 바와 같이 새로운 질병으로 확산될 가능성도 열려 있다(Sequeira, 2020.10.29.). 사회적 거리두기로 인해 만성 질환자의 고립이 심화되면서 육체적, 정신적 건강이 악화된다는 지적도 있다.

사회경제적으로는 감염병 차단을 위한 사회적 거리두기로 인해 지역과 학교가 폐쇄되고 사회적 교류와 만남이 축소되면서 소비가 위축되고 이는 소상공인, 영세업자, 여성, 청소년, 미숙련 및 일용직 노동자 같은 사회적 약자의 피해를 가중시킨다. 실업률이 증가하고 일반 가계 재정이 악화되는 것은 물론이며 사회경제적 불평등을 급속도로 악화시키면서 정부의 재정 투입 수요를 급진적으로 확장한다. 지역폐쇄에 따라 대중교통 이용이 현격히 감소하는 가운데 일상의 유지를 위해 필요로 하는 필수 노동자들은 감염의 위험에 노출된 체 일터로 나가야 한다. 학교폐쇄로 인해 학부모의 사회경제적 지위에 따라 학생의 학력 격차가 심화된다는 보고도 있다(박성원, 2022: 8-9). 이처럼 코로나-19 사태가 미치는 영향이 소속된 계층에 따라 차등적으로 발생하면서 집단 간 갈등이 심화되고 사회구성원 사이의 신뢰를 훼손할 위험성도 커진다. 이런 상황에서는 각종 허위정보(misinformation)가 유포될 가능성도 함께 커지기 마련이다.

이에 대응하기 위한 범사회적인 노력의 전개 양식은 실로 다원적이다. 과학기술 중심적인 접근은 백신 개발이나 바이오 기술의 발전을 촉진하거나 디지털 기술의 일상적 활용을 확대하고자 한다. 독일의 경우 코로나 사태 이후 온라인 동영상을 통한 비대면 처방이 2019년에 6%였으나 2020년에는 20%로 증가했고, 노르웨이에서는 디지털 기술을 활용한 비대면 진료가 2020년의 3%에서 2021년에는 40%로 급증했다(박성원, 2022: 10). 세계 각국이 비대면 사회의 운용을 위해 디지털 기술 개발에 막대한 노력과 자금을 투여하고 있다. 보다 더 본질적이고 중요한 변화는 행정관리 차원에서 찾아볼 수 있다. 코로나 사태에 대한 적극적인 대처를 위해 국가의 사회적 관계에 대한 개입을 늘리고 그 가운데에서도 특히 행정부로 하여금 전대미문의 비상대권을 행사하도록 했다. 위기상황인 만큼 보다 신속하고 광범위한 영향력의 행사가 필요하다고 판단한 결과다.

이로 인해 정부는 자국민의 해외여행을 제한하거나 의회의 승인 없이도 사회안전보장 지원금의 지급 기준이나 수령 대상자를 변경하는 권한을 거리낌 없이 행사하게 되었다. 방역을 위해서라면 개인정보의 수집이나 공개같이 프라이버시를 침해하는 일이 불가피하다고 보는 시각도 나타났다. 사회적 거리두기를 위해 개인이 당연히 누려야 하는 이동권이나 결사의 자유를 침해하는 일을 이제 당연한 조치로 여긴다. 감염병 사태에 민첩하게 대응하기 위해서는 정부가 의회에 의한 일상적인 통제권 밖으로 벗어나 마치 전시체제 아래에서와 같이 비상대권을 행사할 수밖에 없다는 인식이 확대 수용되고 있다. 이는 사실상 의회의 권한이 행정부로 이동하게 되었음을 뜻한다.

이런 권력의 이동은 국제관계에서도 나타난다. 의약개발기술의 차등에 따라 백신보급의 국가별, 지역별 격차가 발생하고 외국인 노동자의 유입 제한 및 규제 강화로 인해 농업 종사 인력이 부족하게 되면서 식량의 자급자족이 위협받고 있다(김용준 외, 2020: 4). 그 결과 의료기술의 선진국이나 곡물생산 잉여국이 국제관계에서 누리는 상대적 언권은 연일 강화되고 있다. 더 나아가 디지털 기술의 사회적 활용 정도도 국가 간 격차가 심화될 것은 당연한 일이다. 원래 디지털 기술은 그 자체로서 자기 재생산 효과를 유발하는 성질이 있어서 초기 단계에서의 기술 격차가 기술의 활용이 진행되면서 승수적 차등을 벌리게 되어 있다.

그러나 보다 더 본질적인 과제는 코로나-19 사태가 미치는 이런 사회적 영향이 매우 가변적이고 유동적이면서 동시에 갑작스러운 것이어서 기존의 관행적인 프레임 내지는 기계론적인 시각을 통해서는 쉽게 진단하고 대응하기가 용이하지 않다는 점이다. 코로나-19 사태는 갑자기 당면하게 되는 충격이라는 점에서 사회적인 공포를 동반하고, 대응하는 데 필요한 시간을 충분히 허용하지 않으며, 미치는 영향이 다층적이고 포괄적인 만큼 어떻게 대응하든 결과의 불확실성이 매우 높다는 특징을 지녔다(박성원, 2022: 11). 이런 다층적 딜레마를 극복하기 위해서는 의회의 주도적 대응이 필수적 과제로 제기된다.

먼저 공포를 제거하기 위해서는 보다 과학적이고 객관적인 증거에 기반한 현실 진단이 진행되어야 하고 무엇보다도 그 결과를 범사회적으로 공유하려는 노력이 전개되어야 한다. 이를 위해서는 정보의 공급자에 대한 사회적인 신뢰가 요구된다. 이는 정보의 공급자에 대한 믿음을 설득하는 노력이 경주되어야 한다는 뜻에 다름 아니다. 또한 충분하지 않은 시간 공간의 한계를 극복하기 위해서는 민첩하게 대응해야 하고, 이를 위해서는 중간 매개자를 거치지 않고 직접 소통하는 것이 효율적이다. 간접소통에 따르는 시간의 지체를 극복할 수 있을 뿐만 아니라 소통의 장애 없이 보다 정교하고 충분한 정보를 신속하고 광범위하게 공유할 수 있기 때문이다. 이를 위해서는 사회 구성원 서로 간에 신뢰를 구축하는 일이 선결과제다. 다른 한편 결과의 불확실성을 줄이기 위해서는 시민의 보편적 참여가 전제되어야 한다. 단순히 집단지성을 도모하자는 것만이 아니다. 시민 개개인이 현실을 이해하고 참여하는 가운데 문제 해결의 주체로 활동할 때 보다 분명하고 명료한 미래조망형 거버넌스의 운용이 가능해질 것이기 때문이다.

그런데 의회는 시민의 대표자들에 의해 구성되는 국가기관인 만큼 시민을 설득하는 데 있어 국가의 다른 어떤 기관보다도 유리한 입장에 있다. 시민 서로 간의 신뢰를 구축하는 데 있어서도 의회만큼 효과적인 국가기관은 따로 없다. 의회 자체가 시민에 의한 정치적 신뢰를 토대로 구성되기 때문이다. 집단지성을 결집하거나, 시민의 다원적 협력과 지지를 동원하는 데 있어서도 의회가 훨씬 더 효율적일 것은 췌언을 요하지 않는다. 의회 존립의 당위 자체가 다양한 시민의 이견을 조정하고 수렴하여 통일적 의견을 결집시키는 데에 있기 때문이다. 무엇보다 중요한 것은 비대해진 정부의 비상대권을 효율적으로 견제하고 관리하기 위해서는 권력분립론에 기초해서 대 행정부 통제를 기관 설립의 당위적 목적 가운데 하나로 삼는 의회가 안성맞춤이라는 점이다.

그러나 의회라고 해서 코로나-19 감염병 사태로부터 자유로운 것은 아니다. 의회는 본질적으로 회의기관이기 때문에 여러 사람이 모여 의견을 교환하지 않을 수 없다. 집단감염에 취약할 수 밖에 없다는 뜻이다. 이를 극복하기 위해 사회적 거리두기에 나서는 경우 현장 출석을 통해 회의를 진행하거나 유권자를 접촉하는 일에 지장을 받게 된다. 육성을 통해 면대 면으로 이뤄지는 대 정부 질문이 제한을 받게 되고 그 결과 대 행정부 통제가 과거에 비해 무력해질 수도 있다. 과학주의에 기초해서 효율적으로 이뤄지는 입법활동 대신 포퓰리즘에 빠지거나 헌정주의를 외면할 가능성도 커진다(Cormacain & Bar-Siman-Tov, 2020: 8). 심지어 의회의 잠정적 폐쇄를 선언하는 경우도 예상된다. 그러나 대부분의 의회가 이런 대의과정상의 취약성만 노출하는 것은 아니다. 끈질긴 생명력과 상황조응력도 보여준다. 입법활동상의 환경 변화에 조응해서 원격출석, 원격투표, 화상회의, 디지털 플랫폼 운영, 앱의 설치 등 가상의회의 운영을 통해 위기상황을 타개해 나가고자 한다. 그러나 이런 양식의 전자민주주의가 기존의 대의민주주의를 대신하는 효율적 대안이 될 수 있는 것인지에 대해서는 보다 더 체계적이고 심층적인 검토를 필요로 한다.

제2절 대의민주주의의 한계와 전자민주주의

1. 대표성 개념의 다원성과 의회의 대표성

근대 민주주의는 인민주권의 이상을 실질적으로 구현하기 위한 방편으로 대의민주주의 제도를 도입했다. 주권(sovereignty)과 권리(right)가 인민에게 있지만 이를 실질적으로 보호하고 보장하기 위해서는 그럴 수 있는 권한을 인민주권의 대리인에게 위임해야 한다고 본 것이다. 그런 점에서 대의민주주의는 대표제(representation)와 민주주의(democracy)를 결합한 것에 다름 아니다. 따라서 대표성을 그의 핵심 구성요소로 삼는다. 그러나 대표성은 대단히 복잡한 개념으로서 간단 명료한 정의를 통해 규정하기가 쉽지 않다(Birch, 1972: 15). 더욱이 근대 시민혁명 이후에는 대표성의 이념적, 제도적, 외적 표현체라고 할 수 있는 권력에 대한 인식이나 정부의 형태 등이 변화를 거듭하면서 개념상의 복잡성을 가중시켰다. 그럼에도 불구하고 이런 변화를 관통하는 어떤 공통의 성질이 아주 없는 것은 아니다. 피트킨(Pitkin, 1967)은 이를 어떤 것이 다른 것을 대리하는 데에서 비롯되는 "현재의 재현"이라고 보았다. 관념론적인 — 비문자적이거나 또는 반신체적인(in a non-literal or non physical) — 관점에서 볼 때, 대표한다는 것은 어떤 이로 하여금 다른 이의 부재나 배제를 현재하게 하거나 또는 실존케 하는 일로 여겨진다(Pitkin, 1967: 9). 다만 정치적 대표성이 다른 차원의 대표성과 다른 점은 이를 통해 정치사회적 권력이 유발된다는 데에 있다(Rehfeld, 2018: 232-235).

이런 관점의 연장선상에서 피트킨(Pitkin, 1967: 39)은 대표성을 서로 다른 4개의 개념으로 세분화했다. 그녀에 따르면 먼저 형식론적 대표성 (formailstic representation)은 민주적 규칙에 따라 피대표자인 일반시민이 대표자의 권력을 승인하거나 제거하는 순간 발생하는 기관 차원의 현실을 말한다. 이때의 대표성 구성 요소로는 권위의 승인(authorization)과 책무성(accountability)의 수용을 들었다. 권위의 승인은 다른 사람과의 관계에서 발생하는 권리의 호양, 양보, 타협, 등을 말한다. 흔히 선거가 바로 이런 권위의 승인 과정 가운데 하나로 여겨진다. 또한 책무성은 선거구민에 대한 대표자의 책임에서 찾아볼 수 있다. 따라서 선출직 공직자가 재선에 실패하거나 또는 공직으로부터 추방되는 경우 이는 권위의 승인과 함께 책무성에 대한 기대를 철회하는 것에 다름 아닌 일이 된다. 그런데 권위의 승인이 대표성 발현의 전제조건으로서 권력의 이전을 통해 사전에 미래 조망적 관점에서 접근할 때 발현되는 것이라고 한다면, 책무성은 대표성 발현 이후의 사후적 현상으로서 위임된 권력이 철회될 수도 있다는 회고적 관점에서 접근할 때 발생한다. 따라서 만스브릿지(Mansbridge, 2003: 516-525)의 대표성 개념 유형화 작업에 따르면 전자가 약속으로서의 대표성(promissory representation)을 말하는 것이라고 한다면 후자는 기댓값으로서의 대표성(anticipatory representation)을 의미하는 것에 다름 아니다. 전자가 주로 피대표자 중심의 접근에 따른 결과라면 후자는 대표자 중심의 접근에 따른 결과라고도 말할 수 있다. 전자가 대표성 개념의 선출 모형(selection model)과 연계되는 데 반해 후자는 징계 모형(sanctions model)과 연계되는 이유이다. 따라서 가장 고전적인 개념의 대표성으로서 와스키비츠(Waśkiewicz, 2020: 17)가 말하는 바 정부 앞에서의 대표성(representation before the government)을 뜻하는 셈이다.

상징적 대표성(symbolic representation)은 피대표자를 위해 대표자가 짊어지는 의미의 총칭을 말한다. 이는 대표자가 피대표자를 대신하는 방식 가운데 하나로서 대표과정에서 대표자를 통해 사회와의 관계에 어떤 반응이 일어났는가에 주목한 결과 드러나는 현상이다. 따라서 대표자가 사회구성원으로서의 피대표자에 의해 수용되는 정도에 의해 평가된다. 한 나라의 실제와 정체성을 대신하는 이념형으로도 이해된다.

서술적 대표성(descriptive representation)은 대표자와 피대표자 사이의 정교한 상호작용 내지는 훼손되지 않은 상태의 유사성(Pitkin, 1967: 60)을 말한다. 따라서 대표자가 피대표자를 닮는 정도에 따라 결정된다. 부언하면 대표자가 피대표자와 유사한가? 공동의 이해관계를 지녔나? 경험을 공유하고 있는가? 등을 따져 보는 가운데 확인된다. 이때 가시적 특징(물리적 특징, 생물학적 특성, 계급적 구분, 기타 사회적 특성)과 내면의 보다 실질적인 특성(입장, 경험의 공유, 관점, 의견, 아이디어 같은 것)을 서술의 대상으로 삼는 것이 보통이다. 흔히 대의기구 안에서 대표자와 피대표자가 보여주는 인구사회학적 특성의 유사성 내지는 비례성 정도에 따라 확인된다. 따라서 와스키비츠(Waśkiewicz, 2020: 17)가 말하는 바 정부 내에서의 대표성(representation within the government)과 유사한 개념에 해당된다.

실질적 대표성(substantive representation)은 대표자가 피대표자의 이익, 요구, 기대 등에 부응하여 활동하는 정도를 말한다. 따라서 피대표자의 최대 이익(the best interests)을 낳기 위해 대표자가 얼마나 기여했는가에 따라 결정된다. 대표성 작동의 궁극적 목표값(박영환 외, 2018: 71-73)에 해당되는 셈이다. 그렇기 때문에 대표자가 피대표자를 대신해서, 대리해서, 또는 대안으로 취하는 실질 이익의 정도를 뜻한다.

이런 대표성으로 인해 대의민주주의는 다른 형태의 민주주의에 비해 다양한 차원에서 우월한 것으로 평가된다(조일수, 2020: 26-28). 먼저 효율성이 높다. 능력 있는 소수와 무지한 다수 사이에서 이뤄지는 분업관계의 설정으로 인해 의사결정 비용을 절감하기 때문이다. 대표자와 피대표자 사이의 자질과 능력에 따른 역할 분담의 결과다. 이런 간접 민주주의로 인해 소수의 엘리트가 국정을 조타하는 데에서 오는 능율성을 담보하는 것과 함께 무지한 다수에 의해 발생할 수도 있는 중우정치, 포퓰리즘, 전제정치를 방지할 수 있다(진미경, 1999; 197-198). 둘째는 안정성이다. 엘리트가 주도하는 만큼 지속가능한 의사결정을 안정적으로 산출, 공급할 수 있게 된다. 셋째는 일관성이다. 엘리트의 전문성에 기초해서 의사결정이 이뤄지는 만큼 과거의 결정이 비교적 일관되게 지속되는 결과를 낳는다. 넷째 반응성이다. 다수에 의한 지배 또는 인민에 의한 통치를 말하는 만큼 대표자가 피대표자를 반영하는 정도 내지는 서로를 닮는 정도가 높아진다. 다섯째 심의성이다. 현명하고 양식있는 대표자의 탁월성과 다수에 의한 토론이 결합하면서 대중의 동의와 명석하고 덕성있는 자들의 통치가 상합하면서 질적 보완을 이룰 수 있게 된다. 여섯째 포괄성이다. 보다 많은 사람이 의사결정 과정에 영향을 미칠 수 있도록 함으로써 전체 사회의 축소판(microcosm) 내지는 유질동상(isomorphism)을 지향하게 하고 그 결과 양적 보완을 이룬다.

그러나 다른 한편에서 보면, 대의민주주의는 바로 이런 특성들로 인해 결코 적지 않은 문제점을 노정한다. 먼저 형식론적 대표성의 관점에서 보면, 선출 모형의 연장선상에서 볼 때 대표자는 피대표자의 이익을 단순 대리해야 하지만 피대표자 자신이 자신의 이익이 무엇인지를 잘 알지 못할 때 대표자가 이를 대표하기는 쉽지 않다. 대표자의 능력 부족으로 인해 피대표자의 진정한 의사가 무엇인지 파악하지 못하는 경우, 피대표자의 의사가 수시로 변하는 경우, 피대표자의 의사가 단일하지 않아 집합적 의사 즉 공동의사(common will)를 형성하기 이려운 경우에도 피대표자의 의사가 여러 가지로 표출되면서 이를 파악하기가 쉽지 않고 그 결과 대표하기가 곤란하게 된다. 특히 구조주의의 관점에서 보면 구체적으로 무엇이 피대표자의 이익을 대표하는 것인지를 특정하기가 쉽지 않다(Guasti & Geissel, 2021: 3). 그러나 보다 더 중요한 것은 피대표자 개개인을 대리하는 기능에 충실할 경우, 공동체 전체의 유익을 지향하는 데에는 취약해질 수도 있다는 점이다.

또한 징계 모형의 연장선상에서 볼 때는 대표자가 스스로 자신의 책무성을 인지하고 감당해 나가야 하지만 현실적으로는 대표하고자 하는 의지가 박약하거나 대표하고자 하는 능력이 부족한 경우 이를 구현하기가 쉽지 않다. 대표적으로는 대표자가 스스로 귀족화하는 경우이다. 권위의 위임자인 피대표자와 대표자 사이의 거리가 확장되면서 사실상 귀족적 민주주의의 경향을 띠게 된다. 슘페터(Schumpeter, 1975)는 일찍이 대의민주주의가 엘리트 민주주의의 요소를 내포한다고 보았다. 대표자가 지배 엘리트의 성향을 피하기는 어렵다는 뜻이다. 이로 인해 대표자가 자신의 지대를 추구하거나 특수이익집단의 이익을 우선할 가능성이 커진다. 피대표자의 의사가 피대표자의 이익을 대변하지 않는다고 판단하는 경우에도 대표하고자 하는 의지를 갖기 어렵게 될 것은 당연한 이치이다. 비록 민주적 절차에 따른 권위의 위임을 통해 대표자가 선출된다고 하더라도 그가 곧

책임성 있는 대표자가 되는 것은 아니다. 무엇보다 중요한 것은 자기 통치라는 민주적 이상과 배치되거나 민주적 반응성과 충돌할 가능성이 작지 않다.

상징적 대표성의 관점에서 보면, 대의기구로서의 의회는 대표자들이 만나는 장소로서의 물리적 공간이지만 대표성을 토대로 구축되는 가상공간에 해당되기도 한다. 그런데 이때의 가상공간은 선제적으로 결정되어 있는 피대표자의 어떤 부분 이익을 표현하는 것일 뿐만 아니라 동시에 사회 전체의 단일 이익을 표출하거나 국가의 정체성을 시사하거나 유지하는 곳이기도 하다. 바로 이점에서 이중성을 갖는다.

서술적 대표성의 관점에서 보면, 의회가 대의민주주의를 구현하는 장치 가운데 하나인 이유는 지리적 대표성에 기초하는 개별 선거구의 대리인들에 의해 구성되기 때문이다. 그러나 개별 선거구는 지리적으로 이격화 되어 있을 뿐만 아니라 전국을 여러 개의 구역으로 나눈 결과 분업적 대표성에 의존한다는 점에서 네트워크로 연결되고 끊임없이 유동하는 오늘날의 사회구조적 특성을 반영하기에는 적절치 않다. 현대 사회의 복잡한 구조를 반영할 수 있는 새로운 형태의 대표성 공간을 모색해야 한다는 문제의식이 제기되는 이유다.

의회가 분야별 전문지식에 따라 안건을 심의하는 경우에도 분업적 대표성에 따른 한계에 함몰될 위험성이 있다. 전문성은 분업의 원리에 따른 지식과 정보의 축적 결과임으로 분야별 전문지식이 아니라 모든 지식과 정보를 포괄적으로 다룰 수 있어야 기술민주주의(techno democracy)의 이상을 구현할 수 있게 된다. 이를 위해서는 서로 유익한 정보를 얼마나 소통하고 협력할 수 있을지가 관건이 된다. 네트워크형 소통이 중요하다는 뜻이다. 정치정보의 단순 저수지인 백과사전식 의회(encyclopedic parliament)로부터 탈피해야 한다는 뜻이기도 하다(Rizzoni, 2001). 그러나 과연 모든 지식과 정보를 포괄적으로 수렴하는 의회의 구현이 현실적으로 가능한 것인가는 별도의 검증을 필요로 한다.

지리적 대표성과 분업적 대표성에 기초하는 의회는 단선적이고 일원적인 대표성에 기초하는 것이기도 하다. 이점은 특히 형식론적 대표성 개념과 연동하면서 유동적이고 복합적인 사회구조적 특성과 수요를 반영하기가 어렵게 되는 문제를 낳는다. 현대 사회의 복잡한 구조를 입법과정에 적시에 보다 정교하게 반영하기 위해서는 단순히 대표자에 대한 권위의 승인이나 책임성의 자각 수준에서 이뤄지는 대표성 이상의 것을 필요로 한다. 참여적 또는 비선거적인 대표성과 선거에 의한 대표성이 복합구조를 이루는 대의체제의 모색이 필요한 이유다. 혼합형 대표성에 대한 요구가 제기되는 이유이고 의회 거버넌스(legislative governance)[1]의 도입이 요구되는 까닭이기도 하다.

그러나 그렇다고 해서 국정과정에 대한 시민의 직접적인 참여를 용인하는 일이 대의민주주의의 철학적 원리 아래에서 결코 용이한 것은 아니다. 대의민주주의는 원래 분업의 원리를 통해 국정운영에 유능한 재능을 지녔다고 믿어지는 엘리트에게 국정운영의 권한을 위임하고 일반시민은 일상의 사적 업무를 수행하는 데에 최적화되었다고 믿는 데에서부터 비롯되기 때문이다. 이런 철학적 원리의 문제가 아니더라도 이미 형식론적 대

---

1 제도화된 정부가 운영상의 유연성, 신속성, 탄력성 등을 상실하면서 시민참여형 거버넌스로 전환하는 것과 같이 오늘날의 의회도 제도화된 기관으로서의 의회가 지니는 한계를 보완하기 위해 시민참여형 체제로 전환해야 한다고 보고 이를 의회 거버넌스(legislative governance)라고 부르고자 한다.

표성에 기초한 대의체제에 대한 정치적 효능감을 상실한 나머지 정치적 소외감과 냉소주의에 빠져 있는 일반시민이 참여에 무관심하거나 참여의 의지를 상실한 상태에 있을 수도 있다. 이미 기득권을 향유하고 있는 대표자의 지위와 일반시민의 발언권 사이에서 발생하는 권력적 불평등으로 인해 시민참여가 사실상 불능 상태에 빠질 위험성도 있다. 같은 일반시민들 사이에서도 이익집단, 로비집단, 압력집단 등과 같은 집단과 개인으로서의 일반시민 사이에서 발생하는 권력적 불균형으로 인해 과대대표 되거나 또는 과소대표 되는 문제도 발생한다. 시민참여가 다수결주의에 의존하는 경우 소수의 참여 배제는 불가피한 귀결이 된다. 시민참여가 다수결주의에 의존하는 대표성 위임 현상에 대한 대안으로 제안되었다는 점을 감안해 보면 "다수의 순환"에 빠진다는 의미에 다름 아니다. 선거의 역설 내지는 투표의 한계를 말하는 셈이다.

실질적 대표성의 관점에서 보면, 대표를 통해 실제 구현하고자 하는 것이 무엇인지가 불분명하다. 보다 구체적으로 말하자면 가치 대표냐, 이익 대표냐의 문제가 명료하게 정리되지 않는다. 대표를 통해 궁극적으로 구현하고자 하는 것이 이념, 원칙, 도덕적 선(moral good) 같은 것인지 아니면 보다 현실적이고 구체적이며 물질적인 이해관계인지가 명확하지 않다. 전자의 경우에는 이상적인 대표자로 원칙과 소신에 찬 신념의 인물을 기대하게 되지만 후자의 경우에는 이익 조정과 전략적 사고에 탁월한 협상가를 선호하게 된다. 보다 본질적인 문제는 전자를 추구하는 경우 후자를 외면하고, 후자를 지향하는 경우 전자를 거부하게 된다는 데에 있다. 양자의 갈등과 충돌을 무마하고 상생의 정치를 모색할 수 있어야 할 것은 물론이다. 특히 이해관계를 대표하고자 하는 경우, 이때의 이익 대표는 선호

집합적 민주주의를 지향하기 마련이다. 그러나 그의 실체는 분산적 경쟁을 통해 서로 갈등하는 사적이고 이기적인 이익 간의 균형을 추구하게 된다는 점에서 '시장(market) 민주주의'에 불과하다는 평가를 받는다. 대의민주주의가 현상 유지 지향적이며 결코 민주화를 촉진하는 것은 아니라고(Waśkiewicz, 2020: 17) 평가하게 되는 이유다.

2. 대표성의 결함과 전자민주주의의 기여

그런데 대의민주주의 발양의 시대적 토대라고 할 수 있는 산업사회가 지고 정보사회가 들어서면서 대의민주주의는 많은 도전과 함께 긍정적 기회의 확장을 경험하게 된다. 정보사회가 산업사회와 다른 본질적 특성 가운데 하나는 가상공간과 실제하는 현실사회 공간 사이의 경계를 증발시킨다는 점이다. 온라인과 오프라인 세계 사이의 경계가 불분명해지면서 현실사회를 대표하는 가상사회와 물리적 공간으로서의 현실사회 사이의 간극이 줄어들고, 이로 인해 가상사회가 원래의 현실사회가 지향하는 신념과 가치를 확대 재생산하는 변화를 낳게 된다. 중간 매개자 없이 대표자와 피대표자 사이를 직접 투사할 수 있게 되는 데에 따르는 결과다. 이에 따라 대의민주주의의 운영 실제에 급진적인 변화를 불러오게 된다. 가장 본질적인 변화는 정보소통상의 실시간성과 대량성, 쌍방향성, 광역성이 증대하면서 기존의 대의민주주의 제도가 결여하고 있던 대표자와 피대표자 사이의 연계성이 강화되고 정책과정의 중간 매개자라고 할 수 있는 대표자에 대한 의존 수요가 줄면서 피대표자 자신이 스스로를 대표하려는(self representation) 욕구가 증대한다는 데에 있다.

이를 전자민주주의라고 한다면 전자민주주의 아래에서의 대의과정은 급진적인 변화를 겪는다. 먼저 대표성의 형식론적 관점에서 볼 때, 첫째 대의 체제의 운영과정에서 발생하는 장애요인을 보다 용이하게 극복할 수 있다. 전자투표, 인터넷, 화상회의, 등 다양한 정보통신기술을 통해 직접 대의과정에 참여하는 데 필요한 정보를 습득하거나 보관, 이용하는 데에 있어 과거보다 훨씬 더 용이한 환경이 조성되기 때문이다. 권위의 위임이나 책임의 수용에 따라 기존의 대의기관을 구성하는 과정에서 발생하는 경직성, 지체, 왜곡 등을 시정하는 데 유용하다. 둘째 의회 같은 기존의 대의기관이 의사를 결정하는 과정에 유권자 개개인이 직접 참여할 수 있는 통로를 개척함으로써 의회 거버넌스의 구축을 용이하게 해준다. 사회관계에 대한 국가의 개입과 개인의 자유권 행사 사이에서 참여의 혁명을 불러오는 셈이다. 부언하면 선거, 의회 같은 기존의 헌정질서에 기반하는 전통적인 의미의 참여 통로에 혁명적인 변화를 불러와 시민이 직접 참여할 수 있는 공간을 추가로 제공함으로써 개인 주권의 혁신적인 확장을 낳는다. 셋째 대의과정의 중간 매개 장치를 제거함으로써 시민과 시민, 시민과 정부 및 정치인 사이의 상호작용을 활성화하고 그 결과 새로운 형태의 공론장을 형성함으로써 참여민주주의를 확장한다. 과거에는 불가능했던 일반시민의 정책결정과정에 대한 직접 참여가 가능해지면서 일반시민의 정책역량과 영향력이 급격히 확대되고 나아가 정치참여의 동기와 욕구를 제고하는 변화를 낳는다. 이럴 경우 정책의제의 형성 단계에서부터 시민의 참여가 가능해지고, 의사결정과정의 주도권 자체가 시민사회로 이전되는 급진적인 변화를 낳는다. 대의민주주의에 대한 수요 자체를 축소하는 것은 물론이고 참여민주주의의 확장을 견인한다는 뜻이다.

이런 참여의 확장은 먼저 간헐적 민주주의에서 항상적 민주주의로의 전환을 가져온다. 대표자의 임기 만료 때에만 간헐적으로 투표장에 나가 선거에 임하는 것이 아니라 항상 대표자의 활동을 지켜보고 평가하며 반응하는 가운데 일상적인 참여가 가능해지기 때문이다. 둘째 간접 민주주의에서 직접 민주주의로의 변화를 낳는다. 예컨데 대표적으로는 미국의 "연합 투표 운동(United Vote Movement)"에서 볼 수 있는 바와 같이 국회의원의 원내 활동에 대해 유권자가 즉시 평가하고 의견을 전달함으로써 대표자의 활동에 대해 피대표자가 즉각적으로 반응하고 나아가 사실상 대표자의 대의활동을 직접 구속하는 결과를 낳게 된다. 셋째 수동적 민주주의에서 능동적 민주주의로의 전환을 낳는다. 적어도 기술적으로는 자신의 투표권을 타인에게 위임하거나 재위임하는 일이 가능해지면서 사실상 선거과정의 단계적, 순차적 전개가 가능하게 되고 그 결과 대표자 선출을 직접화 하는 길이 열리기 때문이다. 대표성의 고강도 위임(metadelegation)이 이뤄지는 셈이다(Valsangiacomo, 2021: 1). 정당 수뇌부에 의해 선제적으로 정해지는 제한된 범위 내의 대상자 즉 후보자를 상대로 수동적인 대표자 선택에 나서는 것이 아니라 적극적, 선제적으로 후보자 자체를 만들어가는 과정에 주도적으로 참여함으로써 결과적으로는 당선자 나아가 대표자를 결정하는 단계적, 점진적, 적극적 대의제의 구성이 이뤄진다.

더 나아가 대의민주주의의 내용을 결정하는 가장 핵심적 요소는 대표자와 피대표자 사이의 관계를 설정하는 일이다. 여기에 초점을 맞추어 관찰해 보면, 전자민주주의는 대표자에 대한 피대표자의 통제력을 혁신적으로 강화한다. 이런 대표자에 대한 피대표자의 통제력 증가는 대표성의 역할모형 정립에 있어 양가적 효과를 낳는다. 먼저 선출 모형과의 관계에서 볼 때 대표자를 선택하는 데 있어 대리인 모형과 수탁자 모형 모두에 대한 역할 기댓값을 높인다. 피대표자인 유권자의 대표자에 대한 감시, 감독이 효율적으로 이뤄지고 정치적 선호를 일관되게 전달할 수 있게 되기 때문에 대표자가 피대표자의 의사를 파악하기가 용이해진다. 그 결과 대표자가 피대표자의 역할 기대를 수용하고 대리하기가 쉬워진다. 대리인 역할모형을 지향하기가 쉬워진다는 뜻이다. 그러나 이는 또 피대표자의 의사를 정확하게 파악하기가 용이한 만큼 대표자가 되고자 하는 이로서는 자신의 정치적 동기를 광범위한 차원에서 점검하고 시동걸 수 있다는 의미가 된다. 선출직 출마 동기의 자발성과 함께 내면의 동기에 의한 선출직 도전 가능성이 제고된다는 뜻이다. 부언하면 수탁자형 역할 유형을 지향하는 후보자의 등장이 용이해진다.

반면에 징계 모형의 관점에서 보면, 대리인에 대한 피대표자의 직접적인 통제가 보다 더 정확하고 즉각적인 것으로 변하면서 대표자가 피대표자의 기대 역할로부터 일탈하는 경우 이를 언제나 손쉽게 시정할 수 있게된다. 따라서 대표자의 자율적 의사결정권을 제한하고 지시할 수 있는 역할 공간이 커지고 그 결과 대표자를 단순 대리인으로 전락시킬 가능성이 확대된다. 또한 대표자의 자율적 의사결정 범위를 확대한다고 하더라도 필요하다고 판단하는 경우 손쉽게 소환하거나 징계할 수 있기 때문에 대표자의 자율적 의사결정 공간을 보다 손쉽게 허용하는 요인으로 작용할수도 있다. 수탁자 역할 개념의 정당성 기반이 확대된다는 뜻이다. 이렇듯 대리인 역할과 수탁자 역할 모두의 정립 가능성이 커진다는 말은 양자 사이를 왕래하는 혼합 대표자 역할 모형의 모색 가능성이 커진다는 의미이기도 하다.

둘째 상징적 대표성의 관점에서 보면, 전자민주주의는 존재 모방으로서의 대표성 개념에 잘 부합하는 성질을 지녔다. 원래 대표성 그 가운데에서도 상징적 대표성은 무슨 이유로든 실체적 존재의 부재를 함축한다. 따라서 상징적 대표성은 공식적으로 존재하는 것을 통해 존재하지 않는 것을 가시화하고 설명하려는 것이라고 말할 수 있다(Mencarelli, 2021 : 4). 그런데 전자민주주의는 존재의 시늉내기 내지는 모방하기를 가상공간과 현실공간 사이의 차별화 기준으로 삼는다. 공간 개념으로서의 대표성에 잘 부합한다는 뜻이다. 원래 현대 헌정주의의 도입으로 인해 정치적 대표성과 물리적 실존 사이의 연계가 약화되는 과정에 있었다. 이는 선거구에 기초해서 형성되는 대표성 개념이 전체 국가를 대표하는 개념으로 확장, 전환되는 과정에서 흔히 발견되는 현상이다. 대표성이 선거집단이라고 불리는 불명확한 주체 내지는 물리적 경계 개념과는 더 이상 관련짓지 않는 방향으로 진화해 왔다는 뜻이다. 그런데 전자민주주의는 가상 대표성을 통해 지리적 대표성을 초월하고자 한다는 점에서 이런 변화와 상합하고 나아가 촉진, 지원하는 성질을 지녔다.

셋째 서술적 대표성의 관점에서 보면, 전자민주주의는 우선 서술적 대표성과 연동되기 마련인 지리적 대표성의 한계를 극복하는 데에 효율적이다. 수직적으로는 공간 극복에 따른 대표성의 직접화에 따라 대표자와 피대표자 사이의 물리적 한계를 초월할 수 있게 해 준다. 보다 중요한 것은 수평적 관점에서 볼 때, 전국을 여러 개의 선거구로 나누어 분업적 대표성에 의존하는 대의과정에서 지리적 경계를 뛰어넘는 통합적 대표성을 모색할 수 있게 한다. 이때의 포괄 범위에 따라 단일 차원의 대표성 공간에서 벗어나 다차원의 대표성 공간 창출로 이동할 수 있게 된다. 이로 인해 상황조응적 대표성의 운영도 가능해진다. 상이한 주제에 따라 상이한 차원에서 상이한 대표자를 선출할 수 있는 가능성이 열리는 것이다. 이에 따라 대표성 구현의 본질주의 내지는 핵심중심주의를 모색할 수 있게 되고 그 결과 대표성 모색 비용의 최적화를 기할 수 있다.

이는 단일 차원의 대표성 공간으로는 어떤 하나의 대표자를 통해 모든 유권자의 여러 개별적 특성을 같은 심도로 대표할 수 없다는 사실에 대한 반동을 의미하는 것이기도 하다. 다차원의 대표성 공간이 열리는 경우 자신의 이익을 자기 스스로 주창하고 관철하고자 하는 순수 직접 민주주의와는 달리 대표성을 유연하게 조정함으로써 전혀 서로 다른 인구사회학적 특성을 지니는 대표자에 의해 피대표자가 대표될 수도 있게 된다(Valsangiacomo, 2021: 3). 예컨대 여성이 성별 특성에 따라 여성에 의해 대표되기도 하지만 차원을 달리하여 그 여성의 출신 지역에 따라서는 남성에 의해 대표될 수도 있다는 의미다. 서술적 대표성의 한계를 대표성의 다원성 내지는 다차원화를 통해 극복하는 셈이다.

또한 전자민주주의는 보다 정확한 정보를 보다 신속하고 광범위하게 수집, 전달할 수 있게 해준다는 점에서 대의과정에 보다 정교하고 강력한 비례성의 원리를 제공한다(Valsangiacomo, 2021: 3). 이에 따라 보다 유연하고 정교한 대표성을 확보할 수 있게 된다. 이를 다른 측면에서 보면 피대표자가 자신이 원하는 대표자를 선택할 수 있는 가능성을 높이게 된다는 뜻이고 자신과의 유사성이 높은 대표자를 선택할 수 있는 가능성이 제고된다는 의미이기도 하다(Valsangiacomo, 2021: 3). 본인의 판단과 선택에 따라 위임할 분야와 직접 참여할 분야를 특정하거나 분리하기가 용이해진다는 뜻이기도 하다. 또한, 전통적인 의미의 서술적 대표성의 관점에서 보면 선거구의 구성원들이 동질적일수록(homogeniety) 대표하기가 용이하다는 명제가 성립된다. 그러나 전자민주주의하에서는 지리적 경계를 넘는 비례적 대표성(proportional representation)의 확보가 가능해지기 때문에 이런 동질성을 지향해야 할 이유가 없다. 서로의 의견이나 인구사회학적 특성이 달라도 전국 어디에서나 누구든 가장 자신의 가치와 상합하는 대표자를 찾아 선택하면 되기 때문이다.

전자민주주의는 또한 기득권의 차등에 따른 사회적 계서질서를 극복하는 데도 기여한다. 다양한 양식의 정보통신기술에 힘입어 정보소통상의 시간, 장소 및 비용의 제약을 뛰어넘을 수 있게 함으로써 고비용 저효율의 정치를 극복할 수 있게 한다. 예컨데 인터넷을 이용할 경우 대규모 집회에 비해 적은 비용으로도 자신의 의사를 홍보하거나 전달할 수 있고, 정치과정에 참여하는 데 따르는 비용을 절감할 수 있다. 따라서 기득권으로부터 소외되어 있는 사회경제적 약자도 현실정치에 참여하여 자기 목소리를 낼 수 있게 된다. 기존의 대중매체로부터 주목받지 못하던 소수당 출신의 후보도 얼마든지 시간·장소 및 비용에 구애받지 않고 인터넷 캠페인을 전개할 수 있다. 사회경제적 기득권 세력에 의한 정보의 독점이 더 이상 불가능하게 됨으로써 정치적 참여과정의 불공정을 극복할 수 있는 가능성이 커진다는 뜻이다.

넷째 피대표자인 일반시민들도 자신이 원할 경우 정치·정책·정부 등에 관한 정보를 보다 광범위하고 신속하게 접근하고 활용할 수 있게 됨으로써 국정 전반에 걸쳐 보다 적극적이고 직접적인 참여가 가능해지고 나아가서는 정치적 의사결정권이 확대 행사된다. 공론을 통한 시민의 이익증대를 통해 실질적인 대표성이 증대한다는 뜻이다.

제3절 코로나-19 사태와 의회의 대응 전략

코로나-19 사태에 조응해서 세계 여러나라의 의회는 실로 다양한 양식의 대응 전략을 모색해 왔다. 그런데 의회는 대의민주주의의 철학적 원리를 반영하는 사회공동체의 축약이라는 차원과 조직관리론의 관점에서 포착되는 의회행정의 차원에 의해 구성된다. 사회공동체의 축약 차원이 지향하는 규범적 당위를 구현하기 위해 구체적인 대안을 모색하는 차원에서 의회행정이 작동하는 셈이다. 따라서 사회공동체의 축약 차원이 의회가 지향해야 할 목적가치를 다루는 불변변수에 해당된다면 의회행정의 차원은 조작적 관리가 가능한 가변변수라고 할 수 있다. 그럼으로 코로나-19 사태에 조응하기 위해 의회가 어떤 대응적 조치를 취했다고 한다면 이는 의회행정 차원에서 이뤄지는 가변적 대응일 수밖에 없다. 그런데 의회행정은 가사차원(house-keeping dimension)), 운영차원(operational dimension), 기능차원(functional dimenstion)으로 구분된다(Worthley, 1976: 160-166). 가사차원이 어느 조직을 관리하든 불가피하게 요구되는 행정사무 및 관리 업무를 총칭한다면, 운영차원은 의회를 운영하는 데 따르는 조직관리, 인사관리, 운영관리, 시간관리, 정보관리 같이 기관 목표를 달성하는 데 필요한 업무를 총칭한다. 기능차원은 의회가 의회 외부기관과의 관계 설정을 통해 자신의 영향력을 구체화하는 과정을 포괄한다. 대행정부 관계 내지는 대 유권자 관계에서 표출되는 것이 대표적이다.

그런데 코로나-19 사태에 임하는 의회행정상의 대응은 대체로 현실의회 전략과 가상의회 전략 그리고 양자를 혼용하는 혼합의회 전략으로 대별해 볼 수 있다. 현실의회 전략이 사회적 거리두기나 자가격리 같은 방역상의 요구에 조응하여 회의장 출석 등 현실의회 현장의 물리적 조건을 조정하거나 제한하려는 것이라고 한다면, 가상의회 전략은 의사당에 직접 출석하거나 대면 회의를 진행하는 것과 같이 전통적인 양식의 의사절차에 따라 의회를 운영하기가 어려워짐에 따라 그런 어려움을 극복하고 특히 위기대응의 한 양식으로 제기되는 복지재정의 확충을 승인하고 관련 법안을 시급히 처리해야 하는 수요에 대응하기 위해 다양한 양식의 정보통신 기술을 도입함으로써 원격투표, 화상회의 등을 통해 의회를 운영하는 데에서 찾아볼 수 있다. 혼합의회 전략은 현실의회 전략과 가상의회 전략을 혼합하거나 병치시켜 운영하는 경우를 말한다. 따라서 의회행정의 3차원과 코로나에 대응하는 의회의 3전략을 교차하는 경우 아래의 〈표 Ⅱ-1〉에서 보는 바와 같이 9개의 대응 전략 유형을 도출해 볼 수 있게 된다.

〈표 Ⅱ-1〉 의회의 코로나 대응 전략 모형

의회행정 / 대응전략	가사차원	운영차원	기능차원
현실전략	Ⅰ	Ⅱ	Ⅲ
가상전략	Ⅳ	Ⅴ	Ⅵ
혼합전략	Ⅶ	Ⅷ	Ⅸ

1. 제 Ⅰ 유형의 대응 전략

현실의회의 가사차원에서 이뤄지는 방역대책이 주종을 이룬다. 대표적으로는 회의장의 물리적 공간을 조정하거나, 사회적 거리두기의 정신을 살려 회의 참석 의원의 숫자를 통제하고 의사당 출입자를 규제하는 데에서 찾아볼 수 있다. 이스라엘 의회는 원격회의 운영을 불허하는 반면 의원 개인별 지정 좌석제를 도입하고, 지정 좌석에 전자투표기를 설치해서 이를 통해 투표하도록 했다. 종당에는 일체의 회의를 불허하고 의사당을 폐쇄한 바도 있다. 현장출석이 불가피할 경우 밀접접촉을 피하기 위해 호주 하원의 경우는 보다 넓은 의원 개인별 공간을 확보하도록 하고 이를 위해 좌석 배치를 조정했다(Brideau & Virgint, 2020.05.04.). 캐나다 온타리오 주 의회도 좌석배치를 조정하는 한편 제한된 수의 의원만 현장 출석토록 했다. 영국의 상하양원도 긴급현안 심의를 위한 회의에서 의원의 좌석 배치를 조정한 바 있다(Scott & Newson, 2022.03.01.).

사회 전반적으로 실시되는 방역수칙에 따라 미국의 상하 양원은 의사당 내에서의 마스크 착용 및 사회적 거리두기를 시행했다. 모든 사무실에 최대 수용인원을 규정해주고 개인별 적정거리의 유지가 가능하도록 했으며 종사자의 순환 재택근무제도 도입했다. 각 건물 및 사무실 내 통풍, 환기 시스템을 수시 점검하고 의사당 건물에의 출입자를 제한했다. 공적 업무인 경우 의사당 출입을 허용하지만 엄격한 보안, 발열 검사 등을 거친 후 해당 사무실 직원의 안내로만 이동하게 했다(국회사무처 국제국, 2020: 1-2). 영국 의회도 입법관료의 재택 근무를 권장한 바 있다(CPA, 2020: 18). 또한 코로나-19 사태로 인해 의회가 방역대응 체제로 운영될 수밖에 없고 그렇기 때문에 의회의 운영이 제한되지 않을 수 없다는 사실을 일반시민에게 공지하고 이를 위해 언론에 공표하기도 한다. 한국 국회도 상주 근무자에 대한 코로나-19 관련 전수검사를 시행한 바 있다. 2020년도 국정감사에서는 현장 출입 인원을 50명으로 제한했다(윤지원, 박제완, 2020.10.04.).

2. 제 II 유형의 대응 전략

현실의회의 운영차원에서 이뤄지는 대응 조치는 조직관리와 운영관리로 나누어 살펴볼 수 있다. 먼저 조직관리면에서는 본회의의 역할 조정을 들 수 있다. 여러 나라가 본회의가 다루어야 하는 과제를 위원회로 이전하는 업무 분담과 역할 조정을 통해 본회의의 개회 수요를 감축하고자 했다. 반면에 영국의 웨일스 의회는 일부 위원회의 기능을 본회의로 이전하여 본회의 중심제를 강화했다(Nicholson & Paun, 2020.11.24.). 위원회 개회의 빈도를 줄이자는 의도로 해석된다. 또한 특별위원회를 구성해서 코로나-19 사태 대응 업무를 강화하기도 했다. 감염병에 대한 정부의 비상대응 조치는 사회 전 영역에 영향을 미치기 마련이다. 이로 인해 정부에 대한 감시, 감독수요가 급증한다. 그뿐만 아니라, 행정부가 비일상적인 비상대권을 행사하게 됨으로써 이를 통제, 점검해야 하는 요구가 폭증한다. 그러나 사회적 거리두기로 인해 본회의가 잘 열리지 못하거나 회의의 운영이 지장을 받기 때문에 그에 대한 대안으로 특별위원회를 구성해서 본회의의 역할을 대신하고자 한다. 이에 따라 많은 나라가 코로나-19 사태 전담 위원회를 설치, 운영했다. 이는 기존의 위원회를 통해 코로나-19 관련 과제를 다룰 수 있더라도 관련 위원회의 통합 운영을 통해 보다 효율적으로 신속하게 대응하고자 한 결과다. 뉴질랜드 하원이 "감염병 대응 위원회"를 설치, 운영했고, 캐나다 하원은 "코로나 감염병 특별위원회"를 통해 대 행정부 감독 기능을 강화했다. 노르웨이 의회는 기존의 의사규칙에 따라 각 당의 대표와 의장으로 구성되는 "코로나 바이러스 특별위원회(Coronavirus Special Committee)"를 운영했다(CPA, 2020: 5). 아일랜드 하원은 "코로나 대응 특별위원회"를 구성, 운영함으로써 코로나-19 대응과 관련하여 전정부적인 감독과 평가를 진행하고 그 결과를 보고서로 제출한 바 있다. 스콧트란드 의회는 "코로나 회복 특별위원회"를 설치, 운영했으며, 뉴질랜드 의회는 "감염병 대응 특별위원회(Epidemic Response Committee)"를 구성, 운영했다(Brideau & Virgint, 2020.05.04.). 한국의 국회도 "코로나-19 대책 특별위원회"를 구성, 운영한 바 있다.

운영관리면에서는 우선 대리투표제(proxy voting)와 대리출석제를 들 수 있다. 대리투표제는 이미 여러 나라의 의회에서 정당 간 권력의 균형 유지를 위해 운영해온 바 있다. 다만 코로나-19 사태 이후로는 이를 채택하는 사례가 크게 늘었다. 영국의 웨일스 의회는 본회의 의사정족수를 축소하는 의사규칙의 개정을 통해 일종의 대리투표제도를 도입했다. 어떤 정당의 소속 의원이 출석하는 경우 그 정당 소속 의원의 표 전체를 대리할 수 있게 한 것이다. 현장 출석 필수 의원의 수를 줄이려는 의도의 결과다. 같은 이유로 이후 가택 전자 투표제도도 도입했다. 북아일랜드 의회는 대리투표와 집단투표를 혼합하는 분할투표(voting in divisions)를 허용하는 제도를 도입한 바 있다(Nicholson & Paun, 2020.11.24.). 뉴질랜드 하원은 1996년 이래 대리투표제도를 도입해서 운영해 왔으나 코로나-19 사태 이후 변화된 환경을 반영해서 의사규칙를 개정한 바 있다. 원래 25% 이상은 출석해야 한다는 조건이 있었으나 코로나-19 사태 이후 이마저 적용하지 않도록 했다(Brideau & Virgint, 2020.05.04.). 프랑스의 상하 양원은 오랜 동안 대리투표제를 운영해 왔다. 코로나-19 사태 후 단 한 사람에 의해서도 소속 정당 전체의 의사를 대리 투표할 수 있도록 제도를 개선했다(Brideau & Virgint, 2020.05.04.). 영국 하원은 출산과 관련하여 현장

출석이 곤란한 경우 대리 투표할 수 있는 제도를 도입해 운영해 왔다. 이를 감염병과 관련한 사회 보건과 의료상의 이유가 있을 경우에도 가능하도록 확대했다. 다만 회의의 성원이나 종결을 의결하는 투표에는 이를 적용하지 않는다(Scott & Newson, 2022.03.01.). 영국의 웨일스 의회는 원래 부모의 역할을 수행하기 위한 경우에는 대리투표가 가능토록 하는 제도를 두어왔다. 그러나 코로나-19 사태 이후, 소속 정당의 표를 한 사람이 대리 투표할 수도 있게 의사규칙을 개정했다(Nicholson & Paun, 2020.11.24.) 뉴질랜드 의회의 기업위원회는 특정 정당 소속 의원의 25%를 넘어 대리 투표할 수 없다는 규정을 두었으나 코로나 사태 이후 이를 폐지해서 운영하게 되었다. 한편 호주 의회는 현장출석 의원 수를 줄이면서도 의사정족수를 채우기 위해 서로 반대당 소속 의원과 짝을 이루어 출석을 미루는 페어링 제도(pairing of the members)를 운영했다. 일종의 대리출석제도를 도입한 셈이다(Brideau & Virgint, 2020.05.04.). 노르웨이 의회는 국내외 여행을 전면 취소한 바 있다(CPA, 2020: 5).

　이 밖에도 의사절차상의 변화를 도모한 사례도 있다. 노르웨이 의회는 본회의 의사정족수를 169명에서 87명으로 줄였다(CPA, 2020: 5). 독일 연방의회도 현장 출석의원 수를 줄이기 위해 본회의와 위원회의 의사정족수를 정원의 50%에서 25%로 잠정 축소했다. 영국의 웨일스 의회도 현장 참여 의원 수를 줄이기 위해 본회의의 의사정족수를 축소하는 의사규칙을 채택했다(Nicholson & Paun, 2020.11.24.). 캐나다도 대부분의 의회가 회의장 참석 의원의 수를 크게 줄였다. 보다 중요한 것은 누가 현장 출석할 것인가를 정하는 데 있어 평의원의 참여를 외면한 채 정당의 지도부가 일방적으로 정했으며 그 결과 지역적 불균형이 심화되었다는 점이다

(Rayment & VandenBeukel, 2020: 383). 반면에 법률안 심의 절차를 개정한 사례도 있다. 한국의 국회는 코로나 관련 법안의 신속한 심의가 요청된다는 점을 감안하여 관련 법안의 경우 상임위원회의 숙려기간 없이 우선 처리하기로 여야 정당 간 합의를 통해 결정한 바 있다. 법률안의 발의도 비대면 방식으로 제출할 수 있게 했다(신정민, 2020.08.14.). 의제의 규모를 전략적으로 줄여 회의의 개회 수요를 감축하는 사례도 있다. 프랑스, 독일, 노르웨이, 스위스 등의 의회에서는 긴급의제가 아닌 경우 코로나-19 사태 이후로 미룸으로써 의회의 개회 수요를 줄이고자 했다. 같은 이치로 핵심적 과제가 아닌 일상적 정부 활동에 대한 대 행정부 감독을 줄이는 대신 코로나-19 대응 긴급조치에 대해서는 감독 기능을 강화하는 일종의 역할 조정을 취했다(국회사무처 국제국, 2020).

3. 제 Ⅲ 유형의 대응 전략

현실의회의 기능차원에서 이뤄지는 대응 조치는 주로 대 행정부 관계와 대 일반시민 관계로 대별해서 살펴볼 수 있다. 먼저 대 행정부 관계에서는 대 정부 질문이 축소되는 경향을 보였다. 프랑스 의회의 경우가 대표적이다. 코로나-19 사태는 신속한 정부의 대응을 요구하는 만큼 많은 경우 의회의 입법보다 행정명령(ordonnances)에 의존하는 경향이 두드러지게 나타난다. 그만큼 대 행정부 감독 및 통제 수요가 커진다는 뜻이다. 그러나 프랑스 의회의 경우 코로나-19 사태가 지속되는 동안에는 대 정부 질문 개수를 교섭단체당 2개, 무소속 1개로 제한하고 대정부 질문 시간도 기존보다 단축하도록 했다(이재묵, 2021 : 45). 캐나다 하원도 현실

의회의 대정부 질문일을 매주 수요일 하루로 대폭 단축했다(Rayment &
VandenBeukel, 2020: 383).

반면 대 일반시민과의 관계에서는 대면접촉이 크게 줄었다. 미국 상하
양원 의원의 선임보좌진(senior staffers)을 대상으로 한 설문 결과에 따르
면 지역구 유권자와의 상호작용이 원격화하면서 지역방문과 지역주민과
의 대면접촉이 크게 감소했다(Goldschmidt and Sinkaus, 2020). 지역구
에서 지역주민을 상대로 현안에 대해 질의 답변하는 마을회의(town ahll
meeting)나 경향 각지를 방문하면서 의회 활동에 대한 지역주민의 의견을
경청하고 여론을 수집하는 이동식 의회(moving parliament) 등이 중지되
거나 축소되었다. 그러나 코로나-19 사태와 관련해서는 오히려 전문가 집
단과의 교류가 순증한 측면도 있다. 한국의 국회는 수시로 일반시민 및 관
련 분야 전문가들과 방역대책과 사회변화의 방향 등에 대해 논의한 바 있
고(박성원, 2022: 9), 독일의 연방의회도 사회, 경제, 환경위기의 징후들을
사전에 파악하여 사회적 대응력과 회복력을 강화하고자 전문가 의견을 결
집하는 "위기관리 레이더(Crisis Radar)" 프로젝트를 추진한 바 있다. 핀
란드 의회는 미래상임위원회를 통해 가시화되지 않은 미래의 위험징후를
탐색하는 보고서를 발간했다. 유럽 의회도 전문가 지원을 통해 다양한 미
래 상황을 가정하고 대응 시나리오를 모색하는 "그러면 무엇이 문제인가
(What If)" 제하의 보고서를 제출한 바 있다(EPTA, 2021: 13-14). 의사당
에 대한 접근이 통제되면서 청원의 접수나 국민발안이 제약을 받을 것은
당연한 이치다. 그럼에도 불구하고 국회의 경우 "코로나 백신 접종 중단과
부작용 피해 조사에 관한 청원"이 제기되어 접수 처리한 바 있다(국회민
원지원센터, 2022.04.25.).

4. 제 Ⅳ 유형의 대응 전략

가상의회를 지원하기 위한 가사차원의 대응 조치를 말한다. 따라서 코로나-19 사태가 아니더라도 기왕에 가상의회를 운영해 온 곳에서는 보다 다양한 차원의 서비스가 제공되고 있다. 먼저 한국 국회의 경우 인사관리 차원에서 국회채용 시스템을 통해 국회 각 기관의 채용정보를 제공한다. 정보관리차원에서는 고정형 운영 시스템과 이동형 모바일 앱 서비스로 구분해 볼 수 있다. 전자에는 지난 회의의 영상을 찾아볼 수 있는 영상회의록 시스템, 모든 의안에 관한 정보를 제공하는 의안정보 시스템, 문서로 된 회의록을 찾아볼 수 있는 회의록 시스템, 진행중인 입법예고와 종료된 입법예고를 찾아볼 수 있는 국회 입법예고 시스템, 법령 관련 정보를 제공하는 국회 법률정보 시스템, 예산과 결산 정보를 제공하는 예결산정보 시스템, 주요 재정·경제 통계 및 지식자료를 제공하는 재정경제통계 시스템, 국정감사정보를 제공하는 국정감사정보 시스템, 한 번의 검색으로 의안 검토보고서, 회의록, 공포법률까지를 통합해서 검색할 수 있는 맞춤입법콘텐츠 검색 시스템, 국회 관련 주요 기록 동영상과 홍보 동영상 및 사진 등을 찾아볼 수 있는 미디어 자료관 등이 있다(국회정부나침판, 2022).

후자의 것으로는 통합적으로 국회에서 제공하는 모든 모바일 서비스를 안내하는 대한민국 국회 앱, 국회의원 개개인에 대한 상세 정보를 제공하는 국회 의원광장 앱, 국회의사당에 대한 관람 안내 서비스를 제공하는 국회 관람 앱, 상임위원회 및 국정감사 등 제헌의회부터 현재까지의 모든 회의록을 제공하는 국회 회의록 앱 등이 있다(국회정부나침판, 2022).

가상의회의 운영지원 차원에서는 온라인을 통해 가상의회가 어떻게 운영되고 운영과정에서 국회의원과 입법관료가 유의해야 할 사안은 무엇인지 등을 안내한다. 특히 국회의원을 상대로 실제 가상회의를 시연해 보임으로써 가상의회 운영에 친숙하도록 지원한다. 시민참여를 독려하기 위해서는 가상의회 관련 안내문을 공지하거나(CPA, 2020: 7) 컴퓨터 게임을 통한 역할극 놀이(serious games)를 장려하기도 한다(Papaloi & Gouscos, 2009: 9). 유럽연합은 이런 컴퓨터 게임의 장려를 통해 일반시민이 스스로 전자의회에서의 입법과정을 학습하고 깨우쳐 정치적 참여의 동기를 유발되도록 향도하기도 한다. 한국 국회는 가상회의를 인터넷으로 국민에게 전달하는 과정에서 청각장애인을 위한 자막 서비스를 제공하기도 한다. 가상 본회의와 18개의 가상 위원회에서 이뤄지는 원격회의에 자막을 달기 위해 3인의 속타수를 고용했으며 VoD 음성과 속기록 텍스트(text)를 동기화하여 자막을 생성하기 위해 전문 연구기관의 특허기술을 활용하기도 했다(이길섭, 2018: 22).

5. 제 V 유형의 대응 전략

가상의회의 운영차원에서 이뤄지는 대응 조치는 조직관리와 운영관리로 나누어 살펴볼 수 있다. 먼저 조직관리면에서는 가상 본회의 제도와 가상 위원회 제도의 도입과 운영을 들 수 있다. 가상 본회의 제도의 도입과 관련해서는 영연방 가운데 최초로 영국의 웨일스 의회가 본회의 운영에 가상회의와 혼합회의 제도를 도입했으며(Nicholson & Paun, 2020.11.24.) 브라질 하원도 가상 본회의 운영을 위한 의사규칙 개정을 통해 원격심의

체제를 갖춤으로써 모든 회의와 안건의 심사를 원격처리하도록 했다. 언제 어디서든 누구나 자신의 신분을 확인하기만 하면 모든 회의에 참가하여 의사절차를 진행할 수 있게 한 것이다. 브라질 의회는 2020년 5월 20일 의사규칙 개정에 따라 최초로 가상 본회의를 개최하고 이를 의회 미디어와 디지털 플랫폼을 통해 일반시민에게 공개한 바 있다(CPA, 2020: 10). 한국의 국회도 화상회의 같은 비대면 회의 시스템 구축을 통해 본회의를 운영하고자 의사규칙 개정에 나섰다. 그러나 오스트리아 의회의 경우는 헌법에 따라 물리적으로 현장에 참석하지 않으면 출석으로 간주하지 않도록 되어 있어 원격회의의 운영이 불가능하도록 되어 있다. 또한 가상위원회(virtual committee)의 구성 및 운영과 관련해서는 한국의 국회가 2020년 10월부터 온라인 상임위원회 운영 시스템을 순차적으로 구축해서 11월 이후부터는 비대면 회의가 열릴 수 있도록 한 바 있다. 위원회 회의를 비디오나 전화 회의(video and/or teleconference)를 통해 원격으로 개회할 수 있게 한 것이다(이재묵, 2021: 79). 뉴질랜드도 "감염병 대응 위원회(Epidemic Response Committee)"를 화상회의로 진행했다(CPA, 2020: 18). 호주와 영국의 의회도 원격 위원회 제도를 도입했다. 이 경우 위원과 공술인은 비디오나 전자적 장치를 통한 참여가 가능하다. 영국 하원의 코로나-19 대응 특별위원회는 모든 위원이 전자적 의사소통에 동의하도록 하고 문서는 위원회 소속 서기에게 제출하도록 했다. 다만 증인에 대해서는 현장에서 직접 질의하고 답변을 청취할 수 있도록 한 바 있다. 역사상 처음으로 완전히 가상회의로 운영되는 위원회를 운영했다(Scott & Newson, 2022.03.01.). 노르웨이, 프랑스, 네덜란드 의회도 원격위원회를 운영했다. 캐나다 브리티시 콜롬비아 주의회와 쾌백 주의회도 의회 활동의 지속성 유지를 위한 조치로 화상위원회를 운영했다(Brideau & Virgint, 2020.05.04).

　운영관리면서는 원격투표제도(remote voting)와 원격출석제도의 도입을 들 수 있다. 우선 원격투표제도의 경우 이를 위한 앱은 이미 시장에 나와 있는 상태에서 다만 기술적 안전성 보장에 대한 사회적인 확신을 공유하는 일만이 남겨져 있는 상태였다. 이로 인해 코로나-19 사태가 발발하자 여러 의회가 원격투표제도를 도입해서 운영하게 되었다. 그러나 이는 많은 의회가 가장 도입하기를 주저하는 제도적 변화 가운데 하나이기도 했다. 그럼에도 불구하고 북아일랜드 의회는 전화 투표와 비디오 투표를 허용하는 의사규칙 개정에 나섰고, 유럽의회는 의장이 필요하다고 판단하는 경우 의사규칙을 변경하여 전자투표를 통해 원격투표를 실시할 수 있도록 했다. 이메일로 투표용지가 의원 각자에게 전달되면 이를 투표한 후 스캔하여 정해진 이메일로 보내고 그 결과를 종합하여 의결하는 양식을 취했다(Crego & Man´ke, 2022: 2-3). 일종의 대안투표제도인 셈이다. 한국의 국회도 국회의장의 결심으로 원격투표제도를 도입해서 운영한 바 있다. 스페인 의회는 유럽에서 유일하게 코로나 사태 이전에 이미 임신, 수유, 양육, 중병 등의 이유로 직접 현장 투표가 어려운 경우 원격투표가 가능한 제도가 마련되어 있었다. 코로나-19 사태를 맞이하여 상하양원은 이 규정을 확대 적용하도록 했다(CPA, 2020: 8).

　원격출석제도의 도입과 관련하여, 호주 의회는 비상사태 대응을 위한 의사규칙에 따라 코로나-19 사태 이전부터 물리적 출석이 어려운 경우 비디오를 통한 출석을 허용해 왔다. 이에 따라 생리적 주기에 따른 원격출석도 가능했다. 스페인, 브라질, 노르웨이, 핀란드 의회는 코로나-19 사태에 따라 원격회의와 원격출석을 가능케 하는 의사규칙 개정에 나섰다(국회 사무처국제국, 2020). 한국 국회의 경우는 현행 국회법에 비대면으로 안건을 처리할 근거 규정이 없어 우선 국회의장의 허락을 받아 원격출석이 가능하도록 하는 조치를 취한 바 있다. 그러나 2020년 12월 22일 일부 개정된 국회법에 원격영상회의 관련 조항(국회법 제73조의2)이 신설됨으로써 원격회의 및 원격표결을 위한 제도적 기반이 마련되었다. 이 조항에 따르면 감염병의 확산 또는 천재지변으로 인해 본회의가 개의되기 어려우면 교섭단체 대표의원과 합의하여 원격영상회의 방식으로 회의를 개의할 수 있게 되었다. 그러나 2021년 9월 기준 이에 따라 본회의가 원격영상회의로 진행된 경우는 아직 없다(이재묵, 2021: 76).

이 밖에도 한국의 국회는 법률안에 대한 설명과 동참하는 의원의 서명작업을 전자문서시스템과 전자서명으로 대체하고, 법률안은 전자문서 형태로 제출하게 했다(신정민, 2020.08.14.). 미국 연방의회의 하원도 의원이 제출하는 법안, 결의안, 회의록에 실을 문서 등을 전자적 형식으로 제출할 수 있도록 개선책을 도입한 바 있다(Harris et al, 2020.06.18.).

6. 제 VI 유형의 대응 전략

가상의회의 기능차원에서 이뤄지는 대응 조치는 대 행정부 관계와 대 일반시민 관계를 중심으로 살펴 볼 수 있다. 먼저 대 행정부 관계에서 보면 한국 국회의 경우 국회와 소관 정부기관 간의 행정 비효율을 제거하기 위해 영상회의 시스템을 운영하도록 한 바 있다. 국회 영상회의실에서 중앙정부의 각 부처, 지방정부 및 공공기관 등 497개 기관과 연결하여 가상회의가 가능하도록 되어 있다. 2015년 미래창조과학방송통신위원회 국정감사, 2016년, 2017년 정무위원회 국정감사를 비롯, 2020년 국정감사에서는 원격회의 시스템을 활용했다(이재목, 2021: 76).

대 일반시민과의 관계에서는 의회 주도형과 일반시민 주도형으로 대별해 볼 수 있다. 의회 주도형의 경우 한국 국회는 코로나-19 사태로 인해 의회 구성원과 일반시민 간의 대면접촉이 어려워지자 이들 간의 의사소통을 유지하기 위해 홈페이지, 공식 앱, 열린 국회 포털 등에 대한 의존도를 높인 바 있다. 국회의 온라인 미디어인 나온(NAON)은 의정활동과 업무를 국민에게 알리고 소통하기 위한 온라인 뉴스 매체이다. 그러나 아직 일반시민의 적극적 참여를 유도하거나 보다 체계적이고 충분한 정보를 제공하는 데에까지는 이르지 못한 것으로 평가된다. 단순 정보 수집 차원을 넘어서는 적극적 소통 플랫폼으로서의 역할 수행에는 미진하다는 평가다(이재목, 2021: 81). 국회의 회의를 모바일 기기로 시청할 수 있는 국회 의사중계 앱, 국회방송(NATV)을 모바일 기기로 시청할 수 있는 국회 방송 앱, 국회에 제출된 의안원문, 소관위원회, 관련 보고서 등의 정보를 제공하는 국회 의안정보 앱, 입법예고된 법률안에 대한 정보를 제공하는 국회 입법예고 앱 등을 통해 이동상태에서도 국회 관련 정보를 실시간 취득할 수 있게 했다. 또한 다수의 의원실은 코로나-19 기간 동안 주로 소셜미디어를 통해 유권자와 소통했다. 페이스북, 트위터, 인스타그램, 유튜브가 대표적이다. 전통적으로 활용되는 이메일이나 전화 같은 수단도 원격 소통을 위해 활용되었을 것은 물론이다. 인터넷 기반의 PC 또는 노트북을 이용하는 경우 국내 및 해외와도 영상회의가 가능하다. 국회의 영상회의 시스템은 상임위원회 전체회의, 법률안 검토, 국내외 기관 또는 전문가와의 업무 협의에도 활용된다. 또한 회의를 실시간으로 중계하는 인터넷의사중계시스템을 통해 일반시민과의 소통을 확대한다.

일반시민 주도형으로는 먼저 캐나다 하원의 전자 청원을 위한 온라인 플랫폼을 들 수 있다. 여기에 청원을 올려 다른 시민이나 정부의 지지를 요청한다. 페루 의회에서는 "화상 포럼(Vitual Legislative Forums)"을 통해 시민과 시민사회단체들이 위원회에서 다루는 법률초안에 대해 자신의 의견을 개진하거나 수정안을 제시하도록 했다. 미국의 "공개정부 재단(OpenGov Foundation)"이 운영하는 메디슨 프로젝트(Medison Project)는 대안의회의 대표적인 사례다. 공개정부 재단은 기존의 의회제도가 유권자의 의사를 제대로 입법과정에 반영하지 못한다고 보고 일종의 가상의회를 인터네상에 구축해서 운영한다. 온라인을 통해 광범위하게 시민의 의견을 수렴하고 대안을 개발하는 쌍방향형 의사소통 인터네트 플렛폼인 셈이다(Brideau & Virgint, 2020.05.04.).

7. 제 Ⅷ 유형의 대응 전략

혼합의회의 가사차원에서 이뤄지는 대응으로는 한국의 국회가 취해온 바 열감지 장치, CCTV, QR코드, 등 디지털 기술을 통해 의사당 출입자의 동선을 파악하고 감염자를 추적 조사하는 등의 방역조치를 들 수 있다(김동호, 2020.02.26.). 미국 하원에서는 보안이 보장되는 가상의회 운영을 지원하기 위해 씨스코사(Cisco)의 웨벡스(Webex) 프로그램 라이센스를 각 의원실, 위원회 사무실, 지도부 사무실 등에 제공한 바 있다. 온라인상에서 가상의회 운영에 필요한 IT 기술교육을 입법관료를 상대로 실시하고 특히 사이버 보안 교육을 통해 최소기술주의 정책의 중요성을 인식하도록 훈련하기도 한다(CPA, 2020: 8).

8. 제 Ⅷ 유형의 대응 전략

혼합의회의 운영차원에서 이뤄지는 대응 조치는 대체로 조직관리와 운영관리로 나누어 살펴볼 수 있다. 우선 조직관리면에서는 혼합본회의 제도와 혼합위원회(hybrid committee) 제도의 도입을 들 수 있다. 전자의 경우 영국의 웨일스 의회는 일부 의원은 현장 출석하고 다른 의원은 원격 출석하는 혼합회의 제도를 통해 본회의를 운영했다. 혼합위원회 제도의 경우로는 영국의 웨일스 의회가 가상회의와 현장회의를 동시에 진행하는 혼합회의제도를 도입, 운영했으며 북아일랜드 의회는 가상위원회와 현실위원회를 병행하는 혼합위원회 제도를 도입한 바 있다(Nicholson & Paun, 2020.11.24.). 전자가 일부 의원은 원격출석하고 다른 의원은 현장출석하여 혼합회의를 운영하는 경우라고 한다면, 후자는 의제에 따라 어떤 경우는 원격회의를 다른 경우에는 현장회의를 운영하는 경우로 대별된다.

운영관리 면에서는 혼합투표제도(hybrid voting)와 혼합출석제도의 도입을 들 수 있다. 전자의 경우 영국 하원은 혼합투표제도를 운영한 후 이를 대리투표제도로까지 확대한 바 있다. 줌(zoom)을 통한 가상 의사철차에 따라 120명의 의원까지는 가상참여하고, 사회적 거리두기를 지키는 조건 아래 최고 50명의 의원까지는 현장투표가 가능하도록 했다. 상원도 유사한 의사절차를 도입할 예정이다(Scott & Newson, 2022.03.01.). 브라질 하원도 가상투표와 현장투표를 혼합해서 운영한 바 있다. 이때 가상참여자들은 줌을 통해 오디오 및 비디오 소통이 가능케 했다. 후자의 경우 영국 하원은 혼합출석제도를 채택하는 의사규칙 개정안을 채택한 바 있다. 이에 따라 120명까지는 줌을 통해 가상출석하고 최고 50명까지는 사회적 거리두기를 지키는 조건 아래 현장출석할 수 있도록 했다(Scott & Newson, 2022.03.01.). 유럽의회도 다수의 의원은 가상출석하고 소수의 의원은 현장출석토록 하는 제도를 채택했다. 이때 대다수의 의원은 비디오 회의 시스템을 통해 출석토록 했다(Brideau & Virgint, 2020.05.04.).

9. 제 Ⅸ 유형의 대응 전략

혼합의회의 기능차원에서 이뤄지는 대응 조치는 대 행정부 관계와 대 일반시민 관계로 대별해 볼 수 있다. 전자의 경우로는 영국의 웨일스 의회가 대 행정부 통제력 강화 차원에서 대 정부 질의시 먼저 육성을 통해 현장에서 설명을 들은 후 혼합 또는 가상 질의가 가능하도록 하는 제도를 채택한 바 있다(Nicholson & Paun, 2020.11.24.). 또한 한국의 국회는 코로나로 인한 국회 폐쇄라는 사상 초유의 사태를 맞아 비대면 영상회의 시스템을 구축하고 이를 통해 국정감사의 일부를 비대면으로 진행했다. 국정감사와 국정조사에 출석하는 참고인을 원격으로 출석시키는 법안도 채택했다. 참고인이 질병, 해외 체류 등의 사유로 국회에 출석하기 어려운 경우에는 국회의장이나 상임위원장의 허가를 받아 원격 출석할 수 있게 했다(유효종, 2020.08.27.). 일부는 현장 감사를 실시하고 일부는 가상 감사를 실시할 수 있는 제도를 도입한 것이다.

후자의 경우는 의회가 일반시민이 디지털 네트워크를 통해 입법관련 정보를 얻거나 우려를 전달하고 법률안을 제안하는 데 필요한 접촉점을 제공하기 위해 관련 업무를 전담하는 부서를 설치, 운영하는 데에서 찾아볼 수 있다. 영국의 스콧틀랜드 의회는 입법정보 및 자문 사이트

(Parliamentary Information and Advisory Service)를 개설해서 1000여개의 시민사회단체를 망라하는 네트워크를 구축하고 앱을 통해 정책정보 포럼을 운영함으로써 제2의 시민참여 공간을 확장 제공했다. 여기에서 생산되는 정보는 이를 관련 위원회에 송부하여 입법정보로 활용하도록 연계되어 있다(Nicholson & Paun, 2020.11.24.). 칠레 하원의 "시민법률평가과(Department of Citizen Avaluation of the Law)"는 디지털 공론장을 통해 법률 집행에 따른 영향성을 평가하고, 시민의 반응을 수집하는 등의 업무를 수행한다. 코스타리카 의회의 "시민참여과(Citizen Participation Department)"는 시민이 법률안을 제안하거나 협의하고자 할 때 관련 소통을 위한 통로이자 의회의 역할에 대한 시민교육을 촉진하는 기구로도 활동한다(Brideau & Virgint, 2020.05.04).

이렇듯 코로나-19 사태에 대한 의회의 대응은 기본적으로 사회적 거리두기 등 방역정책의 일환으로 물리적 환경을 조정한 데 따르는 현실의 회의 역할 축소 내지는 기능 제한을 가상의회 내지는 혼합의회의 운영을 통해 보완하거나 대체했다는 데에 특징이 있다. 이는 주로 가사차원 보다는 운영차원과 기능차원에서 이뤄지고 있으며 원격회의, 원격출석, 원격투표, 원격 대 정부질문 등에서 일관되게 나타나 있다. 이를 위해 기존에 있었던 제도를 원용하거나 단순 적용하는 경우도 있고 새로운 제도를 개발하거나 도입하는 사례도 있었다. 새로운 제도를 채택하는 경우 잠정적, 한시적으로 도입하는 경우와 장기적, 일상적 관점에서 도입하려는 경우로 대별된다. 예컨대 라트비아 의회가 감염병 사태 동안만 완전히 가상의회로 전환하고자 하지만 남아프리카 의회는 본회의에서 혼합회의제도를 도입한 이후 이를 지속적으로 운영하고자 하는 데에서 찾아볼 수 있다. 이런 대응 전략상의 차이는 우선 가상의회의 도입을 감염병 사태라고 하는 특별하고 한시적인 위기상황에 대한 단순 대응 과제로 인식하느냐 아니면 보다 근본적이고 지속적인 시대상황의 변화에 대한 순응의 한 양식으로 보느냐에 따라 빚어진다. 가상의회를 이미 시작되어 범사회적으로 확산되고 있는 정보화 사회 보다 구체적으로는 디지털 네트워크로의 전환에 따른 사회변동의 한 양식으로 다루고자 하는 경우 코로나-19 사태 이전에도 이미 이를 부분적으로나마 도입해서 운영했을 것은 당연한 이치이다. 이런 경우 가상의회 제도로의 전환을 잠정적, 한시적 과제가 아니라 보다 장기적, 항상적 과제로 인식하고자 하게 된다. 단순히 위기에 처한 의회의 대표기능을 변함없이 유지하기 위한 것이라기보다는 거기에서 더 나아가 미래의 정치사회 변동에 보다 잘 조응하는 대의민주주의의 운영양식을 모색하려는 적극적인 노력의 일환으로 이해해 보게 되는 이유이다.

그렇기 때문에 나라에 따라서는 이미 마련되어 있는 의사규칙이나 국회법을 단순히 적용하는 것만으로도 가상의회로의 전환이 가능하지만 대부분의 나라에서는 가상의회로의 전환을 위해 현실의회에 초점을 맞추어 마련되어 있는 기존의 의사규칙이나 국회법을 개정하거나 제정해야만 했다. 더 나아가서는 오스트리아처럼 헌법을 개정해야만 가상의회의 운영이 가능한 경우도 있다. 가상의회로의 전환이 이뤄진다고 하더라도 가상의회는 현실의회와 근본적으로 상이한 물리적 환경을 토대로 전개되는 만큼 의사진행상 새롭게 제기되는 과제가 적지 않다. 예컨대 원격회의에 접속한 상태를 유지하는 가운데 자리를 뜨거나 자리를 지키기는 하지만 컴퓨터를 이용해 회의 참여 이외의 활동에 집중하는 경우 이를 출석으로 인정할 것이냐의 문제가 대표적이다(이재묵, 2021: 79). 원격투표의 경우 대리투표의 가능성을 근본적으로 차단하기 어렵다는 점도 문제다. 이렇듯 기존의 현실의회와는 상이한 의사진행 환경으로 이동하는 만큼 정파 간 권력 관계에 영향을 미치게 될 것도 물론이다. 따라서 가상의회 운영을 위해 의사규칙이나 국회법을 개정하는 일은 정파 간 이해관계의 조율을 전제하지 하지 않을 수 없다. 나라에 따라서는 가상의회 제도를 의사규칙이나 국회법의 개정 없이 국회의장을 비롯한 원내 지도층 사이의 합의와 결단을 통해 채택하는 경우도 적지 않다. 코로나-19 감염병 사태라는 위기 상황에 긴급히 대처해야 하는 수요가 법제적 접근에 앞서 정치적 판단의 필요성에 공감하도록 압박하기 때문일 것이다. 의사규칙이나 국회법을 개정하기 위해서도 정파 간 합의를 도출하는 일이 선결과제일 것은 물론이다. 그런데 이런 정파 간 이견의 조정은 그 나라의 민주적 성숙 정도와 연동되기 마련이다. 그런 점에서 가상의회로의 전환은 그 나라의 민주주의 성숙 정도와 순비례 관계를 맺는다고 할 수 있다.

또한 가상의회의 운영이 정보통신 기술에 기반한다는 점에 주목해 보면 비록 민주주의의 성숙 같은 정치적 요인이 충족된다고 하더라도 한 나라의 정보화 수준이 크게 제고되어 있지 않으면 가상의회로의 전환은 가능하지 않게 된다. 비록 사회 전반이 정보통신기술에 기반한 네트워크 체제로 전환되어 있다고 하더라도 국회의원을 비롯한 의회 구성원들이 가상의회를 운영하는 데 필요한 정보관리 기술 역량을 갖추고 있어야 할 것도 물론이다. 회의 지원업무를 담당하는 의회 소속 입법관료는 물론이고 의원 각자에게 원격회의에 참여하고 발언하며 투표하고 회의를 진행하는 데 필요한 기초 정보관리 능력이 개발되어 있어야 한다는 뜻이다.

결국 의회가 코로나-19 사태에 보다 효율적으로 대응하기 위해서는 현실의회를 가상의회로 전환하는 일이 대안 가운데 하나이지만, 이를 위해서는 전대미문의 위기상황을 보다 신속하고 효율적으로 극복하고자 하는 의회 구성원들의 적극적인 의지가 전제되어야 하고 거기에 더해 해당 사회의 정치적 성숙성 정도, 법제적 장치의 준비 정도, 정보사회로의 진전 정도가 핵심적인 환경변수로 작용하고 있음을 알 수 있다.

제4절 의회의 위기 대응과 대의민주주의

코로나 사태에 대한 의회의 대응은 앞에서 살펴 본 바와 같이 현실의회, 가상의회, 혼합의회 차원에서 이뤄진다. 그런데 현실의회(제Ⅰ 유형, 제Ⅱ 유형, 제Ⅲ 유형)가 주로 의회기능의 축소나 제한을 감수하는 가운데 감염병 사태에 대응하고자 한다면, 가상의회(제Ⅵ 유형, 제Ⅴ 유형, 제Ⅵ 유형)와 혼합의회(제Ⅶ 유형, 제Ⅷ 유형, 제Ⅸ 유형)는 의회기능을 최소한 현상 유지하거나 더 나아가 확장하는 양식으로 대처하고자 한다는 점에서 대비된다.

먼저 현실의회와 관련하여 제Ⅰ유형은 방역조치의 일환으로 의사당 출입을 통제하거나 제한하고 심지어 국회의원의 출석을 규제하기도 한다. 대표성을 위임받은 국민 대표자의 회의장 접근이 차단되거나 제한된다는 점에서 형식론적 대표성 발현이 억압되는 셈이다. 일반시민의 접근이 통제된다는 점에서는 시민참여를 통한 대표성 보완 기회가 축소된다는 뜻이기도 하다. 제Ⅱ 유형의 경우 조직관리 차원에서 볼 때 본회의, 상임위원회, 특별위원회 사이에서 의회 내부 조직을 개편함으로써 의회 전체의 회의 개회 수요를 줄여 감염병 방역에 부응하고자 한다. 형식론적 대표성의 발현 기회가 줄어드는 것은 물론이고 회의의 개회 일수가 줄어들수록 회의 참가 국회의원에 대한 일반시민이나 로비스트, 이익집단 등에 의한 접근 가능성도 줄어든다 점에서 보면 입법과정에 대한 시민참여의 기회가 축소된다는 의미이기도 하다. 보다 다양한 시민의 의견 투입기회가 줄어든다는 점에서 서술적 대표성 발현이 제한되는 셈이다. 회의가 열려야 언론의 조명을 받고 국민의 관심을 끌게 된다는 점에서 보면 의회의 상징적 대표성이 축소된다는 의미이기도 하다. 운영관리면에서는 대리출석제도와 대리투표제도를 채택함으로써 상대적으로 소수의 국회의원이 회의장에 참석하도록 유도하고자 한다. 당연히 의회의 형식론적 대표성이 훼손되는 것은 물론이고 다양한 지역구의 상이한 이해관계와 특성을 반영해야 할 국회의원들 사이의 소통과 조정이 그만큼 협소해진다는 점에서는 서술적 대표성의 축소를 동반한다. 의사절차상 의결정족수를 하향 조정한다거나 안건의 숙려기간을 배제하는 등의 조치도 의원 간의 상호작용 기회를 박탈하거나 축소한다는 점에서 서술적 대표성을 훼손하는 셈이다.

제Ⅲ 유형의 경우, 대 행정부와의 관계에서 대 정부 질문 회수나 시간을 줄인 결과 국회의원의 자기 역할 수행 기회를 축소한다는 점에서 형식론적 대표성을 제한하는 결과를 낳는다. 대 행정부 관계에서 의회의 역할이 위축되는 신호를 전달하게 된다는 점에서는 상징적 대표성이 위축된다. 대 국민과의 관계에서는 유권자와의 접촉 기회를 줄임으로써 입법과정에 대한 시민참여의 기회가 줄고 그 결과 보다 다양한 의견의 수렴이 제약된다는 점에서 볼 때 서술적 대표성이 줄어든다. 다만 코로나-19와 관련한 기후변화 등 중장기적인 대책 수립과 관련해 해당 분야 전문가들과의 협력을 강화한다는 점에서는 그만큼 시민참여의 통로가 확장된다고 할 수 있다. 보다 다양하고 다차원의 의견이 수렴된다는 점에서 서술적 대표성을 제고하는 셈이다.

가상의회와 관련한 제Ⅳ 유형은 가상의회의 역할을 구현하거나 확장하기 위해 필요한 지원조치를 취하는 것이라는 점에서 의회의 역할 수행에 간접적 영향을 미친다.

제Ⅴ 유형은 조직관리와 운영관리로 나누어 살펴볼 수 있다. 먼저 조직관리의 경우 가상 본회의와 가상위원회제도를 도입함으로써 현실본회의나 현실위원회보다 회의를 소집하거나 운영하기가 훨씬 더 용이해지고 그렇기 때문에 적시에 회의를 소집할 수 있게 된다. 심지어 의회가 휴회중이라고 하더라도 회의의 개회가 가능하게 된다. 휴회중일 경우 많은 의원들이 의사당이 있는 지역을 떠나 지역구를 방문하는 등 여행에 나설 가능성이 커지면서 현장출석이 곤란해지는 데 반해 가상의회는 지리적 이격성에 관계없이 원격출석할 수 있기 때문이다. 이렇듯 코로나-19 사태 같은 위기 상황에서도 폐쇄되지 않고 지속적으로 운영된다는 사실은 민주 정체의 정당성을 제고할 뿐만 아니라 대의기관의로서의 의회가 자기 책임을 다하기 위해 최선을 다한다는 메시지를 내외에 천명할 수 있게 된다. 민주정부에 대한 지지와 신뢰를 강화하는 데 기여한다는 뜻이다. 의회의 상징자산이 제고되는 이유다. 또한 이런 가상의회제도의 도입은 물리적 상호작용의 결여와 가시적 접촉 기회의 증발로 인해 입법과정의 효율화에 기여할 수도 있다. 그러나 정치적 불안정이 만연되어 있는 사회의 경우 의회가 극장이나 공연장 같은 성격을 띠면서 미디어 노출을 통한 정치적 현저성 제고를 위해 강경노선을 택하거나 과장된 몸짓을 취하는 등 연극성을 배제하기 어렵게 될 가능성이 커진다. 이런 의회의 연극성 내지는 의례 차원(parliamntary ritual dimension)에서 이뤄지는 일은 정파나 의원 개인 간의 대화를 봉쇄하는 성질을 동반하기 마련이다. 특히 의회 외부 관찰자들의 시선이 집중되는 본회의장에서는 대화가 아니라 강경 대치로 일관하게 될 가능성이 커진다. 이런 현상이 사회 통합과 결속을 이끌어 내고자 하는 의회의 본질적인 기능을 약화시킬 것은 당연한 이치이다. 물론 정치적 대치의 극화 현상이 토론과정의 다양한 목소리를 표출하고 서로의 이견을 표명하는 데 있어 불가피한 선택지로 여겨질 수도 있다. 그러나 이는 그 다음 단계에서 서로의 합의 같은 정서적 냉각기를 전제할 때에나 정당성을 갖는다. 그럴 때 한해 훨씬 더 강고하고 통일된 의회의 의사를 도출하고 견지할 수 있을 것이기 때문이다. 그런데 가상의회의 운영은 바로 이 정서적 냉각기의 조성에 기여하는 바가 적지 않다. 상징적, 극적 무대의 연출에 필수적이라고 할 수 있는 개인의 발언과 상징적인 이야기 전달 등에 보다 최적화되어 있다고 할 수 있는 기존의 의사절차에 내재되어 있는 리듬을 깨고 가상공간이라고 하는 새로운 형태의 의사소통 환경을 제공함으로써 탈의례화(de-ritualization)에 기여하기 때문이다(Mencarelli, 2021: 8). 의사절차상의 탈의례화는 보다 단순하고 명료한 언어의 사용이나 의사의 전달을 가능케 하고, 이는 다시 전문가가 아닌 일반대중과의 관계에서 의사소통상의 투명성을 높이고 인지력을 제고하는 효과를 낳는다. 회의 참여자들 사이의 소통과 결속을 촉진한다는 점에서는 서술적 대표성을 높이고 시민참여의 공간이 높아진다는 점에서는 실질적 대표성을 제고한다. 가상회의의 운영이 사회경제적 기득권의 크기에 따라 입법과정에 대한 영향력이 차등화하는 현실사회와는 달리 정보통신기술에 대한 이해력만 있으면 언제나 누구에게나 평등한 접근권을 보장한다는 점에 착안해 보면, 성별, 연령별 차등과 같은 사회구조적 격차와 불평등을 완화하는 데에 기여한다. 가상의회는 또한 지리적 공간을 뛰어 넘을 수 있다는 점에서도 사회적 열등세력의 대표성 강화에 기여한다. 지리적 이격지나 사회적 소외 지역에 사는 사회주변세력의 입법과정에 대한 접근성을 강화함으로써 보다 균형잡힌 대표성 발현을 가능케 한다는 점에서 일종의 서술적 대표성 제고의 효과를 낳는 셈이다. 가상의회는 또 그의 경계초월적 성격으로 인해 엄격하게 이해관계의 경계를 조정해야 하는 법률안의 심의는 줄어들고 그 대신 일반적인 숙의의 공간과 기회는 확대되는 변화를 낳는다. 예를 들자면 각급 위원회에서 비입법적인 보고의 청취나 보고서의 채택 회수가 증가하는 데 반해 조문이나 수정안을 동반하는 안건에 대한 투표는 줄어드는 변화를 보인다. 보다 덜 경직적인 의사절차나 의결정족수를 필요로 하는 보다 간결하고 단순한 의결과제를 다루는 데에 유리하다고 보기 때문이다. 같은 이치로 양원제의 모순과 한계를 극복하는 데에도 유리하다. 양원제는 의회의 기능을 두 개의 기구로 분리하는 데에서 비롯되는 운영상의 지체나 교착상태에 직면하기 마련이다. 이런 기능적인 충돌, 중복. 부조화의 문제를 전자장치 도입에 따른 혼합적 의사절차나 규칙의 개정을 통해 보완하거나 완화하는 데에 기여한다. 또한 현실의회에서는 대부분의 위원회가 위원장 중심으로 운영되는 바 이는 위원장이 입법 관련 정보에 대한 접근권이 배타적으로 보장되어 있기 때문이다. 그러나 가상의회에서는 위원회 소속 평위원들의 관련 정보에 대한 접근성이 강화됨으로써 가득 정보의 평준화와 함께 위원회 운영상의 민주화를 도모하는 데에 기여하게 된다. 이런 변화는 사회 각계 각층의 다양한 요구를 보다 효율적으로 위원회 운영에 반영할 수 있게 하는 만큼 서술적 대표성의 제고에 기여할 것은 당연한 이치이다.

운영관리면에서 보면 원격출석제도와 원격투표제도의 도입으로 인해 대의활동의 신속성, 지속성, 계속성이 제고된다. 이런 변화는 코로나-19 사태가 아니더라도 보건, 안전, 안보 등의 이유로 물리적인 회의의 참석이나 진행이 불가능함에도 불구하고 긴급히 처리해야 할 과제가 제기되는 경우 의회가 보다 효율적으로 사회적 위기 수요에 대응할 수 있게 한다.

그동안 기존의 의회 운영이 의례화하면서 중요한 정치적 결정이나 토론이 제때에 이뤄지지 않거나 미뤄지고 이에 따라 많은 의원들이 회의에 불참하는 일이 일반화 했다. 그런데 가상의회 제도를 통해 원격출석의 통로가 열리면서 출석율을 높일 수 있게 된다. 이런 출석율의 제고가 위원회의 사회문제 제기나 사실조사 기능을 촉진하거나 확장하는 것은 물론이다. 다만 이런 출석율의 제고가 과연 실질적인 대표성의 제고를 동반하는 것인지에 대해서는 또 다른 차원의 사실적 검증을 필요로 한다.

제Ⅵ 유형의 경우, 먼저 대 행정부와의 관계에서 보면 의회의 대 행정부 통제력을 강화하게 된다. 현실의회에서도 행정부로의 권력이동이 심화되면서, 의회의 대 행정부 통제 기능을 강화해야 한다는 요구가 계속 증대해 왔다. 정책결정자로서의 의회 역할 퇴조를 대 행정부 통제와 감시를 통해 충진하려는 경향이 나타난 셈이다. 이런 경향은 코로나-19 사태를 맞아 더욱 심화되고 있다(Griglio, 2020). 그런데 가상의회는 네트워크에 기반하는 만큼 운영과정의 투명성과 개방성을 높이고 정보자원에 대한 접근성을 제고하며 보다 객관적이고 과학적인 정보를 공급할 수 있다. 이로 인해 훨씬 더 탈파당적이고 탈정치적인 관점에서 대 행정부 감시활동을 전개할 수 있게 된다. 권력적 이해관계에 따라 오염되지 않는 양식으로 대 행정부 통제가 이뤄진다는 점에서 의회의 서술적 대표성 제고에 기여하는 셈이다. 또한 연방제나 지방자치제 아래에서 의회가 행정부를 효율적으로 통제, 감시하기 위해서는 시간을 들여 관련 지역을 지속적으로 이동하거나 방문해야 한다. 그러나 가상 본회의나 가상 위원회 같은 가상의회를 운영하는 경우 행정과정을 감시하기 위해 직접 현장을 방문하지 않고서도 권력을 견제하거나 협력체제를 구축할 수 있게 된다. 특히 지리적 경계가 서로 다른 중앙정부 의회가 하위 지방정부에 대해 지배적 관계를 설정하고자 하는 데에 유리하다. 이는 국가 간의 관계에서도 같다. 해외 주재 공관을 감시하거나 국가 간의 협력 관계를 모색하고자 하는 경우 지리적 경계를 뛰어넘는 데에 효율적이기 때문이다(Rozenberg, 2020). 의회의 상징적, 실질적 대표성을 제고하는 셈이다.

가상의회는 또 그가 지닌 경계초월성으로 인해 상대적으로 복잡한 정책과제를 소화하는 데에도 유리하다. 핵심정책 중심으로 위원회 제도를 개편할 수 있기 때문이다. 코로나-19 대책 특별위위원회의 구성 같은 경우가 대표적인 사례이다. 정부의 업무분장에 따라 위원회를 구성하는 것이 아니라 핵심정책 중심으로 여러 위원회를 통합, 개편해서 운영해도 원격참여를 통해 다양한 구성원들의 참여나 감시를 소화해낼 수 있기 때문이다(Mencarelli, 2021: 10). 또한 가상의회의 운영을 통해 현장 위원회의 경우 지리적 이격성이나 의사소통상의 장애 등으로 인해 현장 참여가 곤란한 청문회의 공술인 의견을 청취하기도 용이해진다. 그만큼 다양한 사회구성원의 의견을 보다 광범위하게 수용할 수 있다는 뜻이다. 서술적 대표성 신장에 기여한다.

무엇보다 중요한 것은 가상의회의 운영을 통해 대 국민 접근성이 높아지고 유권자 의견의 결집이 용이하게 된다는 점이다. 이로 인해 일반시민의 입법과정에 대한 참여가 훨씬 더 쉬워진다. 의원이 유권자의 정책적 선호를 보다 용이하게 파악할 수 있다는 점에서는 형식론적 대표성을 제고하고 보다 다양한 유권자들의 의견이 결집되는 결과를 낳는다는 점에서는 서술적 대표성을 강화한다.

제Ⅶ 유형의 경우, 현실의회 현장에 대해 가상공간을 통해 간접지원하거나 가상의회의 운영을 현실공간을 통해 측면지원한다는 점에서 현실공간과 가상공간의 경계를 초월하여 활동한다. 이런 경계초월성으로 인해 의회의 대표성이 발현되는 공간을 다차원화하고 그 결과 서술적 대표성을 확장하는 데 기여한다.

제Ⅷ 유형의 경우, 혼합본회의, 혼합위원회 같은 혼합의회제도의 도입을 통해 의회의 운영양식을 다원화함으로써 참여 통로의 선택지를 확대하고 그 결과 보다 복잡하고 분화된 시민의 정치적 요구에 훨씬 더 적극적으로 대응할 수 있게 된다. 서술적 대표성 고양에 기여하는 이유다. 혼합의회처럼 현실의회에 추가하여 가상의회가 운영되는 경우 기존의 현실의회가 차지하던 정치적 의의를 축소하는 효과를 동반하는 것이 사실이기는 하지만 추가적인 참여의 통로를 제공한다는 점에서는 기존의 대의체제로부터 소외되어 온 소수자 내지는 사회적 열등세력에게 참여의 기회를 확대 제공하는 효과를 낳는다(Urbinati & Warren, 2008). 서술적 대표성을 제고하는 셈이다.

운영관리면에서 가상공간과 현실공간을 혼합하거나 병행하는 혼합투표제도나 혼합출석제도는 기본적으로 가상의회보다 현실의회를 보다 더 선호한다는 의미를 함축하거나 암시한다. 코로나-19로 인한 방역대책에 순응하기 위해 불가피하게 현실의회를 대체하는 수단으로 가상의회제도를 도입하기는 하지만 가상의회가 현실의회를 완전히 대체하는 대안은 되지 못한다는 것이다. 그렇기 때문에 현실의회를 포함하는 혼합의회의 경우 가상의회의 도입을 가능한 최소한의 범위로 제한하고자 한다는 의미가 담겨져 있다고 보아야 한다. 이는 가상의회의 추가가 대표성의 차원를 다원화한다는 점에서 형식론적 대표성의 확장을 시사하는 것이 사실이기는 하지만 소극적 확장을 지향하는 것에 다름 아닌 이유이다.

제Ⅸ 유형의 경우, 먼저 대 행정부와의 관계에서 현실의회를 기본으로 하고 가상의회를 대체물이 아니라 보완적 수단으로 다룬다. 그만큼 현실의회에 대한 집착이 크고 가상의회의 한계와 문제점에 대한 인식이 선행하는 까닭으로 해석된다. 이는 국민과의 관계에서도 같다. 현실의회를 기본으로 하고 이에 대한 보조 수단으로 가상의회를 활용하고자 한다. 따라서 가상의회가 현실의회의 추가적 장치라는 점에서는 형식론적 대표성이나 서술적 대표성을 제고한다고 할 수 있지만, 현실의회의 보완적 장치라는 점에서 보면 임시적 또는 한시적으로 대표성을 고양하려는 것으로 여겨진다.

제5절 가상의회 전략의 한계와 과제

코로나-19 사태를 맞아 가상의회와 혼합의회를 도입함으로써 현실의 회의 한계를 보완하고 다차원에 걸쳐 대표성 진작에 기여하는 것이 사실 이기는 하지만 바로 그렇기 때문에 대표성 확장에 부정적 효과를 동반하 게 된다는 점도 부인하기 어렵다. 먼저 형식론적 대표성의 관점에서 보 면, 가상의회에서는 정보의 소통과 관리가 신속, 정확, 효율적으로 이뤄짐 으로 인해 피대표자인 유권자의 대표자에 대한 통제권을 강화하는 결과 를 낳는다. 이는 대표자의 자율적인 의사결정 공간을 제약하게 되고 그 결 과 대표자로 하여금 신탁자 역할모형을 지향할 수 없게 하는 효과가 발생 한다. 대표자의 자율적 의사결정 공간을 제한함으로써 지역주민의 정치적 압력에서 벗어나 전문가적인 판단과 식견에 따라 객관적, 과학적으로 의 정활동에 임할 수 있는 개연성을 줄이게 된다는 뜻이다. 같은 이치로 지역 구라고 하는 상대적으로 협소한 지리적, 사회적 공간에서 벗어나 보다 넓 은 시야로 전국적, 총체적, 장기적 관점에서 현안과제를 다룰 수 있는 가 능성을 축소하는 결과도 낳는다.

정치적 타협 공간이 유실되는 점도 문제다. 가상의회에서는 물리적 접 촉에 따른 관계론적 비용과 효과가 유실되는 문제가 발생한다. 의원 행태 의 동시성이 상대적으로 상실되는 데에서 생기는 결과다. 토론을 이끄는 전제로서의 태도, 집합적 의사의 결정, 특정 주제에 대한 본회의나 위원 회 전체의 태도나 입장과 관련하여, 보다 심도 깊은 토론을 유도하기 마련 인 비육성적인 언어나 비언어적인 개입이 사실상 유실되는 효과도 발생한 다. 이는 비인간적이고(impersonal), 비접촉적이며(untacted), 격리된 양식

(detached nature)으로 전개되는 원격의회에서는 피할 수 없는 특성 가운데 하나다. 이런 개인 간의 접촉 기회 박탈은 비록 서로 다른 정파에 속하더라도 상호 의견을 나누고 이해를 촉진하는 데 기여했던 비공식적인 대화를 배제하거나 축소하는 결과를 낳는다(Norton, 2021). 예컨데 현실의회에서는 투표 직전까지 타협과 조종이 이뤄진다. 미국 하원이 호명 투표를 선호하는 이유 가운데 하나다. 투표가 진행되는 과정에서까지 정치적 조정과 타협을 시도하기 때문이다. 그러나 가상의회의 경우는 투표과정에서 정치적 타협과 조정을 시도하기 위한 접촉점을 마련하기가 적당치 않다. 원격투표에서는 의원 서로 간의 접촉이 사실상 격리된 상태에서 투표가 이뤄지기 때문이다. 그만큼 실질적인 의미에서 이견의 조정이나 합의의 도출이 덜 촉진된다는 의미다.

가상의회는 또 권력의 불균형을 심화시킬 우려가 있다. 먼저 대 행정부와의 관계에서 물리적 회합이나 직접적인 상호작용 없이 단지 가상공간에서 이뤄지는 대 행정부 통제는 그 실효성이 크게 손상된다. 개별 의원의 발언 중심으로 일 대 일 질의와 답변이 진행되면서 의회 전체의 분위기나 집단적 압력의 전달 기회가 사실상 증발하는 것과 같은 효과를 낳기 때문이다. 가상공간에서는 수백명의 의원이 동시에 활동하는 것이 사실상 곤란하고 그렇기 때문에 의사절차상 개별적인 발언 의원 중심으로 운영될 수밖에 없다. 가상의회에서 질의하고 정부는 현실의회에서 답변하는 것과 같은 혼합의회의 경우는 상황이 보다 더 심각하다. 가상공간에서의 전달력이 현실공간에서의 그것보다 취약하기 때문이다. 이로 인해 그렇지 않아도 행정부 친화적인 성향이 큰 의회와 행정부 간의 권력관계가 행정부 친화적으로 재편, 경도되는 변화를 겪을 가능성이 커진다(Fitsilis &

Stavridis, 2021: 3).

이런 권력관계의 불균형 심화 현상은 사회 열등 세력의 확대 재생산과 정에서도 드러난다(Dai & Norton, 2007: 344). 예컨데 가상의회에서 진행되는 공청회에 전자적으로 참여하는 공술인의 경우, 전자적 참여에 익숙한 사회경제적 우등 세력의 호소력이 크고 그렇지 못한 사회경제적 열등 세력에게는 불리하게 작용하게 된다. 이는 사실상 차등적 접근권이 부여되는 것과 다를 것이 없다. 이런 현상은 가상의회 운영 전반에서 같다. 가상의회에서의 활동이 정보자원과 정보관리기술에 의존하는 만큼 이들이 잘 갖추어져 있지 않은 사회 열등 세력에게 불리하게 작용할 것은 자명한 이치이다. 가상의회는 기존의 사회경제적 차별성이나 불평등성을 확대 재생산할 개연성이 크다는 뜻이다. 이렇듯 결과적으로 소수파의 발언권이 적절히 보장되지 않기 때문에 소수에 의한 다수의 견제가 취약하게 되고 그 결과 다수의 폭정을 불러들일 우려도 있다. 조직화되고 자금력이 앞서는 집단의 우월적 지위를 지원하는 결과가 되면서 사회적 우등세력의 과잉대표와 함께 열등세력의 과소대표를 촉진하게 된다. 이런 우려를 불식시키기 위해 가상의회의 운영 요건, 방법 등을 신중하게 설계해야 할 것은 당연한 일이다(이재묵, 2021: 78).

헌정주의의 철학적 차원에서 제기되는 문제도 있다. 가상의회가 현실의회의 대안으로서 대의체제의 새로운 모형을 모색하고 의회 쇠퇴론을 극복하며 나아가 의회 기능을 회복하고자 한다는 데에 이의를 제기할 사람은 많지 않다. 그러나 가상의회에서 일종의 전자인간으로 활동하는 국민의 대표자에게 법인격을 제공하는 것이 과연 타당한 것인가에 대한 보다 본질적인 질문이 제기되는 것은 어쩔 수 없다. 가상공간에서 이뤄지는 법안의 심의 결과를 현실사회에서의 정치적 합의나 승인과 동일시해야 할 헌정주의상의 논리가 무엇인지를 밝혀야 한다는 뜻이다. 이 문제는 특히 혼합의회의 경우 보다 핵심적인 과제가 아닐 수 없다. 혼합의회는 가상공간에서 발현하는 새로운 지식과 신개념에 기초한 시민권과 현실공간에서 목격되는 전통적인 의미의 시민권 사이의 연결편 역할을 수행한다. 따라서 이들 모두를 관통하는 새로운 양식의 시민권 개념의 개발이 요청될 것은 췌언을 요하지 않는다. 대표성 개념이 현실사회의 물리적 공간으로부터 가상공간으로의 점진적 이동을 전제하는 것이라는 점에서 볼 때 기본 프레임에 있어 혼합의회에서의 시민권과 부합하는 측면이 있다는 사실을 부인하기는 어렵다. 그러나 그런 혼합공간의 본질이 무엇인가에 대해 보다 체계적인 설명과 논리의 개발을 필요로 하는 것 또한 틀림없다(McKay & Aitken, 2021). 사회적인 승인이 관건이라면 사회적인 승인은 또 어떻게 확인할 수 있는가가 다음 차례로 제기되는 과제다. 아니 가상의회나 혼합의회 제도의 도입 이전에 과연 사회적인 승인의 절차나 과정이 실제로 있었는가도 확인해야 할 숙제다.

운영관리상의 문제로는 원격투표의 기술적 안전성에 대한 우려를 완전히 불식하기가 쉽지 않다는 점을 들 수 있다. 먼저 관리기술적인 차원에서 직접투표와 비밀투표의 원리를 지키기가 쉽지 않다. 대리투표가 이뤄지거나 비밀투표의 원리가 침해될 개연성에 대한 방지 대책을 마련하기가 간단치 않기 때문이다. 클라우드 기반 원격투표 기술이 개발된다고 하더라도 시스템의 안전성 방어벽을 얼마나 신뢰할 수 있느냐의 문제가 제기된다. 블록체인 기술로 해킹을 통한 투표개입을 방지한다고 하지만 기술에 대한 신뢰성을 공유하는 문제는 또 다른 차원의 과제다. 개방형 의회 내지

는 디지털 의회로의 이행이 기술적으로 가능한 것인지에 대해 보다 더 본
질적인 고민을 해야 하는 이유다.

이렇듯 가상의회는 전자적 기술력이 뒷받침되어야 한다는 점에서 한
계를 갖는다. 전자적 기술지원이 가능한 장소나 시간의 범위 내에서만 구
현 가능한 만큼 안건 심의에 충분한 시간을 확보하여 제공하기가 어려울
수도 있다. 이를 극복하기 위해서는 추가 비용의 지출을 감내해야 하는 만
큼 기술력의 개선에도 한계가 따를 수밖에 없다. 특히 혼합의회의 경우 가
상공간과 현실공간을 연계해야 하는 만큼 추가적인 기술력에 대한 수요와
운영사무가 발생하지 않을 수 없다. 의원 개개인이 처한 정치적 상황이나
선거구의 사정이 상이하다는 점에서는 유권자와의 소통을 위한 플렛폼을
구축하는 데 있어 의원의 개별수요에 맞추어 주문 제작할 필요성도 제기
된다(이재목, 2021: 94). 그만큼 추가 비용의 발생 가능성이 커진다는 뜻
이다.

제6절 결론

문명사 차원의 감염병 확산은 인류의 거버넌스 체제 변화에 의미 있는 전기를 제공하곤 했다. 코로나-19 사태도 예외는 아니다. 새로운 유형의 대의체제를 모색하거나 대표성 개념의 혁신을 도모해야 하는 전기를 제공하고 있기 때문이다. 현실의회의 한계를 보완하기 위한 장치로 등장하는 가상의회와 혼합의회는 정치적 대표체제의 변화 가능성을 시사한다. 선거 같은 기존의 참정권 위임 방식이 아닌 새로운 방법과 환경을 통해 대표성을 발현하는 시대를 열고자 하는 셈이다. 다양한 양식의 대표성이 상호작용하고 공존하는 시대의 도래를 암시하는 것이기도 하다. 특히 수탁자 개념의 대표성에 대해서는 정보통신기술 시대의 관점에서 재해석할 필요성이 작지 않다. 정보통신기술을 토대로 피대표자인 일반시민이 직접 대의과정에 참여할 수 있는 기회공간이 열리면서 전통적인 개념의 정치적 중개와 대표자의 책무성을 초월하고 극복할 수 있는 가능성이 확장되고 있기 때문이다. 가상의회는 정부의 부당한 간섭이나 의사결정에 의해 오염되지 않으면서도 정보통신기술을 활용해 대 행정부 통제의 추가적인 통로를 연다는 점에서 의회의 독립성 제고에 기여하는 새로운 대안이기도 하다. 전통적인 국민의사의 표출 장치인 국민투표, 청원, 시민에 의한 입법제안 등과는 달리 그런 것들을 넘어서 대의체제의 존재론적 변화를 모색하는 것이기도 하다. 정당의 개입에 의한 대표성 왜곡을 시정하고 대표성의 위기를 극복하기 위해 대의과정의 재설계를 요구한 결과라고도 볼 수 있겠다.

이런 복합적 의미를 함축하는 가상의회의 등장은 다원적, 다층적 대응을 필요로 한다. 먼저 일반시민의 적극적 참여와 협력 없이는 성공하기 어렵다. 단순히 집단지성의 결집을 말하려는 것이 아니다. 새로운 대의체제로의 전환이 불가피하다는 사실을 권력의 주체인 일반시민 스스로가 납득해야 하고 또 그렇기 때문에 타인을 납득시키는 데 앞장서 나서야 한다. 대의정치체제 아래에서 일반시민이 이해하고 지지하지 않는 정책은 그 어떤 것도 성공할 수 없다. 그러나 그렇다고 해서 가상의회의 등장이 자칫 더 많은 시민참여의 공간이 더 좋다는 메시지를 전달하게 되어서는 곤란한 일이다. 참여의 양적 기회 공간이 확장된다고 해서 참정의 권한을 실질적으로 보장하게 되는 것은 아니다. 실질적인 참여가 일어나기 위해서는 참여의 기회공간이 주어지는 것 외에도 참여의 주체인 일반시민이 일정 수준 이상의 지식과 정보를 지녀 스스로 판단하고 평가할 수 있는 능력을 보유하고 있어야 한다.

이와 관련해서는 "합리적 무지"의 문제도 검토되어야 할 과제다. 정치적, 사회경제적 비용을 감수하면서까지 스스로 참여하는 것보다는 다른 사람의 합리적 결정에 무임승차하는 경우 보다 더 효율적일 수도 있겠기 때문이다. 수단적 합리성 차원에서만 본다면 참여의 기회공간이 주어진다고 해서 직접 참여에 나서는 것이 언제나 합리적 선택지는 아니다. 일상에 쫓기는 보통사람으로서는 참여를 위한 시간적, 경제적 여유를 배려하기가 쉽지 않다. 특히 전국적인 문제나 자신과 직접적인 이해관계가 없는 과제의 경우에는 특히 그렇다. 이럴 경우 간접적, 소극적 참여가 대안으로 부상한다. 또한 직접적, 적극적 참여라고 해서 대의체제에 언제나 긍정적 효과만 낳는 것도 아니다. 참여의 과다가 정치과정과 행정관리체제에 과부하를 낳고 그 결과 의사결정이 지연되거나 의사의 일관성을 유지하기가 곤란해질 위험성도 있다. 책무성 과다가 정치적 불안정을 유발하거나 순간적인 격정이나 선동에 휩쓸려 극단적인 의사결정에 나서도록 유인하는 결과가 될 위험성도 적지 않다. 무엇보다도 다수의 의사가 언제나 선은 아니며 사회의 모든 영역에서 다수의 우월적 가치를 요구하는 것도 타당하지 않다. 다수에 의한 전제주의의 등장 위험성에 대한 경계는 결코 사치가 아니다.

가상의회 자체가 추가비용의 지출을 필요로 한다는 점도 유의해야 할 과제다. 우선 가상의회가 제 역할을 다하기 위해서는 그에 필요한 저변 환경의 조성이 요구된다. 가상의회가 의존하는 정보통신기술은 급진적인 사회변동에 따라 기술적인 혁신을 거듭하기 마련이다. 그런만큼 이를 예의 주시하고 추적 정리하여 가상의회의 운영에 반영하려는 노력이 지속적으로 경주되어야 사회구조적 변화로부터 격리되지 않고 제 역할을 수행할 수 있게 된다. 이를 위해서는 정보통신기술 분야에 대한 지식과 정치과정에 대한 경험이 축적되어 있는 입법관료의 확보와 지원이 필수적 과제로 제기된다. 예컨대 현실의회의 대면회의가 TV, 신문 같은 구미디어의 관심을 유발하는 기제로 작용해 왔다면 SNS 같은 뉴미디어가 등장하면서부터는 이를 어떻게 가상의회에 반영할 것인가가 당면하는 현안 가운데 하나로 제기된다. 그러나 이런 변화에의 대응과제를 국회의원이 스스로 고안하고 해결해 나갈 수는 없는 만큼 조력자의 지원이 필요하게 된다는 뜻이다.

또한 의회의 존립 가치를 이념적 차원에서 접근하던 데에서 벗어나 실용주의적 관점에서 접근하는 방향으로 전환할 필요성도 제기된다. 가상회의에서는 회의 진행상의 시간 공간이 축소되면서 의원 간의 이견을 조정하는 데 필요한 안전지대의 창출에 대한 수요가 급격히 증가한다. 이를 위해서는 이념 차원의 가치논쟁에 빠지기보다는 객관적 검증과 구체적 자료의 공유에 기초한 대안논쟁이 훨씬 더 유용할 것은 췌언을 요하지 않는다. 동원하는 정보의 정치적 편향성을 극복하기 위해서는 입법지원기구들이 전문성 중심으로 활동하도록 지휘, 감독을 강화할 필요성도 제기된다. 보다 더 본질적인 문제는 가상의회의 도입이 목적화해서는 곤란하다는 점이다. 의회는 왜 존재하는가에 대한 질문을 계속해야 하는 이유이다. 코로나-19 사태 같은 사회적 위기상황에서도 의회는 국민의 권리를 이해하고 보호하기 위해 존재한다는 사실을 간과해서는 안된다(Moulds, 2020: 185-187).

이와 관련하여 가상의회가 대의민주주의의 구현에 얼마나 잘 기여할 수 있는가를 점검하는 일은 불가역적 과제다. 그런데 가상의회가 대의민주주의의 철학적 원리에 충실하기 위해서는 보다 더 포용적이고, 공정하며, 지속가능한 디지털 시대를 준비해야 한다. 이를 위해서는 지역간, 계층간 디지털 격차를 완화하려는 범사회적 노력이 선행해야 한다. 정보자원의 취약계층에 대한 사회적 돌봄이 필요한 것은 물론이고, 교육의 불평등을 축소하거나, 거대 기술의 기업 독점 방지를 위한 정책의 수립과 운영도 요청된다. 그런 의미에서 가상의회의 성공과 관련하여 이를 운영하는 나라의 민주주의 발전 정도는 매우 중요한 결정변수가 된다. 실제로 코로나 사태에도 불구하고 의회가 비교적 안정적으로 운영된 나라의 대부분은 민주주의가 굳건히 정착된 나라들이었다는 사실 조사의 결과가 이를 확인해 준다(Waismel-Manor et al, 2020).

제Ⅲ장
가족주의와 집행 거버넌스

제1절 서론

위기는 우리의 삶에 다양한 충격과 변화를 낳는다. 최근에 경험하는 것으로는 코로나-19를 들 수 있다. 이미 많은 사람이 생명과 일터를 잃고 기존의 질서에 대한 신뢰를 잃었으며 새로운 양식의 거버넌스와 리더십에 대한 열망을 촉발하고 있다. 역사적으로 보더라도 범지구적인 감염병의 확산은 인류의 거버넌스 양식을 크게 바꾸어 왔다.

6세기에서 8세기에 걸쳐 유행했던 유스티아누스 역병은 오늘날의 선페스트로 추측된다. 유럽 전역에 퍼져 인구를 반토막 냈다. 이로 인해 유럽에서 황제 1인이 강력한 중앙집권적 통치력을 발휘하던 제국의 시대가 몰락하고 각 지방의 영주가 자치권을 행사하는 중세 봉건시대가 열렸다(진순천, 2020.04.08.). 14세기 유럽을 휩쓴 흑사병은 유럽 인구의 3분의 1이 사망하는 대재앙으로 발전하면서 엄청난 노동력 부족 사태를 낳았다. 이는 다시 봉건적 생산양식을 바꾸면서 자본주의적 생산양식에 기초한 부르조아지 계급의 탄생을 불러왔다. 20세기 초엽 세계 전역에서 5000만명 이상의 사망자를 낸 스페인 독감은 자국 이익 우선주의를 촉발하면서 국제협력주의를 무산시키고 국가 간 민족주의와 보호무역주의를 격화시켜 1930년대의 대공황을 불러왔고 이는 다시 제2차 세계대전의 근인이 되었다(임혁백, 2020: 3).

이미 세기사적 감염병이라는 코로나-19에 대한 대응과 관련해서도 어떤 거버넌스 내지는 리더십 유형이 보다 더 유효한 것인 지에 대한 논쟁이 뜨겁다. 논란을 먼저 주도한 것은 중국이다. 인민일보는 논평을 통해 중국식 사회주의가 대안이라면서 유약한 민주주의보다 단호하고 유능한 권위주의가 효율적이라는 입장을 개진했다(천관율, 2020.06.02.). 반면에 한국이 코로나-19 방역의 수범 국가라는 사실에 주목한 미국의 워싱톤 포스트(Rogin, 2020.03.11.)는 한국의 방역 성공에 비추어 볼 때 개방성과 투명성에 기초한 민주주의가 대안임을 보여주는 것이라는 견해를 폈다.

그러나 한국의 방역 성공이 민주주의 때문이라면 미국이나 유럽의 개방성과 투명성 나아가 민주주의가 방역 실패를 거듭하는 현상을 설명하기 어렵다. 이를 의식이라도 한 듯 한국의 방역 성공은 감시국가, 통제사회, 동아시아의 집단주의 때문이라는 설명이 제시되었다. 요컨대 한국의 성공은 중국의 라이벌 모델 때문이 아니라 큰 틀에서 중국 모델에 속하기 때문이라는 주장에 다름 아니다. 대표적으로 기 소르망(Guy Sorman)은 중국처럼 유교문화의 영향이 큰 한국은 지식인과 전문가를 신뢰하고 명령을 준수하며 개인에 비해 집단을 우선하기 때문이라고 보았다(손진석, 2020.04.29.).

이는 사실 해묵은 논쟁에 지나지 않는다. 대국굴기를 제창하는 중국이 국제관계의 중요 변수로 등장하면서 국정운영의 효율성을 약속하는 장치가 권위주의적 실적주의(authrotative meritocracy)냐 아니면 자유주의적 민주주의(liberal democracy)냐에 대한 논쟁이 시작된지는 꽤 오래 되었다. 아무리 중국식 실적주의인 현성주의가 효율적이라고 하더라도 그 과실이 국민 개개인에게 공유되지 않는다면 무슨 소용이 있냐는 주장과 함께 실적을 토대로 하는 신계급의 등장을 정당화하는 논리 이상도 이하도 아니라는 비판이 주류를 이루었다. 현성 계급에 만연해 있는 부패도 문제점으로 지적되었다. 현재는 현장의 변화를 좀 더 지켜보자는 견해가 주류를 이룬다. 그러나 지구화 시대의 근본을 이루던 지구질서의 일극 체제가 무너지고 중국이 부상하는 신지구화 시대가 열리면서 이 논쟁의 결과가 인류 문명의 미래를 조망하는 핵심적 토대 가운데 하나가 될 것이라는 데에 이의를 제기하기는 쉽지 않게 되었다.

코로나-19 대응 과정에서 보여준 한국의 거버넌스 실체가 무엇인지를 규명하는 일은 단순히 보다 효과적인 감염병 억지 수단이 무엇인지를 밝히는 것 이상의 의미를 동반하게 되었다는 뜻이다. 한국이 코로나-19 감염병에 대응하는 방역 과정에서 상대적으로 높은 성과를 보여준 거버넌스의 실체가 무엇인지를 밝히게 된다고 하더라도 그것을 다른 나라에 이식하는 일이 가능한 지도 함께 규명되어야 할 과제 가운데 하나다. 그래야 한국의 방역 거버넌스가 미래 정부의 표준이 될 수 있을 것인 지의 여부를 판단할 수 있을 것이기 때문이다. 그런 점에서 보다 적극적인 규명 작업이 요청되지만 기존의 연구 결과는 대개가 국가중심주의의 한계를 벗어나지 않았다. 무엇보다도 한 번도 도시 봉쇄나 국경 폐쇄에 나서지 않은 한국을 두고 중국과 같은 부류로 분류하는 건 해 묵은 "아시아적 가치(Asian values)" 논쟁을 반복하자는 것 이상을 의미하지 않는다. 가부장적이고 권위주의적인 유교문화의 전통이 동아시아 국가들의 급속한 경제발전을 견

인한 동력으로 평가되어 온 것처럼 K-방역의 성공 요인도 결국은 아시아적 가치에 그 근인이 있는 것 아니냐는 설명이기 때문이다.

그러나 아시아적 가치에 대해서는 그동안 여러 반론이 제기되어 왔고 그런 만큼 이를 통해 한국의 성공을 설명하려면 아시아적 가치 같은 표피적 설명 이상의 것을 필요로 한다. 그동안 아시아적 가치에 제기되어 온 반론의 핵심은 유교문화의 유산이 가부장적 계서구조만을 의미하는 것은 아니지 않느냐는 것이었다. 아시아 특유의 개발 권위주의 체제를 정당화하는 논리의 틀일 뿐이라는 지적도 있었다. 그러나 유교의 순종주의와는 달리 한국은 코로나-19가 진행되는 가운데에서도 총선거를 치뤘고 반정부 데모나 노동조건 개선을 주창하는 거리 시위도 여전했다. 한국의 현대정치사는 권력적 순종주의와는 달리 정치적 투쟁과 저항으로 얼룩졌다. 정보사회를 선도하는 한국 사회가 아직도 과거 같은 수준의 가부장적 계서구조 하에 머물러 있는지도 의문이다. 유교문화의 유산 때문이라면 코로나-19의 대응 과정에서 한국은 어째서 유교문화의 발원지인 중국과는 다른 대응 양식을 구사해 왔는지도 밝혀져야 할 과제 가운데 하나이다.

이런 문제의식을 토대로 여기에서는 2020년 한국 사회를 강타한 코로나-19 대응 과정에서 한국이 방역 정책을 성공적으로 집행하게 된 핵심 요인이 무엇인지를 규명해 보고자 한다. 이를 위해 코로나-19가 경계초월적 질병이라는 점을 감안해 볼 때 질병의 확산이 사회 총체적 위기 상황을 불러오는 것은 당연한 일이라고 보고, 위기 거버넌스에 대한 논의를 중심으로 문헌조사를 통해 위기 대응의 성공 요인을 분석해 보고자 한다.

제2절 위기 대응 집행 거버넌스의 모색

1. 코로나-19의 확산과 사회적 위기

코로나-19 감염병은 대상을 가리지 않는 경계 초월성(transboundary nature)과 빠른 전파력으로 인해 심각한 사회적 위기를 불러온다. 신속하게 일상을 깨뜨리고 사회적 문맥을 바꿔가며 악순환 구조를 낳는다. 우선 국제관계에서 보면 매우 용이하게 민족국가의 국경을 넘는다. 이로 인해 일국주의와 세계주의 사이에서 악순환 구조가 발생한다. 이를 차단하기 위해서는 국가 간 거리두기 내지는 국경 폐쇄가 대안 가운데 하나다. 그러나 국가 간 거리두기 내지는 국경 폐쇄는 경제활동의 내향주의(inward looking)와 고립주의를 촉발하고 국가 간 경제활동을 위축시키면서 지구화 시대의 세계경제체제를 위협한다. 이 경우 신자유주의체제에 기반하는 지구 거버넌스가 위기에 처할 것은 자명한 일이다.

이런 보호무역주의 성향은 해외 생산시설을 국내로 이동하는 리쇼어링(reshoring)을 촉발하면서 초지구화(hyperglobalization)를 향한 에너지를 약화시키고 상대적으로 개별 국가의 자율권 행사 영역을 확장한다. 이를 지구 차원에서 보면 개별 국가 간의 경제적 불평등이 심화되면서 지구촌 전역의 경기 회복과 활성화를 저해한다. 경제가 어려워지면 경기 회복을 위해 노력하는 개별 국가의 정치적 주권 의식과 배타적 이기주의는 한층 더 강화된다. 이는 다시 지구 공동체 전체의 경제적 풍요를 지향하는 세계주의와 충돌한다. 이렇듯 민주정체에 기반한 개별 국가의 자국민 우선주의는 지구촌 전역의 보편적 유익을 지향하는 사해동포주의

(cosmopolitanism)와 갈등하지 않을 수 없다.

　그러나 코로나-19 감염병 창궐의 요인 가운데 하나로 관측되는 환경오염과 기후변화에 대응하기 위해서는 범지구적인 연대와 협력이 필수적 과제이다. 한 나라의 코로나-19 방역은 다른 나라의 방역과 연동되는 만큼 다른 나라에 대한 즉각적이고 인본주의적인 지원, 중장기적이고 총체적인 보건 의료체계의 공여, 나아가 보다 근본적으로는 감염병 관련 의료 기술을 범지구적인 차원에서 공공의 지적 재산으로 삼는 문제 등이 요청된다. 이는 범지구적인 접근(whole-of-the-world approach)(Kauzya, 2020: 3)과 협력 없이는 성취하기 쉽지 않은 일이다. 보건 의료활동의 기초가 되는 고용 보장과 인간의 기본권 내지는 긍지와 연관된 한계 수입의 유지도 결국은 자국의 유익만 추구하는 폐쇄적 일국주의로는 달성하기 어렵다.

　이 과정에서 진단 키트나 의료 장비 및 예방주사를 개발하고 이를 공유하려는 노력을 인류애의 발현으로 여기는 것이 보통이지만 그 운영 및 협력의 실체를 살펴보면 인본주의를 빙자해 자국의 방역 및 의료용품 기업의 이익을 우선하려는 것이 보통이다. 방역자본주의(disinfection capitalism) 또는 의료자본주의(medical capitalism)의 등장을 말한다. 정치적으로는 의료 후진국에 대한 방역 지원과 협력이 개별 공여국의 배타적 이익이나 국제관계상의 이해관계 개선을 우선하고자 하는 재난외교(disaster diplomacy)로 인해 국제협력주의의 진정성을 훼손하는 일도 적지 않다. 그렇다고 해서 방역자본주의나 재난외교를 무시하는 가운데 국가 간 협력을 도모하는 일도 쉽지 않다. 국제관계에서는 현실적 이해관계가 핵심적 추동 요인이기 때문이다.

　차원을 달리해 일국주의 수준에서 보더라도 코로나-19는 그의 사회적 경계 초월성(transboundary nautre)으로 인해 개인주의와 국가주의가 충돌하는 모순과 갈등을 거듭한다. 원래 국가는 개인의 자유와 안전을 책임져야 하는 책무를 지닌다. 당연히 신체적 자유와 프라이버시 유지에 나서야 한다. 이는 특히 민주정체의 경우 국가 존립의 정당성 근거에 해당된다. 그런데 코로나-19는 개인, 집단, 영역 간 경계를 넘어 확산하는 성질을 지닌 탓에 그 개인의 보호를 위해 개인의 자유를 통제하는 일에 국가가 나서지 않을 수 없다. 국가는 바이러스의 전파를 막기 위해 도시 전체의 완전 봉쇄, 거리두기, 대중교통 이용시 마스크 착용의 의무 부여 같이 공동체 전체 차원의 강제에 나서지 않을 수 없다.

이를 통해 "건강의 안보화(securitization of health)"(Rushton, 2011: 779-796)가 이뤄지는 것도 문제다. 질병의 사회적 경계 초월성이 전시 상태처럼 국가주의의 정당성을 높이고 나아가 국가가 시민을 훈육하는 것에 대해 큰 저항 없이 이를 수용하지 않을 수 없게 하는 사회 환경이 이뤄진다. 국민 보건상의 안전을 담보하기 위해서라면 국가의 강제권 행사가 불가피하다는 인식이 자리 잡는 것이다(van de Pas, 2020: 18). 이 경우 국민 개개인은 더 이상 독립된 개체로서 주체적 존엄성이나 자기 신체에 대한 자유로운 처분권 내지는 일상성의 유지에 대한 배타적 지배권을 유지하기 어렵다. 특히 이런 국가에 의한 획일주의하에서는 사회적 약자에 대한 존중이나 배려를 기대하기가 쉽지 않다. 공동체 전체를 단위로 움직이는 국가권력의 일원주의는 국민 개개인의 사례별 특성에 대한 배려를 외면하기 마련이다. 그러나 질병의 감염 자체가 사회경제적 취약 계층을 파고들어 사회경제적으로 차등적인 분포를 보일 뿐만 아니라(김명희, 2020: 69) 감염에 따라 개인이 겪는 사회적, 경제적, 신체적 손실과 위험도 차등적이다.

그럼에도 불구하고 국가는 비록 정도의 차이가 있을지언정 이를 단지 보편적, 일원적으로 다룰 수 있을 뿐이다.

또한 방역을 위해 사회적 거리두기나 도시 또는 지역 봉쇄 같은 적극적 조치에 나설 경우 이는 경제활동을 극단적으로 위축시킬 뿐만 아니라 종당에는 경제적 비용과 부담을 국민 개개인에게 지우게 된다. 해당 지역 주민이 겪는 심리적 위축과 불편함도 문제다. 효율적인 방역을 위해 이런 경제적, 사회적 비용을 외면할 경우 이를 부담하는 국민들의 불만이 쌓이면서 정부 정책에 대한 저항에 나서게 된다. 이를 우려하여 적극적 방역을 완화하거나 외면하는 경우 감염병 확산이 악화되면서 정부의 방역 능력에 대한 불신이 심화되지 않을 수 없다. 정부로서는 어느 쪽도 적극적으로 선택할 수 없는 정책적 딜레마에 빠지는 것이다(김동환 · 조수민, 2020: 438).

이로 인해 정부가 주도하는 보건 위생 정책의 효율성과 정당성에 대한 의구심과 문제제기가 이어지게 되지만 그렇다고 해서 개인주의를 초극하는 공동체 차원의 대응을 외면할 수 없다. 그만큼 사회적 경계 초월적 질병은 개인은 물론이고 사회공통체의 질서 전체에도 결정적 위협요인으로 작용하기 때문이다. 이 경우 대의정부는 당연히 그 운영구조상의 모순에 빠지지 않을 수 없게 된다. 공동체 전체의 보편적 유익을 앞세우는 경우 도대체 대의과정에서 누가 누구의 이익을 대표하느냐 또는 할 수 있느냐의 문제가 제기되기 때문이다.

따라서 국가의 방역 활동은 국가의 획일적 일방주의가 아니라 개별 상황에 따라 비례적으로 적용되어야 한다는 주장이 설득력을 더 하게 된다. 국가의 방역 정책에 대한 국민의 정치적 통제와 감시가 불가피하다는 주문이다. 그러나 정치적 통제가 개별적 특성과 이해관계의 반영을 주문하는 데 반해 보건 위생상의 위기관리는 결국 보편성과 일반성을 지향하는 과학주의에 기반하지 않을 수 없다. 방역은 궁극적으로 의과학의 문제이기 때문이다. 정치와 과학의 충돌을 여하히 극복하느냐가 또 다른 차원의 딜레마로 제기되는 이유다.

2. 위기 대응 전략의 모순적 과제

코로나-19에 대한 대응과정에서 빚어지는 사회적 위기의 본질은 세계주의, 국가주의, 과학주의 같은 일원론 내지 집권주의를 따를 것이냐 아니면 일국주의, 개인주의, 정치적 주문 같은 다원론 내지는 분권주의를 따를 것이냐에서 빚어지는 충돌과 부조화의 문제다. 이들은 서로 차원과 맥락을 달리하는 만큼 양자 사이의 갈등과 모순이 시간의 경과에 따라 체계적, 순율적, 순차적으로 해소되기는 어렵다. 오히려 시간이 경과할수록 모순의 확대 재생산을 거듭하면서 문제의 본질을 왜곡할 가능성이 커지게된다. 따라서 초동 단계에서 대응하는 것이 문제 해결의 관건이 된다. 이런 유형의 악순환 구조에서 벗어나기 위해서는 위기의 본질이라고 할 수있는 시간 제한성(time-constrant)과 문제 모호성 및 불확실성(ambiguity and uncertainty)을 타파하는 일이 핵심적 과제다. 시간상으로는 신속한 대응을 필요로 하고, 현상 진단에 있어서는 보다 정교하고 현장 밀착적인 접근이 요구된다.

따라서 사회적 위기로서의 코로나-19의 확산에 대한 대응 전략으로 민첩 거버넌스(agile governance)(Janssen & van der Voort, 2020; Moon,

2000)나 증거기반 거버넌스(evidence-based governance)(Yang, 2020; Lancaster et al, 2020)를 제안하는 것은 합리적 호소력을 지녔다. 민첩 거버넌스는 의사결정 구조의 집권화, 소프트웨어의 개발 등을 통해 정부의 반응적, 선제적 대응이 가능케 함으로써 신속성을 담보하고자 한다. 그런 점에서 방역활동을 위해 가용자원을 총동원하는 것과 같은 넓은 의미의 정책 방향에 대해서는 이미 정치적 합의가 선취되어 있다고 보고자 한다는 특성을 지녔다. 반면에 증거기반 거버넌스는 예견되는 상황에 대한 선제적 대응이 가능하도록 탈이념적이고 현장 중심적이며 합리적인 측정과 평가에 기반해서 접근하고자 한다. 현장위주의 사실 중심 접근을 중시한다는 점에서 분권적 접근전략에 다름 아니다. 시민참여를 통한 정치적 이견의 조정 과정을 외면하고 과학주의의 일원적 원리에 의존한다는 점에서 민첩 거버넌스가 추구하는 신속성 담보와 상합하는 성질을 지녔다. 그러나 다른 한편에서 보면 다양한 현장을 토대로 이뤄지는 분권적 접근을 통해 사실조사가 이뤄지는 경우 어떤 결론에 도달하기까지에는 상대적으로 많은 시간이 필요할 것이라는 점에서 민첩 거버넌스의 신속성 제일주의와 상충하는 요소를 지녔다. 이는 거버넌스에 대한 인식론적 프레임이 집권적 접근과 분권적 접근으로 상호 충돌하기 때문에 빚어지는 결과로 여겨진다. 그러나 양자는 모두 국가중심주의를 통해 의사결정 차원에서 위기에 대응하려는 것이라는 점에서 같다.

반면에 위기 대응을 서비스 전달 차원에서 모색하고자 하는 이들은 흔히 회복적 거버넌스(resilient governance)(Brousselle et al, 2020; Giustiniano et al, 2020)와 조응적 거버넌스(adaptive governance)(Djalante, 2012; Ţicla'u et al, 2020) 전략을 제안한다. 회복적 거버넌스는

도달하고자 하는 미래의 상황에 대한 정치적 합의가 이미 이뤄져 있다는 전제하에 일원적인 법치주의로의 복귀 내지는 일상성의 회복을 추구한다. 그런 점에서 조속한 일탈성의 극복을 말하려는 것에 다름 아니다. 그러나 조응적 거버넌스는 구조적 모순의 점진주의적 극복을 위한 적응과정을 전제로 일종의 진화론적 학습과정을 상정한다. 임기응변적 또는 상황조응적으로 국민의 실질적인 여망에 점진적으로 조응해 나가려고 한다는 점에서는 일탈성 내지는 탈법성을 함축하는 것이기도 하다(Boin & Lodge, 2016: 292). 문제는 이런 점진주의적 접근이 시간적 제약 아래에서 이뤄져야 하는 위기 극복 대안으로는 스스로 한계를 지닌다는 점이다. 반면에 회복적 거버넌스는 즉응적인 복원을 시사한다는 점에서 신속성을 함축한다. 바로 이점에서 양자는 충돌적 요소를 지녔다. 이런 조응적 거버넌스의 갈등적 요소는 차원을 달리하는 것이기는 하지만 민첩 거버넌스와의 관계에서도 같다. 조응적 거버넌스의 지루성과 민첩 거버넌스의 신속성 간에 충돌을 낳는다.

그런데 이를 인식론의 차원에서 보면 회복적 거버넌스가 일상성의 조속한 회복을 위해 집권적인 대응을 암시하는 것이라면 조응적 거버넌스는 현장 밀착적이고 점진주의적 적응을 시사한다는 점에서 분권적 전략을 말하는 것에 다름 아니다. 결국 코로나-19로 인한 위기 대응 전략으로서의 민첩 거버넌스, 증거기반 거버넌스, 회복적 거버넌스, 조응적 거버넌스는 거버넌스의 인식론적 프레임에 있어 서로 집권적 시각과 분권적 시각에 기초한다는 점에서 상호 충돌적, 대립적, 모순적 요소를 내포하는 셈이다.

3. 위기 대응 집행 거버넌스의 유형

코로나-19의 극복을 위한 위기 대응 전략으로서의 거버넌스는 그의 인식론적 프레임 차원에서 빚어지는 집권주의와 분권주의 사이의 악순환 구조를 여하히 조절하고 완화할 것인가가 문제 해결의 핵심적 과제인 셈이다. 그런데 이렇듯 차원을 달리하면서 상호 충돌적이고 모순적인 관계를 구축하는 상황에서는 동일 차원에서 이뤄지는 체계적이고 순차적인 전개 양식에 의존하는 합리적 의사결정은 스스로 문제 해결에 무력할 것이 자명한 일이다. 따라서 비록 단일 차원에서 보면 무질서 내지는 혼돈 속에서 이뤄지는 의사결정으로 여겨질지 몰라도 이를 긍정적으로 평가하고 다차원을 포괄하는 접근전략을 필요로 하게 된다. 쓰레기통 모형(GCM: Garbage Can Model)이 대표적인 경우이다. 코엔 등(Cohen, March & Olsen: 1972)이 고안한 GCM은 사람들이 관심을 갖는 '문제의 흐름'(a stream of problems), 어떤 결정에 이르는 계기를 말하는 '선택의 흐름'(a stream of choices), 해결책을 고안해 가는 '해결의 흐름'(a flow of solutions), 관련자들의 지지와 성원을 말하는 '참여자의 에너지 흐름'(a stream of energy from participants)이 서로의 흐름을 뛰어넘어 상호작용하는 가운데 어떤 결론에 도달하게 된다고 본다. 이렇듯 GCM은 비합리적이고 우연성에 기초한 의사결정을 설명하는 데 효과적이다. 그러나 그런 문제와 해법 사이의 연계체제를 분석적, 논리적 또는 선제적으로 규명하는 데에는 당연히 한계를 지녔다. 그렇기 때문에 사후적인 설명의 도구로는 몰라도 문제 해결을 위한 전략적 대안으로서의 의의는 반감된다.

이런 문제의식은 킹돈(Kingdon, 2003)으로 하여금 다중 흐름 프레임

(MSF: Multi Stream Frame)을 제안하도록 했다. MSF는 정부의 문제 인식과 연관된 문제의 흐름(problem stream), 정책 공동체에서 문제 해결 대안을 모색해 나가는 과정으로서의 정책의 흐름(policy stream), 선거와 선출직 공무원을 중심으로 의제 선정 압력과 관련해 전개되는 정치의 흐름(politics stream)이 상호작용하는 가운데 이들 사이에서 어떤 결합(coupling)이 이뤄질 때 정책의 창(policy window)이 열리고 의제가 선정되거나 정책이 결정된다고 보고자 한다. 이때 이 세 가지의 흐름은 완전히 독립적인 것은 아니지만 각각 서로 어느 정도 독립성을 가지며 체제 외생적인 성격을 갖는 것으로 전제된다. 이는 마치 집권주의와 분권주의가 그 기본적인 성질에 있어 상대적 개념을 일컫는 것이어서 상호 독립적이면서도 동시에 연계적인 관계를 맺는 것과 같다. 이로 인해 이들 사이의 상호작용이 구체적으로 어떤 결정을 이루어낼 것인가는 이러한 요인들 하나하나가 흘러가는 유형과 그 비율, 또한 각각에게 관련된 절차에 의해 결정된다고 보았다.

MSF는 이렇듯 어떤 흐름 특히 정치적 흐름(political stream) 또는 전국적 분위기(national mood)를 중시함으로써 사회적 지지와 영향력의 행사 같은 상황 변수를 강조한다는 데에 특징이 있다. 어떤 맥락을 타느냐가 중요하다는 뜻이다. 그러나 MSF는 정책수용자들을 기본적으로 피동적으로 관찰하고 인지한다는 점에서 정책결정의 창이 열릴 때까지 마냥 관성을 타고 흐르는 것으로 가정하는 한계를 지녔다. 무엇보다도 주로 의제설정이나 의사결정을 설명하는 데 주목함으로써 정책집행으로까지 논의가 확장되지 못했다. 당연히 정부에 의한 서비스 전달 내지는 환류 같이 집행 이후를 설명하는 시도는 이뤄지지 않았다. 중요한 것은 상황변화의 압박 속에서 정책을 결정하려면 정책화 과정의 제도화를 통해 신속성을 담보하는 일이 필요하기 마련인 데 이럴 경우 시간의 경과에 따른 상황변화를 반영하지 못하게 될 개연성이 커진다는 점이다. 신속성과 조응성 사이에서 일종의 패러독스에 빠지는 것이다.

　이런 점을 감안한 보스웰과 로드리그(Boswell & Rodrigue, 2016)는 논의를 집행 단계로까지 확장했을 뿐만 아니라 특히 정치적 흐름과 문제의 흐름 간의 관계에 주목하고자 했다. 그 결과 두 흐름이 교차하면서 빚는 정책 집행의 양식 내지는 정부의 조직이나 기관의 반응 시나리오를 4가지로 구분해서 다루고 각각의 유형을 영국의 구체적인 정책사례에 따라 검증해 보고자 했다. 이들에 따르면 정책 집행 시나리오를 구성하는 두 개의 기준 가운데 우선 정치의 흐름은 어떤 문제 해결에 관련된 조직이나 기관들이 자신들의 정당성과 필요 자원의 확보 차원에서 중앙정부로 하여금 자신들이 요구하는 방향으로 지원, 조정하는 일에 나서도록 정치적 압력을 행사하고 그에 따라 중앙정부가 관련 기관들을 조정, 관리, 지원해 나가는 현상이라고 보고자 한다. 부언하면 문제의 흐름과 대안의 흐름을 연결하는 선출직 공무원이나 정책혁신가 내지는 정책주도자(policy entrepreneur)의 결합(coupling) 노력을 정치적 흐름이라고 규정한 것이다. 반면에 문제의 흐름은 문제와 문제 해결 대안의 정합성(problem fit) 차원에서 파악하고자 했다. 이때의 정합성은 문제 해결을 위한 중앙정부의 대안이 문제의 흐름에 간여하는 지방정부 기관이나 조직들이 기대하고 추구하는 방향으로 집행되는 정도에 따른 평가다. 이에 따라 정치적 흐름이 강하고 문제의 정합성이 강한 경우는 합의적 집행(consnesual implementation)이, 정치적 흐름이 약하고 문제의 정합성이 강한 경우는 상향식 집행(bottom-up implementation)이, 정치적 흐름이 강하고 문제의 정합성이 약한 경우는 문제의 흐름과 결합이 이뤄지지 않는 상태(decoupling)에서 정치적 흐름에 의한 강압적 집행(coercive implementation)이, 정치적 흐름이 약하고 문제의 정합성도 약한 경우는 세 흐름들 사이에 아주 약한 연계가 이뤄지거나 어떤 결합도 이뤄지지 않음으로 비집행(non-implementation)이 결과하는 것으로 보았다.

그러나 보스웰과 로드리그(Boswell & Rodrigue, 2016)의 이런 유형화 작업은 기본적으로 국가중심주의의 한계를 노정하는 것에 다름 아니다. 정책의 집행을 거번먼트(government)의 프레임 아래에서 다루고 있을 뿐 거버넌스의 관점에서 접근하지 않아 시민사회와의 협력적 과제를 상대적으로 경시하는 한계를 지녔다. 위기 상황에서는 거번먼트 차원의 전개과정을 시민사회 보다 구체적으로는 시민 개개인이 피동적으로 마냥 기다리고 있을 수만은 없다. 시간의 촉박성이라는 위기 대응의 맥락적 조건을 반영하기 위해서는 정부를 거치는 데 따르는 전환비용를 최소화하는 일이 선결과제이기 때문이다. 여러 대안을 고민하거나 정치적 주문을 절충하고 대화를 촉진하기에는 시간적인 여유가 없어 시민이 주도하거나 언론이 담당하는 정책 선도자 역할을 경시해서도 곤란한 일이다. 보다 더 적극적으로는 국가에 대한 기대가 작거나 불신하기 때문에 시민사회가 정부와 협력하거나 공조하기를 주저하는 가운데 스스로 해결에 나서고자 할 수도 있다. 무엇보다 중요한 것은 효율적인 위기 대응을 위해서는 가용자원을 총동원한다는 뜻에서 관련자들 모두를 포괄하는 사회 총체적 접근(whole of society approach)이 불가피하다는 사실을 간과한다는 점이다(Kauzya, 2020: 3).

보다 근본적으로는 강한 정부와 공사 영역의 엄격한 구분을 전제하고 있어 서구문화 중심적인 편향성을 내포한다. 그렇기 때문에 문화적 경계를 넘어 공사 영역의 구분이 불명확한 비서구 지역에 이런 프레임을 일반적, 보편적으로 적용하기는 쉽지 않다. 더 중요한 것은 코로나-19 같은 감염병으로 인한 위기 상황에서는 시민사회가 감염이라는 위기의 극복이 이뤄지는 최종 현장이자 감염이라는 문제가 시작되는 출발점이기도 한만큼 감염의 방역과 극복을 위해서라면 시민사회를 핵심적인 영향 요인으로 간주하지 않을 수 없다는 점이다. 코로나-19 대응 정책같이 악순환 구조를 이루는 정책 딜레마 하에서는 문제의 모순성으로 인해 정부로서도 흠결없는 합리적 해법의 개발이 손쉽지 않다(Zohlnho˝fer & Ru˝b, 2016: 4). 해법의 개발이 어려운 문제의 불확실성과 불명확성이 위기 상황의 특징이기도 한만큼 그 부족분을 시민사회에 맡겨 현장의 대응을 통해 보완하는 일이 불가피하게 된다. 보우텔(Bowtell, 2020.03.06.)은 HIV 같은 과거의 감염병 사례에서 교훈으로 삼아야 할 것은 위기 대응에 시민사회의 참여가 불가결적 요소라는 점이라고 주장한 바 있다.

따라서 위기 대응 정책의 집행 과제를 국가 내부가 아니라 국가와 시민사회의 관계에서 다루는 경우 거버넌스 결정 요인으로는 국가, 시민사회, 위기 상황 자체를 들지 않을 수 없다. 위기의 타파를 위한 한 사회의 대응 양식은 위기의 심각성 정도와 그에 대한 국가의 대응 그리고 그에 반응하는 시민사회의 반응도 내지는 호응 정도에 따라 구성된다고 보고자 하는 것이다. 위기 상황이 심각할수록, 그에 대한 정부의 대응이 긍정적일수록 시민사회의 정부에 대한 신뢰도가 높아지며((Kauzya, 2020: 4), 정부의 신뢰도가 높아질수록 시민사회의 반응도 적극화할 것이라는 뜻이다. 따라서 시민사회가 판단하는 위기 상황의 심각성 정도와 정부 대응에 대한 긍정적 평가 정도에 따라 시민참여의 수준과 양식이 결정되며, 그에 따라 위기 대응 정책의 집행 거버넌스 양식도 달라지게 된다. 이에 따라 시민사회가 인식하는 위기 상황의 심각성 정도를 한 축으로 하고, 정부의 대응에 대한 긍정적 평가의 정도를 다른 한 축으로 하는 경우 그에 대한 시민사회의 대응성 정도에 따라 4개의 서로 다른 집행 거버넌스 유형을 도출해 볼 수 있게 된다.

〈표 Ⅲ-1〉 위기 대응 정책의 집행 거버넌스 유형

위기 상황의 심각성 정도 / 정부 대응의 긍정성 정도	고	저
고	Ⅰ.협력적(균형) 거버넌스	Ⅱ. 수동적(동원) 거버넌스
저	Ⅲ. 능동적(자율) 거버넌스	Ⅳ. 방임적(소극) 거버넌스

위의 〈표 Ⅲ-1〉에서 제Ⅰ유형은 시민사회가 인식하는 위기 상황의 심각성 정도가 높고, 정부에 대한 긍정적 평가도 높은 경우다. 상황이 심각하고 그런 만큼 정부의 대응도 적극적, 효율적으로 이뤄져 정부에 대한 시민사회의 신뢰가 높다. 따라서 시민사회도 적극적으로 반응하고 호응해서 위기 극복에 나서고자 한다. 국가와 시민사회가 모두 적극적으로 위기 대응에 나서고자 하는 경우임으로 서로에 대한 경청(Kauzya, 2020: 3), 수평적 협조, 균형적 결합의 가능성이 커진다. 보스웰과 로드리그(Boswell & Rodrigue, 2016)의 프레임을 빌리자면 국가의 흐름과 시민사회의 흐름 그리고 문제의 흐름이 상호작용하는 가운데 끈끈한 결속력을 보이는 경우다. 국가와 시민사회를 두고 중립적으로 접근하고자 한 쿠이만

(Kooiman, 2010: 83)의 거버넌스 유형화 작업에 따르면 공동 거버넌스 (co-governance)에 해당된다. 위기 상황의 극복이라는 공동의 목적을 위해 서로의 정체성과 자율성을 거의 같은 비중으로 걸고 문제 해결에 나서고자 한다. 국가와 시민사회 간에 이뤄지는 의사소통 거버넌스, 공사 파트너십, 네트워크 레짐 등에서 흔히 발견된다. 시민사회의 관점에서 보면 협력적 거버넌스 내지는 균형적 거버넌스로 규정된다.

제Ⅱ 유형은 시민사회가 인식하는 위기 상황의 심각성 정도가 낮은 반면 정부의 대응에 대한 긍정적 평가는 높은 경우다. 상황이 별로 심각하지 않음에도 불구하고 정부가 적극적으로 대응하고 있어 고신뢰 상태임으로 정부를 믿고 시민사회로서는 소극적으로 대응하는 경우이다. 따라서 정부가 위기 대응을 주도하는 가운데 시민사회로서는 수동적으로 반응하고자 한다. 정부와 시민사회가 느슨한 결합에 안주하게 되는 경우다. 이런 유형의 느슨한 결합 상태에서는 정부의 주동성이 상대적으로 크기 때문에 동원 거버넌스라고도 말할 수 있다. 쿠이만(Kooiman, 2010: 83)의 유형화 작업에서는 계서적 거버넌스(hierachical governance)에 해당된다. 상명하달식의 개입이 주류를 이루고 있어 정부의 주동성이 보다 더 강화되는 경우 정부와 시민사회의 결합이 풀리면서 정부 친화적으로 수직적 중층 구조를 형성하게 된다. 포퓰리즘에 빠질 위험성이 커지는 이유이다.

제Ⅲ 유형은 시민사회가 인식하는 위기 상황의 심각성 정도가 높고, 정부에 대한 긍정적 평가는 낮은 경우다. 상황이 심각함에도 불구하고 그에 대한 정부의 대응이 적절치 않다고 판단하기 때문에 정부에 대한 신뢰도가 낮다. 이럴 경우 시민사회가 스스로 위기 대응을 주도해 능동적으로 대처할 가능성이 커지게 된다. 정부와 시민사회가 시민사회 친화적으로 수직적 관계를 구성하는 만큼 시민사회 중심의 자율적 거버넌스를 형성하게 된다. 이 경우 정부와 시민사회는 느슨한 결합 상태를 유지한다. 쿠이만(Kooiman, 2010: 83)의 유형화 작업에 따르면 자율 거버넌스(self-governance)에 해당된다. 주로 정치적 자유주의자들이 선호하는 경향이 있으며 시민사회 자체의 자생력이 전제되어 있어야 한다.

제IV 유형은 시민사회가 인식하는 위기 상황의 심각성 정도가 낮고, 정부에 대한 긍정적 평가도 낮은 경우다. 상황이 심각하지 않은 데다가 그에 대한 정부의 위기 대응도 적절치 않다고 판단되는 경우임으로 시민사회로서도 소극적으로 반응하게 된다. 정부와 시민사회 모두 소극적으로 대응에 나서는 것임으로 위기 상황의 극복에 대한 적극성을 잃고 서로 간에는 무신뢰에 빠질 가능성이 크다. 탈결합하여 국가와 시민사회가 따로 활동하면서 위기 대응에는 무력하게 되는 경우이다. 거버넌스 자체의 구성이 외면되면서 상황 대응이 방임되는 결과를 낳는다.

이런 구조 속에서 수동적 거버넌스에서 능동적 거버넌스로 이동하기 위해서는 시민사회의 역할 강화가 결정적 요인으로 작용한다. 시민사회가 수동적 거버넌스 내지는 정부와 시민사회 간의 중층 구조를 견인하는 권력 엘리트로 하여금 구질서를 더 이상 옹위하지 말도록 압력을 가할 수 있어야 하겠기 때문이다.

제3절 한국의 사회문화적 특성과 국가

1. 저신뢰 사회와 면적 국가(Flat State)

한 나라의 국민이 지니는 자기 나라 국가에 대한 인식은 그 나라의 역사와 문화, 건국과정과 정통성, 정치체제 등 다양한 요인에 대한 경험을 통해 형성된다. 이런 관점에서 보면 한국은 면적 국가(面的 國家)에 해당된다. 강명구(2007)는 후쿠야마(Fukuyama, 2004: 23)가 말하는 "Ⅳ 사분면형" 국가와 유사하게 한국의 국가는 관할 범위가 매우 넓지만 국가의 의지를 집행하거나 관철해서 사회가 수용하도록 하는 침투력은 상대적으로 약한 상태에 있다고 보고, 이를 "면적 존재(面的 存在)로서의 국가"라고 규정한 바 있다[1].

그런데 후쿠야마(Fukuyama, 2004: 21)는 국가의 범위(scope)를 국가의 기관이나 제도가 관장하는 기능이나 목표의 경계를 기준으로 파악하고자 한다. 공사의 구분이 명확한 서구사회에서는 법제적 차원에서 포착하는 국가의 범위가 국가의 실질적인 영향력 행사 범위와 크게 다르지 않을지 모르지만 한국과 같이 공사 영역의 구분이 명확하지 않은 곳에서는 국가의 비공식적인 영향력 행사까지를 감안해야 실질적인 영향력의 경계를 설정할 수 있다. 이는 국가의 힘(strength)의 경우에도 같다. 국가의 힘을 정책의 기획과 집행 능력 내지는 법률의 강제력 정도를 기준으로 파악하는

---

1 이는 서유럽의 국가를 그의 침투력이 높다는 점에서 "송곳 국가"라고 별칭하는 것에 대한 대응적 개념으로 해석된다. 강명구와 달리 박광국 · 김정인(2020)은 한국을 국가의 범위와 힘이 모두 약한 것으로 평가해 후쿠야마(Fukuyama, 2004)의 "Ⅲ 사분면형"에 해당하는 것으로 시사한 바 있다.

경우(Fukuyama, 2004: 22) 국가와 시민사회 사이의 이분법적 역할 구분과 양자 간의 역할 영역에 대한 계약관계를 전제하는 서구사회에서는 타당할지 몰라도 양자 간의 경계구분이 모호한 한국에서는 그런 국가 권력에 대한 시민사회의 수용성 정도를 함께 검토해 보아야 마땅한 일이다. 그런 점에서 후쿠야마(Fukuyama)의 지표는 서구 문화 편향성을 내포하는 것에 다름 아니다. 이런 점을 감안하여 여기에서는 국가의 범위와 힘을 법률이나 제도의 차원이 아니라 실질 권력 행사에 따른 영향력의 범위를 기준으로 검토하고자 한다.

먼저 한국의 국가는 그 관할 범위가 매우 넓다. 국가의 범위가 넓은 이유는 그의 인식론적 원류를 조선왕조 이래 한국 사회를 관류해 온 유교에서 찾아볼 수 있다. 유교에서의 인민은 부모이자 교사인 군주 그의 대행자인 사대부가 보호해 주는 피동적 존재로 인식된다. 이는 태종실록 권5 태종 3년 6월 발해의 기록에서 매우 명료하게 규정되어 있다. 인민을 젖 먹는 갓난아이로 비유한 것이다(최영진, 2008: 163-164). 이렇듯 국가를 가족주의의 프레임으로 투사해서 인식하는 태도는 이후 한국 사회를 관통하는 지배적인 사고 양식 가운데 하나로 자리 잡았다.

그런데 이런 가족중심적인 사고는 정부의 조직이나 기관의 공식적 차원과 비공식적 차원에서 양자 간의 경계를 모호하게 만드는 성질을 지녔다. 개인의 내밀성 영역이 가족이라는 중간지대를 통해 공적 관계로 확장되면서 공사 구분의 경계가 불명확하게 되고 나아가 국가로 확장된다. 유교의 경전 가운데 하나인 대학에서 말하는 수신제가 치국평천하(修身齊家 治國平天下)의 관점에서 국가를 인식하기 때문이다. 나아가 이렇듯 모호한 경계구분을 기화로 공적 권위의 실체인 국가의 간여가 가정을 비롯한 사회 전 영역으로 확산되는 결과를 낳는다(박재창, 2018: 414).

이렇듯 국가의 경계가 확장되는 데에는 조선왕조가 끝나고 아무런 사회적인 견제 장치가 마련되어 있지 않은 상태에서 시작된 일제의 식민통치가 국가에 의한 폭압체제를 도입한 탓도 있었다. 명목상 법치주의를 내세웠으나 법률의 경계 영역 밖으로까지 국가 권력의 행사 범위를 확장하는 일이 일상화 했다. 그의 대표적인 것으로는 행정지도[2]를 들 수 있다. 행정지도는 국가의 사무 분장상 관할 범위가 아니더라도 국가가 간접적으로 영향력을 행사하여 자신의 의지를 관철하려는 것으로서 이 시대 이후 한국의 국정관리에 있어 하나의 관행처럼 자리 잡았다.

식민통치가 끝나고 해방이 되면서 한국은 매우 극심한 이념 투쟁에 휩쓸리게 되었다. 이후 동서 냉전이 사라진 오늘날까지도 자유민주주의 체제와 공산사회주의 체제가 이념 경쟁을 벌이는 지구촌 유일의 분단국가로 남았다. 이로 인해 일상의 일거수 일투족을 이념의 잣대로 재단하고 규정하는 일이 보편화되었다. 이념의 과잉 상태에서 이념을 빙의한 국가 권력의 영향력 행사 범위는 일상적인 국가 권력의 경계를 손쉽게 넘었다. 정부가 사실상 주도하는 다양한 형태의 관변 준정부 기구들이 이념 투쟁을 위한 동원 기구로 조직, 운영되었다.

정부 주도의 경제발전을 주축으로 하는 근대화 작업이 진행되면서는 대외경쟁력을 신장하기 위한 한국형 발전주의 코포라티즘(김경미, 2018)이 국가 권력의 행사 범위를 시장과 시민사회로까지 확장했다. 개발경제계획

---

2 '행정지도'는 행정기관이 그 소관 사무의 범위에서 일정한 행정 목적을 실현하기 위해 특정인에게 일정한 행위를 하거나 하지 않도록 지도·권고·조언 등을 하는 행정작용을 말한다(「행정절차법」 제2조제3호). 행정절차법상 지도 대상의 임의적 협력을 전제로 하는 비권력적 사실행위에 속한다.

을 주도하는 정부의 고위관료와 대기업 총수 및 어용노조를 비롯한 관변 조직의 대표들 간에 이뤄진 최혜적 네트워크는 부패의 일상화와 함께 국가 권력의 행사 범위를 사실상 무제한 확장하는 결과를 낳았다. 이 과정에서 등장한 군부 권위주의 체제는 무소불위의 국가 권력을 행사하면서 사실상 국가 권력이 미치지 않는 곳이 없게 되었다. 1987년의 6월 항쟁 이후 민주화 시대를 맞이했으나 국가의 영향력 행사 범위는 여전히 비대한 상태에 있다. 과거의 경제 개발주도 세력과 민주화 추진 세력 간에 벌어지는 진영 간 패거리 싸움이 지속되는 가운데 서로의 도덕적 우월성을 다투는 원리주의가 사회 전반을 압도하고 있다. 이런 진영 간 다툼은 집권 세력과 실권 세력으로 파워 엘리트를 양분하면서 87년 체제 이후 자생한 NGO마저 친정부 단체와 반정부 단체로 양분, 흡수하는 결과를 낳았다. 그 결과 국가의 영향력 행사 범위가 친정부 NGO를 매개로 하는 범사회적 영역으로까지 확대되는 결과가 되었다. 제왕적 대통령제와 함께 결속하는 경우 포퓰리즘의 등장을 우려해야 할 정도다(Jung, 2020: 4).

한국의 국가가 발휘하는 영향력 행사 범위는 이렇듯 법치주의의 경계를 넘는 것이 보통이다. 이로 인해 지구촌 어디에서도 그 유례를 찾아볼 수 없을 만큼 광범위한 영역에 걸쳐 국가의 영향력이 미친다. 이를 두고 헨더슨(Henderson, 1968)은 한국 사회의 구조적 특성이 비공식적인 네트워크를 통해 공적 권위가 모든 것을 빨아들이는 "소용돌이의 정치(politics of the vortex)"에 있다고 보았다. 그러나 이런 기형적으로 비대해진 국가 권력의 행사 범위가 그에 걸맞는 사회적 침투력을 동반하는 것은 아니다.

먼저 여말선초 이래 조선왕조를 지배했던 성리학에서는 국정관리를 행정과제가 아니라 도덕교육 내지는 훈육의 업으로 여겼다. 이로 인해 국왕을 행정의 수장이라기 보다는 도덕적 규범의 징표로 삼고자 했으며, 관료는 행정보다 백성의 교화를 중시했다. 따라서 문무관료가 유능한 행정가라기보다는 백성을 가르치는 교사에 가까웠다. 누구나 도를 닦으면 군자가 될 수 있고 군자는 관직자가 되어 백성에게 인간의 도리와 예를 가르치는 걸 중요한 역할로 삼았다(김은희, 2020.07.17.). 상황이 이런 만큼 조선왕조에서는 도로건설이나 토목공사 같이 공익을 제고하기 위한 공공행정 프로젝트를 찾아보기 어려웠다. 이러니 도로는 물론 생산물을 유통, 보관하는 대규모 창고도 없었다(김은희, 2018.12.08.). 이런 철학 국가 내지는 사유 중심 국가에서 국책사업의 집행력이나 행정적 침투력을 기대하기 어려울 건 당연한 일이다.

조선왕조가 끝나고 등장한 일본의 식민통치 시기에는 근대적 행정관리 체제를 도입하고 권위주의적인 양식으로 국정운영에 나섰으나, 식민종주국 대리인으로서의 중앙정부와 일반시민 사이에는 식민 지배자와 피지배자 사이의 넘을 수 없는 간극 외에도 보다 근본적으로는 문화적, 역사적, 인종적, 언어적 차이가 있어 국가의 권위에 대한 사회적인 수용성에는 원초적인 한계가 있을 수밖에 없었다.

준비 없이 맞이한 해방공간은 한국인이 자력으로 개척해서 국권을 회복한 결과가 아니라 타율적으로 주어진 것이었다. 그런 탓에 광복과 동시에 국가의 부재라는 현실에 내몰렸다(이대희, 2020: 11). 이후 한반도에는 자신의 의사와 관계없이 두 개의 국가가 설립되고 남쪽에 사는 주민과 북쪽에 사는 주민은 불가항력적으로 각각 서로 다른 정체의 구성원이 되었다. 남쪽에서는 미국이 주문하는 자유민주주의 체제에 따라 대한민국을 출범시켰으나 이는 "우리"가 "세운" 나라라기 보다는 외부의 도움으로 "세워진" 것이었다(최진석, 2020.09.01.).

이렇듯 주변국 변수에 따라 피동적으로 세워져 스스로의 정당성을 충족시켜본 일이 없는 "결핍 국가"는 단 한 번도 자신이 세운 국제전략에 따라 행동해 본 적이 없으며(이한우, 2002: 74) 극도의 사회적 혼란과 의식주의 빈곤으로부터 국민을 보호하지도 못했다. 근대 주권국가의 성립 요소라고 할 수 있는 상비군의 유지, 국가 자율 재정의 충족이 이뤄지지 못한 상태에서 정부의 유지와 운영을 미국의 경제 및 군사원조에 의존했다. 이런 극단적인 "궁핍 국가"는 상당 기간 동안 계속되어 경제개발 5개년 계획이 성공적으로 끝나는 1970년대 초까지 지속되었다. 따라서 국가 건설의 정통성 결핍, 재정 및 군사적 자립의 결여를 특징으로 하는 "취약 국가(최정운, 2016: 72-73)"가 국민들로부터 마음에서 우러나오는 동의와 지지를 받기 어려웠을 것은 당연한 이치이다.

무엇보다도 이 시대 한국 사회를 지배한 극단적인 이념 대립은 사실상 그 실체가 권력 투쟁에 있었다(이한우, 2002: 17). 이로 인해 사회주의 계열로 하여금 극단적인 반정부 색채를 띠게 했다. 이런 환경 속에서 일반 국민은 자기가 선호하는 사상이나 이념에 충실할 것을 강요받는 결과가 되었다(이대희, 2020: 17). 이런 이념 지향적인 또는 권력 투쟁 지향적인 사회에서 특정 이념에 기초한 국가를 그 반대 세력이 전폭적으로 지원하거나 지지하기 어려웠을 것은 당연한 이치이다.

특히 한국전쟁은 이런 이념 투쟁에 기름을 붓는 결과가 되었다. 그러나 보다 더 중요한 것은 전쟁을 거치면서 국가 지도자에 대한 불신이 누적되었다는 점이다. 전쟁 발발 한 달이 채 지나지 않아 지상군 작전권을 미군에 이양했으며, 서울 사수를 방송하면서 서울을 철수한 정부가 국민의 도강 수단인 한강다리를 폭파했고, 군 수뇌부의 부패로 전쟁에 참여한 장병을 아사시킨 국민방위군 사건은 그런 정부의 한계를 상징적으로 보여주는 것이었다. 여기에 더해 취약 국가 특유의 피해망상과 과민반응이 국가에 대한 불신을 가중시켰다(최정운, 2017: 92).

전후 한국은 "냉동 국가"였다(최정운, 2016: 99). 전쟁의 폐해는 흡사 패전국 같았고 국가를 재건하려는 의욕이나 계획도 찾아보기 어려웠다. 국가 재건의 구체적인 기획이나 사업은 5.16 군사 혁명 후에나 제시되었다. 이때 국가 주도의 경제발전과 근대화 사업이 추진되었다. 근대적 의미의 국정관리 양식이 전정부적으로 소개된 것도 군인 정부가 들어선 이후였다. 그러나 성공의 과실로 경제적 여유가 생기자 역설적으로 민주주의에 대한 여망에 불을 지르는 결과가 되었다. 끊임없이 제기되어온 권력의 정당성에 대한 논의와 반민주 투쟁 세력에 의한 저항은 사회구성원을 체제 내 세력과 반체제 세력으로 양분하는 결과를 낳았다.

87년 체제가 등장하면서 민주화 시대가 열렸으나 이한우(2002: 38)에 따르면 심리학적 잠수병 증상이 사회를 압도하는 결과가 되었다. 갑자기 정신적으로 억눌렸던 압박에서 풀려나 자유의 몸이 되자 자신의 자유를 마구 휘두르고 타인의 자유를 훼손, 유린하는 현상이 등장했다. 경제발전 주도 세력과 반민주 투쟁 세력 간의 갈등과 대립이 지속되면서 민주 정부의 국정운영 능력에 대한 불신이 확산되었다.

이렇듯 국가에 대한 불신이 고조되어 있는 사회에서 국가가 정책 수용자를 상대로 효율적인 침투력을 발휘하기는 쉽지 않다. 한국인은 조성왕조와 일제 식민통치 기간인 20세기 전반기를 실체적으로 작동하는 국가가 없는 상태에서 살았고, 이후 해방과 건국, 한국전쟁, 경제발전을 통한 근대화 추진, 87년 이후의 민주화 이행기 같은 20세기 후반기를 마음 속의 나라 없음 속에서 살아온 셈이다(이한우, 2002: 18). 이런 상황 아래에서라면 주인 의식 결여와 피해 의식 심화가 사회적 병폐로 자리 잡을 것은 당연한 이치이다(이한우, 2002: 16). 이런 사회에서 국가에 대한 신뢰[3], 사회 구성원 서로 간의 신뢰[4]가 저급한 수준에 머물 것은 정한 이치나 같다. 이런 저신뢰 사회에서 국가의 침투력이 취약할 것은 물론이다. 한 번도 국민적 합의에 기초해 제국을 운영해 보지 못한 나라 한국은 성공적인 자기 통치에 이른 적이 없다(이한우, 2002: 55).

2. 가족주의와 이중 국가(Dual State)

그럼에도 불구하고 한국 사회를 지탱해온 근간 가운데 하나는 가족주의에 기초한 결속과 연대다. 그런 가족 간의 결속이 가장 강했던 조선왕조 시대의 가족은 유교의 영향을 받아 같은 할아버지의 제사를 공동으로 지내는 자손들로 구성되는 사회적 단위를 말했다. 특히 조선왕조 후기에 이르러서는 부자 관계를 중심축으로 하는 적장자 계승제가 강화되면서 유교의 종법제가 일상화되고 그에 따라 문중이 득세했다. 이는 국가와 향촌 사족 지배체제 간의 협력관계가 와해되면서 향촌 사족의 지배권이 약화된 데에 따른 영향이 컸다. 국가와의 연결이 끊어진 사족 세력들이 생존 위기

---

3 OECD가 실시한 정부신뢰도 조사에 따르면 한국은 2011년 27%, 2015년 34%, 2017년 24%, 2019년 39%로 35개 회원국 가운데 최하위권에 속한다(권수현, 2019.11.14.; 박형준 · 주지예, 2020: 2).

4 한국인 스스로에 대한 신뢰도가 2016년 57.4%, 2017년 56.4%, 2018년 57.1%, 2019년 55.7%로 50%를 조금 상회할 뿐이다(Kye & Hwang, 2020: 2).

에 직면하자 기득권 방어를 위해 적극적으로 가족 중심 특히 부계혈연 중심으로 문중 세력을 결집하고 강화하고자 했다. 이로 인해 가족이 국가와의 관계에서 수평적 긴장 관계를 구성하면서 사회활동의 주요한 전략적 단위이자 인식 및 행위의 절대적 준거로 사회 전반에 자리 잡았다(권용혁, 2013a: 172).

특히 양반 계급을 중심으로 이런 현상이 일상화되었다. 문중 내부적으로는 동일한 성을 가진 사람들이 하나의 사회를 이루고 그 공동체의 장을 장자가 이으며 가족의 재산을 총괄했다. 이런 연유로 조선왕조 말기에는 가족이라는 개념이 부계 씨족, 친족집단 또는 씨족 공동체인 집과 혼용되었다(김동춘, 2020: 72). 이는 조선왕조 사회 구성의 기본 단위가 개인이나 가족이 아니라 가문이었음을 뜻한다. 한 사람의 남편과 한 사람의 아내로 조직되는 각각의 가족이 아니라 하나의 부부를 중심으로 생겨나는 몇 개, 몇 십 개의 작은 가족으로 분화 전개한 모두를 포괄하여 일가라고 일컫는 대가문이 가족의 실체를 이루었던 것이다(다카하시 도루, 2020 : 44).

그러나 일본의 식민지배가 시작되면서 법적으로 모든 국민을 개인으로 호명하고 가족을 가장인 호주의 통솔하에 놓인 폐쇄적 원자로 다루게 되었다. 일제는 호주제도를 통해 한국의 사회 관습상 유지되어 온 문중 내지는 친족 질서를 호주를 정점으로 하는 원자화된 가족으로 재편하고자 했다. 이로써 가족은 국가와 수직적 관계에 놓이는 사회적 단위가 되었으며 다른 호주로부터 침범당하지 않는 배타적 지위를 갖게 되었다. 그러나 핵가족 내의 자녀와 부인의 지위가 개인이 아니라 호주에 종속된 존재였다는 점에서 보면(김동춘, 2020: 83-84), 개인을 위계적이고 차등적인 공동체 속에서 수동적으로 활동하는 존재로 다루는 유교의 가부장제가 여전히 반영되고 있었던 셈이다.

그러나 일제로부터 해방된 이후 1950~60년대에 이르러서는 전통적인 가족 관념이 도시를 중심으로 어느 정도 근대적 가족 의식으로 변화하기 시작했다. 특히 도시에서는 점차 친자 중심의 전통적인 문중 개념에서 벗어나 부부 중심의 근대적인 가족 개념이 확산되었다. 이런 변화는 연령이 낮을수록 고학력과 전문직업군에 속할수록 뚜렷했다(권용혁, 2013: 211).

1960년대 이후에는 국가 주도의 산업화와 그에 따른 도시화가 진행되면서 씨족 사회의 붕괴가 가속화되고 부부 중심의 도시형 핵가족화가 주류를 이루었다. 박영은(1985: 6)은 이를 두고 "강요된 핵가족화"의 출현이라고 보았다. 타의적으로 생성된 핵가족화는 서구의 자생적 핵가족처럼 개인주의를 수반하지 않았다. 따라서 이 시대의 한국 가족은 전통적인 것도 그렇다고 해서 완전히 서구적인 것도 아닌 게 되었다(김동춘, 2020: 97). 그 결과 가족 내의 가치나 규범이 전통적인 것과 근대적인 것이 복합적으로 섞이는 결과를 낳았다. 다양한 가치관과 이념이 병존하는 중층성과 혼성성이 일상화했다. 전통적인 생활양식과 근대적 생활양식을 상황에 따라 취사선택하고 혼용하는 양가적, 혼성적, 중첩적 가족관이 형성된 것이다(권용혁, 2013a: 173).

1970년대 후반 이후에는 일부일처제를 중심으로 하는 혁신이 이뤄지면서 내용상의 핵가족이 구축되었다. 가족의 혼성성이 보다 더 분화, 강화되는 모습을 보이게 된 것이다. 그 결과 오늘날은 부부 중심의 핵가족을 토대로 직계가족과 일인가구가 상호 연계되는 형태의 느슨한 가족 유형이 대종을 이루게 되었다. 과거에 비해 가족 구성원의 개인화가 속도감 있게 진행되는 과정에 있다(권용혁, 2013a: 176). 도시 핵가족에서는 부계 혈연 중심의 직계가족 이념이 작동하고 있으면서도, 다른 한편으로는 부부 중심주의가 작동하여 매우 독특한 양식의 가족주의가 자리 잡았다.

산업화와 민주화가 한층 더 진행된 1990년-2000년대에는 가족제도에 가장 큰 변화가 이루어졌다. 페미니즘이 활성화되고 다양한 형태의 가족 결합 형태가 사회적으로 표출되고 다문화 가족이 증가했다. 이로 인해 가족주의는 그 외연이 확장되고, 내포 또한 다양화되는 국면을 맞았다. 또한 SNS의 확산으로 개인의 정체성이 유연해지면서 폐쇄적 공동체로서의 전통적 가족주의가 약화되고, 개인은 자신의 정체성을 자유롭게 다원화할 수 있게 되었다. 지식 노동이 핵심인 사회로 이행하면서 남녀의 노동 구분이 사라지고, 이 과정에서 부부의 역할 분담보다는 '역할 공유'가 확장되었다. 기존의 복합성에 더하여 다문화적인 요소와 유연한 네트워크형 구조가 혼합되는 변화를 낳은 것이다(권성수, 2016.06.02.).

이로 인해 가족이라는 집단과 그 구성원으로서의 개인이 동시에 중시되는 양초점(bi-focalism) 사회를 불러왔다. 결국 오늘날의 한국 가족은 전통적인 가족제도가 점차 엷어지기는 하지만 여전히 지속되어 그 범위가 상대적으로 넓은 가운데 근대적 의미의 핵가족 구성원으로서의 개인이 중첩적, 융합적 복합구조를 이룬 상태에 있는 셈이다. 이는 문중의 경우 예전과 같은 결속력을 보여주는 것은 아니지만 적장자로서의 장손이 여전히 친족의 중심으로 활동하는 가운데 다른 한편에서는 문중의 개별 구성원인 독립적 개체로서의 개인들이 중심이 되어 종중회의를 구성하고 이들이 문중의 재산과 대소사를 관장하는 이중구조를 갖춘 데에서 확인해 볼 수 있다.

이를 사회구조적인 차원에서 보면 생존과 물질적 안정을 지향하고 폐쇄적이며 강한 응집력을 강조하던 전통적인 가족주의가 과거에 비해 점차 호소력을 잃어가고 있으나 결코 없어진 것은 아니며, 다만 개인으로서의 자기 자신이 추구하는 자유와 권리, 자아실현 등을 보다 더 중요시 하게 되었다는 뜻이다. 이로 인해 가족 구성원 간의 관계도 보다 자유롭고 수평 적인 관계로 바뀌고 있다. 이렇듯 혈족의 범위는 사회 환경의 변화에 따라 유동적으로 변화하고 있지만, 생존과 생활의 준거점으로 작용해 온 전통 적인 의미의 가족주의는 여전히 영향력을 미치고 있으며 한국 사회를 견 인하는 핵심 동력 가운데 하나가 되어 있다(권성수, 2016.06.02.).

그런데 전통적인 의미의 가족주의는 그 의미 내용면에서 볼 때 정서적 가족주의와 배타적 가족주의로 대별해 볼 수 있다. 우선 정서적 가족주의 는 가족이 이해관계의 축이라기보다는 정서적 연대와 감성적 귀향의 본거 지임을 확인해주는 것에 다름 아니다. 가족이라면 무조건적이고 무한대적 인 애정, 헌신, 희생을 감내하며 최혜적 대우를 마다하지 않는다. 이런 의 식의 원류는 개인이 자기 가족의 다른 구성원에게 보내는 연민 나아가 자 신을 가족과 동일시 하는 데에서 오는 본능적 자기애라고까지 말할만 하 다. 아니 그 이상이다. 이는 오늘날의 한국 사회에서 부모의 자식에 대한 헌신적인 교육열을 추동하는 원류이며 급속한 산업화, 근대화를 견인하는 초인적인 노력의 근인으로 작용해 왔다. 개인화, 산업화가 진행되고 사회 적·물적 조건이 많이 바뀌었음에도 불구하고 이런 정서적 가족주의는 한 국 사회의 가장 강력한 동력원 가운데 하나가 되어 있다.

그러나 이를 도구적 관점에서 보는 이들(박통희, 2004: 102-103)은 이 기적 가족주의(egoistic familism)의 발로로 설명하고자 한다[5]. 가족에 대

---

5 박통희(2004, 103)는 "가족우선성을 지키기 위해 비도덕적이고 불공정한 내집단 편향을 용인하는

한 헌신이나 우선적 배려 같이 내집단 편향성이 공동체의 유익이나 사회의 일반적인 통념 또는 상식의 수준을 뛰어넘는 정도에까지 이르는 이유 가운데 하나는 가족을 노후의 사회보장 수단이나 재산의 보전 장치 등으로 여기는 데에서 비롯된다는 것이다. 가족에 대한 헌신이 결국은 자기 자신을 위한 것이라는 생각이다. 가족의 허물이 드러나는 걸 창피하게 여기는 것도 같다. 한국이 체면 중시 사회 또는 염치를 강조하는 이유도 바로 여기에서 비롯된다고 본다. 가족의 울타리 내에 있는 결함은 이를 모두 덮고 보호하며 지키고자 하는 데 이는 자신의 보호 수단이기도 하기 때문이다. 상궤를 벗어나면서까지 사학, 언론, 기업 심지어는 교회까지 세습하고자 하는 이유이기도 하고, 북한 정권에 의한 국가 권력의 3대 세습도 여기에서 연유하는 것에 다름 아닌 것으로 해석된다.

반면에 배타적 가족주의는 가족 이외의 것에 대해서는 최빈적, 차별적 대우를 마다하지 않는 현상을 말한다. 이는 이기적 가족주의의 외집단 현상에 다름 아닌 것으로 해석된다. 가족 이외의 사회구성원에 대해서는 의심하며 불신하고 폐쇄적 단절도 서슴치 않는다. 과거 조선왕조 후기에 문중 간의 경쟁과 긴장이 불러온 사회적 유제인 셈이다(권용혁, 2013a: 172). 이는 자연스럽게 국가와 가족의 관계를 단절론으로 보느냐 또는 연계론으로 보느냐의 문제를 제기한다. 단절론은 자신이 속한 가족 밖의 다른 가족, 집단 나아가서는 사회공동체와의 관계를 이분법적으로 구분해서 다루는 자세를 말한다. 자연히 긴장과 대립 및 충돌을 불러오기 십상이다. 조선왕조 후기의 문중이나 사림 간의 긴장 관계, 해방기 이후의 자유주의

신념을 가족이기주의"라고 보았다. 이를 정서적 가족주의와 등치시켜 다룬다는 뜻에서 여기에서는 이기적 가족주의로 표현하고자 한다.

자와 공산주의자 간의 이념 대립, 군부 권위주의 체제 아래에서의 선성장론자와 민주화 투쟁 세력 간의 갈등, 87년의 민주화 이후 오늘날까지 지속되는 보수와 진보의 논쟁 등도 그 연원을 따지고 보면 조선왕조 이래 한국 사회를 지배해온 배타적, 외향적 가족주의 내지는 단절론에 기인하는 바 크다. 내용상 불가피하게 구체적인 이해관계의 충돌이 있어 갈등과 대립이 발생한다기보다는 처음부터 타자에 대해 선제적으로 작정해둔 배타적, 차별지향적 감정이 갈등의 출발점이라는 뜻이다. 외부에 대한 배타적 감정을 동원함으로써 정서적 가족주의를 강화하려 한다는 점에서는 이기적 가족주의의 한 양식으로도 이해된다. 외향적 비토크러시(veto-cracy)가 내재되어 있다는 의미에 다름 아니다. 이로 인해 한국 사회에는 갈등과 대립이 체화되어 있다. 사회적 갈등지수가 세계 최고 수준에 이르는(최정운, 2017: 641) 이유이다.

반면에 연계론은 가족의 자연스러운 연장선상에서 국가를 발견한다. 사회학의 일반이론에 따르면 중앙집권적인 관료조직이 발달하면 친족 또는 혈연집단은 퇴조하거나 사라지는 것이 보통이다. 사회적 분업과 신분의 계층화가 진행되면 친족집단은 자녀 양육에 필요한 가족이나 기구로 축소되고 사적 영역과 공적 영역의 분리가 심화된다. 그러나 한국의 경우는 국가와 친족 또는 공적 영역과 사적 영역이 엄격하게 구분되어 있지 않을 뿐만 아니라 그 경계가 지속적으로 유동해 왔다. 조상과 후손을 동일시하는 혈연의식을 순수한 혈연 간 유대를 확장하여 친족 밖의 보다 큰 정치사회 공동체로까지 투사하는 까닭이다(김은희, 2020.07.09.).

이는 서구사회와 매우 다른 현상이다. 서구에서는 가정을 사적 영역이라고 보고, 정치는 공적 영역으로 구분하는 것이 보통이다. 그러나 성리

학은 가족이 국가의 질서에 순응하는 신민을 길러내는 기초 장소이며 그렇기 때문에 가정을 준공적 영역에 해당하는 것으로 간주했다(권용혁, 2013a: 160). 국가의 관주도를 묵인하는 정서와 독재의 일상화, 사익 추구를 공론화 하지 못하게 하는 이중적 가치 태도, 민주화 운동 과정에서 보여준 양심적 지식인의 멸사봉공의 자세 등이 바로 이런 국가와 가족을 연계론의 관점에서 접근한 결과로 해석된다(이승환, 2002: 62-63). 이렇듯 사회의 기본 구성 단위가 가족이고 이 가족의 관념적인 확대가 국가이자 사회공동체라는 인식은 가정이 예와 덕의 훈육장소라는 인식과 사익 중심주의를 극도로 혐오하는 도덕관으로 인해 빚어지는 결과물로 이해된다. 율곡은 군주의 교과서인 성학집요 위정편 첫머리에서 '국가는 가정을 유추한 것이다'라고 밝혔다. 서경 주서 〈패서〉편에서는 오직 하늘과 땅은 만물의 부모이며 오직 인간은 만물의 영장이라고 말했다. 진실로 총명한 자가 임금이 되니, '임금은 인민의 부모가 된다'는 것이다(최영진, 2008: 156).

마루야마 마사오(1995)는 이렇듯 주자학의 패러다임으로 사회를 인식하기 때문에 한국 사회는 가로축으로는 공이 사의 연장선상에 있고 그렇기 때문에 공과 사의 구분이 명확하지 않다고 보았다. 나아가 세로 축의 공적 영역이 사적 영역에 지배되는 이유라는 것이다. 자신과 집안일이라는 사적 영역과 나라와 세계를 운영하는 정치적 공간으로서의 공적 영역이 질적으로 구분되지 않을 뿐만 아니라 자신과 집안일을 잘하면 정치적이고 공적인 일도 잘할 수 있다는 낙관론이 자리 잡는다는 것이다. 이로 인해, 가족주의 입장에서 국가(state)와 세계(world)를 바라보는 이른바, "가족 국가" 프레임이 자리 잡게 되었다.

이런 가족관계를 규율하는 가족 도덕으로는 제사를 지내고 효를 실천하며 형제 간의 우애를 지키는 것을 들 수 있다. 그런데 이 가족 도덕은 단순히 사적 관계를 규율하는 규범이 아니라 가족 밖의 사회질서를 유지하는 절대적, 공적 규범으로 인식된다. 또한 국가에 공헌하여 역사에 이름을 남기는 것이 부모에 대한 가장 큰 효도로 이해된다(최봉영, 1997: 189-190). 가족과 국가를 동일시한다는 뜻이다. 이런 가족중심주의의 강화 내지 가족 국가의 등장은 가족의 동심원적 공조를 강조하는 성리학의 공사 개념과 연동되어 있다(최우영, 2006: 1).

따라서 한국 사회는 정서적 가족주의, 이기적 가족주의, 배타적 가족주의에 기초한 "가족 국가"가 사회공동체 인식의 핵심적 프레임이 되어 있는 셈이다. 그런데 1990년대 이후 전통적인 가족주의에 서구적 개념의 개인주의가 강화되면서 오늘날에는 현대적 의미의 "계약 국가"가 추가되었다. 이로써 "가족 국가"와 "계약 국가"가 복층을 이루었다. 서구사회는 원색적인 이기주의가 자멸적이고 자기 파괴적이라는 점에서 이기주의의 역설을 자각하고 이기심 문제를 해결하기 위해 타인과 계약을 맺고 그 계약을 준수하는 정신을 시민의 덕성이라고 보았다(황경식 외, 1996: 29). 이기심이라는 마음의 문제를 제도와 계약이라는 외적인 장치를 통해 해결하고자 한 것이다(최영진, 2008: 172). 그리고 그런 계약관계를 구현하기 위한 도구로 효율성을 담보한다고 가정한 것이 바로 현대적 의미의 행정 국가다. 따라서 한국인의 의식세계에는 가족 국가와 계약 국가가 중층구조를 이룬 "이중 국가(dual state)"가 자리 잡고 있는 셈이다.

3. 동란 문화와 전환 국가(Switching State)

한국의 역사는 전쟁의 역사라고 해도 과언이 아닐 만큼 지속적으로 외세의 침략에 시달려왔다. 전쟁으로 인해 국가의 존립이 위태로웠던 적이 한 두 번이 아니고, 전쟁의 참화 속에서 국민의 삶은 피폐했다. 대륙세력과 해양세력이 한반도 지배권을 놓고 벌이는 주변 강대국들의 전쟁 결과, 나라가 망하거나 집권세력이 교체되는 일도 빈번했다. 최근에는 일본의 침략으로 인한 식민지배와 남북한 간에 벌어진 한국전쟁으로 인해 그 피해가 참으로 참혹했다. 이런 국난을 겪으면서 한국 사회에는 생존을 위해 이에 대응하는 사회문화적 단련이 거듭되었다. 한국인에게 있어 위기는 더 이상 예외적 현상이 아니라 일상의 연장인 까닭에(임상훈, 2020.12.11.) 독특한 위기 대응 양식이 누적, 체화되기에 이르렀다.

이런 한국인의 문화 코드에 배어 있는 위기 대응 능력을 동란 문화라고 한다면 가장 대표적인 것 가운데 하나로 "빨리 빨리"와 "대강 대강"으로 압축되는 생활 교훈을 들 수 있다. 전쟁은 어느 곳에서나 일상의 붕괴와 그에 따른 현재 상황의 모호성과 미래 전개 양식의 불확실성을 특징으로 삼는다. 따라서 신속하게 대응해야 살아남을 수 있다는 압박 속에 내몰리기 마련이다. 불확실성으로 가득 찬 전쟁통에서는 신속하게 대응하기 위해 꼼꼼하게 따지고 구체적인 사실 증거에 기반해 대처할 수 없다. 민첩하게 대응해서 상황 변화에 적응해야 하고 그런 만큼 증거기반 접근은 불가피하게 외면하는 위험을 무릅써야 한다. 그런 삶의 지혜를 체화해 왔다.

전쟁은 또 전통적 가족주의에도 영향을 미쳤다. 전통적 가족주의의 배타적 폐쇄성과 내향적 응집력이 외침이나 외부로부터의 위기에 조응하여 결집과 순응을 재촉하는 촉매제로 작용했다. 특히 지속적인 주변 강대국의 침략과 위협은 이런 가족주의의 특성을 내성 깊은 사회 문화로 계발하는 동인이 되었다. 내향적, 정서적 가족주의가 전란을 통해 거듭 강화되었을 뿐만 아니라 전쟁 같은 사회적 위기를 헤쳐나가기 위해서는 내집단 지향의 정서적 가족주의를 강화할 수밖에 없었다. 전란 속에서 내 가족을 지키려면 가족에 대한 무한대의 사랑과 헌신이 필요하듯이 그런 위기 상황을 극복해 나가기 위해서도 가족 구성원 간의 결속과 헌신을 한 단계 더 강화하는 일이 불가피했다. 이런 성향은 전쟁이 거듭되면서 국가가 결코 자신과 자신의 가족을 지켜주지 않는다는 불신이 쌓이면서 보다 더 강화되었다. 믿을 건 결국 가족 밖에 없다는 생각을 갖게 했던 것이다. 이 경우 가족에 대한 헌신과 희생은 정서적 가족주의를 강화하는 기반이자 동시에 도구이기도 한 양가적 성격을 지닌다. 배타적 가족주의도 같다. 거듭되는 위기를 겪으면서 가족 이외의 사회적 관계는 믿을 것이 못 되며 경계와 불신의 대상이라는 생각을 거듭하게 했다. 이런 배타적 가족주의가 위기 상황에서의 한국 사회가 보다 더 높은 불안과 적대감에 시달리도록 했을 것은 물론이다.

그런데 전통적 가족주의 하에서는 가족이 "가족 국가"이기도 한 것임으로 국가 차원에서도 정서적 가족주의와 배타적 가족주의가 작동해 왔다. 가족 국가에 대한 정서적 가족주의와 연계론은 국가 위기 상황에서 국가에 대한 보다 강도 높은 희생과 보국정신으로 구체화 되어 나타나곤 했다. 이는 한국인에 체화되어 있는 위기 대응 양식이기도 하다. 일제 침략 시 중국에서는 난징 대학살이 있었다. 그러나 중국인은 이에 대해 어떤 적극적 저항도 하지 않았다. 반면에 한국에서는 3.1운동 이후 의혈단 운동과 함께 자신의 목숨을 받쳐 일본 정부의 요인 암살에 나서는 의거가 거듭되었다. 정서적 가족주의와 배타적 가족주의가 작동하면서 상식을 뛰어넘는 희생과 저항이 거듭되었음을 뜻한다. 이는 국가의 위기시마다 자신의 사사로운 이익을 뛰어넘어 희생과 헌신을 마다하지 않는 여러 사례에서 확인되고 있다. 대한제국이 일제에 흡수될 위기에 처하자 벌어진 1902년의 국채보상운동, 1997년의 외환위기시에 있었던 금 모으기 운동, 2007년과 2008년에 걸쳐 태안반도에서 기름 누출사고가 발생하자 오염물 제거를 위해 나선 연인원 수백만 명의 자원봉사 활동 등을 들 수 있다. 이렇듯 개인의 사익을 희생하면서까지 국가와 집단의 정체성을 우선시하는 국가관 덕분에 유례없는 속도로 산업화와 민주화의 성취가 가능하기도 했다(성상덕, 2020: 1). 이는 국가의 위기시 마다 국가에 의존하지 않고 국민이 스스로 위기를 헤쳐나가는 "자율 국가(self-governing state)"의 등장을 말하는 것에 다름 아니다. 국가가 감당해야 할 역할을 국민이 스스로 대행한다는 점에서는 "환원 국가(auto-administrative state)"로의 전환을 말하는 것이기도 하다. 배타적 가족주의의 관점에서 보면 적국에 대한 적개심과 저항이 유별나다는 점을 들 수 있다. 이런 외적에 대한 저항과 적개심이 빈번한 외침과 국난에도 불구하고 나라를 지켜온 원동력 가운데 하나가 되었다.

정리해 보면 한국에서는 전통적 가족주의에 기초한 "가족 국가"와 현대적인 가족관계에 기초하는 "계약 국가"가 복합적으로 결합해 있다가(coupled) 전쟁과 같이 외부로부터의 충격이 주어지는 경우 그 결합이 느슨해지거나 풀려 각자가 따로 놀기도 하고(losely coupled or de-coupled) 결속하여 혼성성을 더하기도 하면서 국가가 처한 환경 변화에 조응해 왔다. 이렇듯 전통적 가족관과 현대적 가족관, 또는 전통적인 가족주의와 현대적인 개인주의가 상황에 따라 주도적인 위치를 서로 바꾸는 현상을 가족관계 연장체로서의 국가관의 관점에서 보면 "전환 국가"(switching state)로 정리된다.

제4절 한국의 코로나-19 대응 거버넌스

1. 한국의 코로나-19 대응 개관

2020년 1월 19일 한국에서 코로나-19 유증상자가 처음 확인된 이래 2020년 2월 둘째 주부터 매 2주마다 정기적으로 2020년 11월 25일까지 20차례에 걸쳐 한국리서치가 실시한 코로나-19 인식조사 결과와 존스홉 킨스 대학의 각국별 코로나-19 일별 발생 현황을 토대로 구성해 보면 한 국 사회에는 지난 1년 동안 코로나-19와 관련하여 대체로 3차례의 국면 전환이 있었음을 알 수 있다. 아래의 〈그림 Ⅲ-1〉에서 보는 바와 같이 1월 19일 이후 비교적 소강상태에 있다가 2월 말부터 급증하기 시작하여 3월 3일 851명으로 고점을 찍은 이후 급속히 감소 추세를 보이다가 다시 8월 28일 441명으로 증가하고, 이후 줄어들다가 다시 12월 24일 1237명으로 최고점을 찍었다.

한국리서치가 조사한 위기 상황의 심각성 정도[6]와 정부 대응의 긍정성 정도[7]에서도 유사한 변화를 보였다. 3월 3일을 즈음하여 상황의 심각성 정도가 91%로 꼭지점을 찍었고, 8월 28일 즈음해서는 다시 90%의 심각성 정도를 보였다(이소연, 2020.11.25.: 7). 반면에 정부 대응 평가는 3월 3일 즈음해 긍정성 정도가 42%로 최저점을 보였고 8월 28일 즈음해서는 긍

---

6 "코로나-19 국내 확산 상황이 얼마나 심각하다고 생각하십니까?"라는 질문에 대하여 "매우 심각하다"와 "심각한 편이다"라고 대답한 경우를 합산한 것을 심각성 정도로 보고자 한다.

7 "대통령과 정부가 신종 코로나 바이러스 사태에 대해 대응을 어떻게 하고 있다고 생각하십니까?"라는 질문에 "매우 잘하고 있다"와 "대체로 잘하고 있다"는 대답을 합산한 것을 긍정성 정도로 보고자 한다.

정성 정도가 68%로 9월 중순의 67%를 제외하고는 3월 말 이후 최저점을 보였다(이소연, 2020.11.25.: 6).

따라서 이들 2개의 고점을 기준으로 여기에서는 편의상 2020년 1월 최초로 확진자가 포착된 이후 3월 3일 이전까지를 전기, 3월 3일 이후 8월 28일까지를 중기, 8월 29일 이후 연말까지를 후기로 나누어 보기로 한다.

그림 〈Ⅲ-1〉 위기 상황의 심각성 정도, 정부 대응의 긍정성 정도, 일별 신규 확진자 수의 추이

그림 〈Ⅲ-1〉

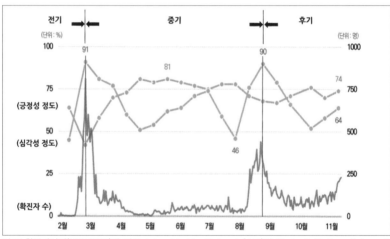

자료: 한국리서치(2020.11.25.)와 미국 Johns Hopkins University(JHU)의 Center forSystems Science & Engineering(CSSE)(2020.12.30.)가 운영하는 COVID-19 Data Repository의 데이터 정보를 참조하여 작성.

위의 변화를 보다 세분해 보면, 우선 위기 상황의 심각성 정도와 정부 대응의 긍정성 정도가 모두 5차례 교차한다. 전기에 해당하는 2월11일-2월13일과 2월28일-3월2일 구간에서 1차, 중기에 해당하는 3월27일-3월30일과 4월10일-4월13일 구간에서 2차, 7월3일-7월6일과 7월17일-7월

20일 구간에서 3차(이 경우는 심각성 평가와 긍정적 평가가 1% 차이로 근접한다). 7월31일-8월3일과 8월14일-8월17일 구간에서 4차, 후기에서는 9월11일-9월14일과 9월25일-9월28일 구간에서 5차의 교차 현상이 목격된다.

이는 실로 다양한 양식의 거버넌스가 교차 형성되어 왔음을 말하는 것에 다름 아니다. 물론 MSF와 그에 따른 작동 원리를 계량화하거나 수리적으로 검증하는 것이 불가능할 뿐만 아니라 또 바람직하지도 않다는 주장 (Zohlnhöfer & Rüb, 2016: 7)에서 보듯 거버넌스의 형성을 계량적 지표를 통해 유형화하는 작업이 타당하거나 또는 바람직한 것이냐에 대해서는 논쟁의 여지가 없지 않다. 그러나 그렇다고 해서 계량적 지표가 아무 것도 말해주지 않는 것은 아니다. 정교한 검증이 불가능할지는 몰라도 적어도 변화의 일반적인 경향성을 추정해 볼 수는 있다. 이런 관점에서 보면 우선 모두 50% 이상의 심각성 정도와 긍정성 정도를 나타내는 가운데 교차가 이뤄지고 있는 만큼 이들 시점을 전후하여 국가와 시민사회 사이에서 적극적 대응이 이뤄지고 나아가 협력적 거버넌스가 형성된 것으로 해석해 볼 수 있다.

전기에서 중기로 넘어가는 3월3일부터 3월27일 사이와 중기에서 후기로 넘어가는 8월18일에서 9월10일 사이에는 상황의 심각성 정도가 대응의 긍정성 정도를 압도한다. 따라서 이 기간에는 시민사회가 보다 적극적으로 대응하여 국가와 시민사회 사이에 시민사회 중심의 자율 거버넌스 또는 능동적 거버넌스가 이뤄진 것으로 평가해 볼 수 있다.

다만 전기인 발생 초기부터 2월10일까지의 1차, 중기인 4월13일 이후 8얼17일까지의 2차, 후기인 9월29일 이후의 3차례에는 수동적 거버넌스가 자리 잡은 것으로 관측된다. 이 기간에는 상황의 심각성 정도가 대응의 긍정성 정도보다 낮았다. 상황의 심각성 정도와 대응의 긍정성 정도가 모두 50% 이하로 내려간 경우는 없음으로 방임적 거버넌스가 작동한 기간은 없는 셈이다.

이를 종합해 보면 전기의 비교적 짧은 기간 동안 수동적 거버넌스, 협력적 거버넌스, 능동적 거버넌스가 교체 등장하고, 중기에는 능동적 거버넌스, 협력적 거버넌스, 수동적 거버넌스, 협력적 거버넌스, 수동적 거버넌스, 협력적 거버넌스, 능동적 거버넌스로 연이어 교체되었음을 알 수 있다. 후기에는 능동적 거버넌스, 협력적 거버넌스, 수동적 거버넌스가 순서대로 등장했다. 따라서 위기 대응 집행 거버넌스의 내용상 변화가 빈번히 이뤄져 왔음을 알 수 있다. 존속한 기간을 중심으로 보면 수동적 거버넌스가 최대 206일, 능동적 거버넌스가 최대 49일, 협력적 거버넌스는 균형의 범위를 어디까지로 보느냐에 따라 달라지겠지만 균형의 범위를 상황의 심각성 정도와 대응의 긍정성 정도가 모두 5%의 범위 내에 있을 때로 가정한다면 최소 56일 정도로 추산해 볼 수 있다. 5차례의 협력적 거버넌스 가운데 2차, 3차, 4차는 조사기간 범주 내내 모두 5% 이내의 변화만을 보여 이기간을 기산하고 여기에 1차와 5차는 5% 범위를 벗어남으로 가장 소극적으로 계산하여 각각 하루씩을 추산한 결과다.

따라서 2020년 일년 동안 이들 세 유형의 집행 거버넌스가 서로 빈번히 교체하는 가운데 수동적 거버넌스, 협력적 거버넌스, 능동적 거버넌스 순으로 지속 기간이 길었다고 하겠다. 수동적 거버넌스가 대종을 이룬 것도 주목되는 일이다. 그런데 이를 시민사회의 차원에서 보면 가족 국가 프레임과 계약 국가 프레임이 상호작용하는 가운데 어떤 계기를 통해 다양한 거버넌스 양식으로 구체화되어 나타난 것으로 해석해 볼 수 있다.

2. 위기 의식의 발로와 가족 국가 프레임

코로나-19는 다른 감염병과 달리 무증상 감염을 일으키는 데다가 세대에 따라 현격히 다른 치명율을 보여 질병 자체에 대한 두려움이 매우 크다. 여기에 더해 아직 치료제가 개발되어 있지 않아 대유행에 대한 지구촌의 두려움은 제3차 세계대전의 발발에 비견할만하다. 그런데 2019년 12월 중국의 우한에서 발병한 이후 2020년 1월 19일 한국에서 처음 유증상 환자가 포착될 때까지 코로나-19 감염병에 대한 구체적이고 과학적인 정보는 크게 알려진 것이 많지 않았다. 미지의 신종 바이러스 감염병에 대한 두려움이 가중될 수밖에 없었던 이유다.

여기에 더해 2015년 3월에 발생한 메르스 감염병 확산 때 한국 정부가 보여준 대응 태세에 대한 기억은 또 다른 감염병의 확산을 앞두고 불안감을 증폭시키기에 부족함이 없었다. 당시 정부의 대응은 신속하지도 않았고 적절하지도 않았다. 첫 확진자가 나온 지 무려 14일이 지나서야 처음으로 민관협동 긴급 점검회의가 열렸고, 보건복지부는 낙타를 동물원에서나 겨우 볼 수 있는 나라에서 국민에게 낙타와의 밀접 접촉을 피하라거나 멸균되지 않는 낙타유나 낙타 고기를 먹지 말라고 조언했다. 보다 심각한 것은 정부의 통제였다. 질병관리본부가 감염경로나 발병지역 공개를 기피했다. 시민의 불안과 공포가 커졌고, 자발적으로 SNS를 통해 정보를 공유하면서 유언비어와 가짜뉴스가 쏟아졌다. 이런 상황이 잘 관리되지도 않았다. 그 결과 세계에서 두 번째로 많은 감염자와 사망자를 냈다(최인수 외,

2020: 200). 정부에 대한 불신이 클 수 밖에 없는 이유다.

이번에도 정부의 초기 대응은 적절치 않았다. 국경 봉쇄에 대한 국민의 요구가 빗발쳤으나 대만과 뉴질랜드와는 달리 중국에서의 입국자를 봉쇄하지 않았고 초기 대응이 신속한 것도 아니었으며 심지어 마스크를 쓸 필요까지는 없다는 조언을 내놓기도 했다. 대구 경북지역에서의 확산이 계속되는 가운데 대통령은 대응 정책의 완화를 시사하기도 했다. 자연히 정부의 방역능력에 대한 우려가 확산되고 그에 따라 정부에 대한 불신이 사회적인 불안으로 연계되었다. 정부가 확실하고 일관된 대응책을 제시하지도 못하면서 감염 현황을 발표하는 등 대 국민과의 관계에서 투명성을 유지하자 그것이 오히려 두려움을 키워 불신과 혼란을 유발하는 요인으로 작용했다. 여기에 더해 원래 한국 사회의 면적 국가로서의 국가에 대한 신뢰는 지속적으로 낮은 상태가 유지되어 왔던 터였다(천관율, 2020.06.12.).

이렇듯 질병에 대한 두려움과 국가에 대한 불신이 겹치면서 국민들로서는 전란과 같은 위기의식이 발동했을 것은 자명한 이치이다. 일상적으로 저신뢰 상태인 면적 국가로서의 계약 국가와 가족 국가가 결합 상태에 있다가 코로나-19의 확산으로 인한 외부 충격이 가해지면서 급격히 양자가 느슨한 결합 내지는 탈 결합으로 전환하는 전환 국가 현상이 나타나게 된 이유이다. 이는 능동적 거버넌스가 전면화하게 되었다는 의미이기도 하다. 이에 따라 시민사회가 국가에 의존하거나 피동적으로 흐름을 타고 기다리는 것이 아니라 보다 적극적으로 감염병 대응의 전면에 나서는 현상이 범사회적으로 확산되었다.

의료 서비스 차원에서는 국민이 자발적으로 드라이브 스루, 워크 스루,

의료기관과 생활치료센타의 분리 운영 등에 대한 혁신적인 아이디어를 연이어 내놓고 실제 운영에 나섰다. 감염자 추척을 위해 필요한 카드회사와 은행의 정보 공유, 개인 소유 CCTV와 자동차 블랙박스 기록물 공개, 재난지원금 지급 등 현장 대응에 신속히 정부와 협력하고 공조했다. 비약학적인 면에서는 사회적 거리두기와 마스크 쓰기 및 손 씻기 같은 개인위생 준수에 적극적으로 호응했으며 대구지역에서는 심지어 정부가 권장하기도 전에 시민이 스스로 사회적 거리두기에 나서거나 외출을 삼가는 등 자발적 자가격리가 확산되었다(임혁백, 2020: 7). 중앙정부의 방역 마스크 생산 및 공급 요청에 중소제조기업이 자발적으로 시설 확충 등 적극 호응에 나섰으며, 대구·경북 중심의 1차 유행 당시 의사와 간호사가 모자란다는 호소에 아무런 대가 없이 자원봉사에 나서는 의료진이 쇄도했다. 심지어 자신의 개인병원을 잠시 휴원하고 참여하는 의사도 있었다. 이에 감동한 대구의 게스트하우스 운영자는 의료진에게 무료로 숙소를 내놓기도 했다.

정부가 진단(test), 추적(trace), 치료(treatment), 신뢰(trust) 확보로 압축되는 4T 정책을 모색했다고 하나(박기수, 2020: 37-38) 이는 시민의 적극적인 호응 없이는 효과를 내기 어려운 일이다. 미국을 비롯한 서유럽 국가에서는 모두 ID 카드 추적, 개인 프라이버시의 침해, 영장 없는 이동추적, 개인 데이터 수집 등을 반대하지만 한국에서는 이에 대한 수용성 정도가 높았다. 가족 국가의 관점에서 보면 확장된 가족으로서의 사회가 누리는 안전과 건강을 위해서라면 자신의 자유를 제한하는 일에 주저해야 할 이유가 없었던 것이다. 마스크 쓰기도 시민 스스로가 주도해 나갔다고 해도 과언이 아니다. 위기 발생의 초기 단계에서는 정부에 대한 불신 때문에 자신의 건강은 자기가 지킨다는 뜻에서 정부의 소극적 대응에도 불구하고 적극적으로 마스크 쓰기에 나섰다가 점차 위기 상황의 일상화가 지속되자 염치 또는 체면 때문에 마스크 쓰기를 당연시하게 되었다. 무엇보다도 마스크를 안 쓰는 경우 가족이 감염에 노출될 수 있다는 위기의식이 마스크 쓰기를 부추겼다. 이는 내향적 헌신과 배려를 특징으로 하는 정서적 가족주의의 발로에 다름 아니다. 사회적 거리두기도 같다. 자신의 건강을 보호하려는 것보다는 공동체 전체에 퍼트리지 않음으로써 가족의 건강을 지키려는 동기에서 적극적으로 거리두기에 나섰다(임혁백, 2020: 8).

마스크 쓰기가 중요한 방역 지침으로 정해지면서 마스크 품귀 사태가 발생하자 정부는 공적 마스크 판매제도를 도입했다. 그러나 마스크의 판매 및 재고 현황, 약국의 위치 등에 관한 정보가 공유되지 않아 구매자의 불편이 컸다. 이를 알려주는 마스크 앱을 시민들이 스스로 개발하여 자체 정보 공유 네트워크를 운용했다. 이를 위해 6개의 정부 부처 및 공공기관, 동우회를 비롯한 민간 개발자, 기업, 일선 현장의 약사 등 여러 민간인들과 정부가 공동생산에 나섰다. 정부가 공개하는 원천 데이터를 일반시민들이 수집 가공하여 정보를 제공하는 환경을 구축하고, 앱을 개발하는 등 협력적 거버넌스를 시민 주도로 운영했다.

"이주민과 함께" 같은 이주민인권옹호단체들은 스스로 나서 정부의 방역 지침을 여러나라의 언어로 번역하여 홈페이지나 이주민 콤뮤니티를 통해 공유했다. 이주민들의 피해상황을 파악하는 실태조사에 나서고 차별 없는 재난지원금 지급을 정부에 요구하는 일에 앞장서기도 했다. 전국장애인차별철폐연대는 대구·경북지역에서 환자가 폭증하는 동안 자가 격리된 장애인을 위해 긴급구호품을 스스로 모으고 직접 생활지원에 나섰다. 입원환자에 대해서는 돌봄 서비스를 제공하고, 대응 매뉴얼이나 생활 수칙을 개발하여 공유하기도 했다. 이태원 클럽을 중심으로 성소주자를 매개로 하는 수도권 유행의 우려가 커지자 성소수자 인권옹호활동을 펼쳐왔던 수십개의 단체들이 자발적으로 나서서 성소수자긴급대책본부를 만들고 방역본부와 소통하면서 검진을 독려하고 인권침해 상담을 진행한 사례도 있다(김명희, 2020: 70-71).

이렇듯 정서적 공감을 토대로 하는 자발적인 노력이 범사회적으로 발현될 수 있었던 데에는 한국 사회의 저변 환경도 긍정적 요인으로 작용했다. 한국은 남북의 대치로 인해 군복무가 의무화 되어 있다. 이로 인해 대부분의 남성들이 군복무와 민방위 훈련을 통해 집단을 위한 희생정신, 전우애, 위기 대응 매뉴얼 및 가치관 등을 훈련받아 공유한다. 문자해득율 98%를 과시하는 높은 교육 수준도 국민들이 합리적, 적극적 대응에 나서도록 유도하는 근인 가운데 하나다. 중국발 황사 먼지로 인해 평소에도 마스크 쓰기에 노출되어 있어 코로나-19로 인한 마스크 쓰기가 낯설지 않았고 순응하기에 어렵지 않았다. 감염자에 대한 밀착 추적과 관련 정보의 공유를 위해 SNS와 앱을 활용하게 되지만 이는 이미 긴급재난이나 교통체증 등 일상 속에서 사용하고 있던 사회적인 소통 메커니즘인만큼 일반인에게 전혀 낯설지 않았다. 한국은 일상 속에서의 정보통신기기 활용이 전세계에서 가장 앞선 나라 가운데 하나다. 마스크, 진단 키트, 열화상기, 항바이럿 필름, 페이스 쉴드 등 우수한 품질의 방역제품을 국내에서 직접 생산하기 때문에 이들의 조달이 원활하다는 점도 긍정적 요인 가운데 하나다. 특히 진단키트의 개발이 신속히 이뤄져 초기 방역에 기여한 바 큰 데 이는 정부가 주문하기 전에 민간기업이 선제적으로 개발에 나선 결과였다.

그런데 코로나-19 같은 감염병의 확산은 정서적 가족주의가 지향하는 추상적 사회공동체에 대한 애정과 헌신을 고양하는 한편 구체적 이웃에 대한 경계와 위험 의식도 함께 강화하는 성질을 지녔다. 질병으로부터 벗어나려면 사회공동체 전체의 협력이 필요하지만 그 협력에 참여하는 사람 자체가 감염의 숙주로 작용하기 때문이다. 감염병은 그것 자체로서 정서적 가족주의와 배타적 가족주의를 함께 확장하는 성질을 지닌 셈이다. 혈연집단에 대한 신뢰는 정서적 가족주의를 강화하면서 혈연집단 이외의 낯선 사람이나 이웃에 대해서는 불신을 재촉하는 배타적 가족주의가 활성화된다는 뜻이다. 이는 한국리서치의 정기조사 결과 코로나-19로 인해 한국 국민에 대한 신뢰도가 21% 증가하는 반면 낯선 사람에 대한 신뢰도는 36% 낮아진 데에서 확인되고 있다(천관율, 2020.06.02.).

이런 정서적 가족주의와 배타적 가족주의 사이의 간극 현상은 대표적으로 마스크 쓰기에서 나타났다. 그 동안 한국에서는 마스크 쓰기에 95%의 높은 참여율을 보여 왔다. 이렇게 되는 데에는 내 가족을 질병으로부터 지키자는 정서적 가족주의 내지는 가족 국가 의식이 작용하는 탓도 있지만 그보다는 방역이라는 공동체 전체의 중요한 싸움에 참여하고 있다는 상징적 신호를 타인에게 보내고자 하기 때문으로 해석된다(천관율, 2020.12.22.). 이는 내 가족 이외의 외부 세계에 대한 불신에서 비롯된다. 내가 가족 이외의 세계에 대해 최빈적 대우를 일삼는 것처럼 그들도 내게 최빈적 대우를 거듭할 것이기 때문에 예방적, 방어적 관점에서 비난과 질책을 받게 되는 빌미를 제공하지 않으려고 보다 더 열심히 마스크 쓰기에 동참한다는 뜻이다. 체면이라는 사회적 압력 때문에 마스크 쓰기에 열심히 참여하는 것에 다름 아니다. 반면에 한국리서치의 정기조사에 따르면 마스크 안쓰는 사람에 대해 정부가 처벌해야 한다는 데에 89%가 지지하는 것으로 나타났다(천관율, 2020.12.22.). 이는 모두가 마스크 쓰기에 동참하기를 독려하려는 것이라기 보다는 나와 내 가족은 당연히 마스크 쓰기에 앞장설 것임으로 마스크 쓰기에 협조하지 않는 이가 있다면 이는 내 가족 밖에 있는 이들이고 그런 만큼 그들에게 책임을 묻는 것은 나와 상관없는 일이며 그런 만큼 그들에게 책임을 지우는 일은 너무나도 당연하다는 생각인 것이다. 이렇듯 자신 또는 내 가족 밖에 대해서는 최빈적 대우를 일삼은 각자도생의 태도는 배타적 가족주의의 발현에 다름 아니다.

이렇듯 내 가족 밖에서 방역 실패의 책임 소재를 찾고자 하거나 방역에 따른 비용의 부담을 전가함으써 무임 승차하려는 경향은 사회적 거리 두기에서도 발견된다. 나와 내 가족의 건강을 지키기 위한 사회적 거리두기는 사회의 여러 곳에 부담을 지우며 구현된다. 소상공인에게는 재정적인 압박을 지우고 예배에 참여하고자 하는 종교인에게는 종교의 자유를 침해하며 정치적 발언에 나서고자 하는 집회참가자들의 입장에선 집회결사의 자유와 충돌한다. 그러나 배타적 가족주의에서 연유하는 "나 아니면 돼!" 또는 각자도생의 정신은 이들에 대한 사회책임 의식이나 부담 공유의 배려를 찾아보기 어렵게 한다. 한국리서치의 정기조사 결과에 따르면 소상공인, 자영업자, 비정규 노동자 같은 사회적 거리두기의 희생자들에게 재정지원을 추가하자는 제안에 대해 일본의 경우 72%가 지지하는 데 반해 한국은 45%만이 지지하는 것으로 나타났다(천관율, 2020.12.22.). 신천지 교회나 사랑제일교회 사태도 그들이 질병 확산의 근원지 가운데 하나가 되었다는 점은 부각되어도 그들이 누려야 할 대면 예배의 권리가 침해되는 것에 대해 사회가 배려하거나 공감하려는 자세는 찾아보기 어렵다.

8.15 문재인 대통령 하야 투쟁시위나 민노총 데모에 대해서도 이를 차단하거나 비난하는 것을 방역활동으로 정당화하면서 그들이 누려야 할 집회와 결사의 자유에 대해서는 냉담하기만 하다. 이들 교회나 시위대의 경우도 자신들의 내향적 이해관계나 권리에 대해서는 주창하면서도 자기 공동체 밖의 사회공동체 전체에 대한 책임에 대해서는 무감각하다.

K-방역의 성과를 자랑해 온 정부가 정작 코로나-19로부터 벗어나는 지름길 가운데 하나로 여겨지는 백신 확보에 늑장 대응함으로써 허둥대는 이유 가운데 하나도 백신 확보가 자기 공동체 외부에 대한 최빈적 대우를 일삼는 배타적 가족주의 프레임과는 역행하는 과제인 탓이다. 백신은 사회공동체 전체의 면역력 증진을 통해 질병을 종식시키려는 것인 만큼 각자도생의 정신과는 정면으로 배치된다.

이렇듯 남에게 책임을 전가하려는 경향은 사회적 거리두기로 인해 확대 재생산되는 경향도 있다. 사회적 거리두기는 개인이나 가족으로 생활반경을 제한하는 결과 가족 밖의 타인으로부터 유입되는 정보의 차단을 불러오고 이는 균형있는 정보의 공유를 깨뜨리는 결과를 낳는다. 인터넷 같은 정보통신기기를 통해 외부 정보에 접한다고 하지만 인터넷 필터링 효과가 발생하면서 기존의 성향에 영합하는 정보만 취사선택하여 긍정적 피드백을 거듭하면서 방향실 효과(echo-chamber effect)를 낳는다. 기성의 신념과 믿음을 증폭시킨다는 뜻이다. 이를 집단의 차원에서 보면 집단 극단화 현상을 낳는다(최인수 외, 2020: 254-255). 기성의 질서를 확대 재생산하면서 종당에는 자기 동굴로의 칩거 내지는 편견의 울타리를 쌓게 된다. 이는 다시 극단적인 펜덤의 양산으로 이어지게 된다. 배타적 가족주의의 심화를 말하는 것에 다름 아니다.

무엇보다도 중요한 것은 정부와 시민사회의 관계나 정부의 방역 전략 및 시민사회 내부에 모순과 갈등 등이 있더라도 이를 일단 제쳐두고 외면하고자 하는 마음이 시민사회 내부에 흐르게 된다는 점이다. 사회적 위기 상황에서 배타적 가족주의는 내 가족 밖의 사회 시스템과 그에 내재되어 있는 모순과 하자는 이를 일단 제쳐놓고자 하는 경향성을 지녔다. 시스템 전체는 자신이나 내 가족이 당면한 문제가 아닌 만큼 위기 상황에서 이를 다룰 이유가 없고 그런 만큼 일단 당면한 위기에 집중하기 위해서는 현재의 시스템을 유지해서 더 이상의 혼란이나 위험 부담을 줄이는 지혜가 필요하다고 보는 것이다. 이를 "시스템 정당화의 심리"(천관율, 2020.06.12.)라고 한다면, 이로 인해 정부의 대응을 일단 수용하고 지지하려는 경향성이 커지게 된다. 현존하는 시스템을 개선하기보다는 일단 유지하면서 우선 위기를 극복하자는 욕구가 커진다는 뜻이다(천관율, 2020.06.12.). 2020년 4월 15일 치러진 21대 국회의원 선거에서 여당이 전체 의석의 3분의 2 이상을 확보해 대승한 결과는 정부에 대한 신뢰의 표시(Moon, 2020: 4)라기 보다는 권력의 이동과 분산에 따른 위험 부담을 최소화하려는 소극적 대응의 결과로 해석되어야 하는 이유다. 여당의 대승은 강요된 선택의 결과이지 자발적 평가나 선택의 결과가 아니라는 뜻이다. 질병의 불확실성과 불명확성으로 인한 두려움이 정부에 대한 불신을 압도한 결과다.

3. 실적주의와 계약 국가 프레임

위기가 일상화되자 가족 국가가 계약 국가로 전환하는 현상이 급물살을

탓다. 협력적 거버넌스나 수동적 거버넌스가 전면화하는 이유이다. 나와 이웃 나아가 사회공동체 전체가 공동 운명체라는 가족 국가 의식이 면적 국가로서의 계약 국가가 지니는 한계에 대한 보완 장치로 작동하면서 국가에 대한 신뢰를 회복하고 국가의 침투력를 강화했다. 이는 코로나-19의 대유행 이후 나오는 조사들에서 정부에 대한 신뢰가 전반적으로 높게 나타나는 데에서 확인된다(천관율, 2020.06.12.). 이를 계약 국가의 관점에서 보면 국가가 국민과의 약속이라고 할 수 있는 국민의 안전과 건강을 지키는 일의 전면에 나섰음을 뜻한다.

그 결과 2020년 12월 현재 누적 검사회수 475만 3278회, 누적 격리자수 113만 8461명, 현장근무 자원봉사 의료진으로 의사 2509명, 간호사 3327명, 간호조무사 907명 참가, 공항검역 확진자수 2431명, 임시선별 조사 확진자수 1567명이라는 실적을 낳았다. 이 과정에서 드러난 방역 행정의 효율성도 높았다. 피검자 대비 확진자 비율이 이집트 70%인 데 반해 한국 약 1%대를 유지했고, 확진자 대비 사망자 비율을 나타내는 치명율도 영국, 프랑스, 이탈리아, 벨기에, 네델란드 등 많은 수의 유럽 국가들이 10% 이상을 보여주는 데 반해 한국은 2% 내외에 그쳤다(문명재, 2020: 43).

이런 성과를 낼 수 있었던 데에는 4T 전략이 주효했다. 먼저 진단(test) 활동과 관련해서는 코로나-19의 유전자 염기서열이 확보된 1월 중순 이후, 진단 키트의 신속 개발이 이뤄졌다. 이는 메르스 사태에서 얻은 교훈의 결과 질병관리본부와 식품의약품안전처가 신속 승인절차를 마련해 두었기에 가능했다. 긴급사용승인제도를 통해 통상 약 80일 걸리는 진단 키트 승인 기간을 일주일로 단축했다. 코로나-19의 빠른 확산성을 감안하면 신속 대응이 관건인데, 진단이 그런 억제정책의 첫 번 째 유효 도구일 것은 췌언을 요하지 않는다. 진단 키트의 확보는 바이러스에 대한 통제 도구가 확보되었다는 의미에 다름 아니다.

진단에 대한 사회적인 호응도를 높이는 데에는 광범위한 무료검사의 실시와 함께 다양한 형태의 혁신적인 선별진료소를 근린 생활권에 설치한 것도 주효했다. 진단 검사 현장의 주치의들이 내놓는 다양한 아이디어를 정부가 즉각 수용해 전국에서 운용하도록 했다. 드라이브스루, 워크스루, 오픈 워크스루 등이 대표적인 사례다(위은지, 2020: 11). 미국, 일본, 캐나다, 독일, 네델란드 등이 드라이브 스루를 미국, 인도, 이스라엘 등이 워크스루 제도를 도입해 갔다. K-방역이 지구촌의 코로나-19 대응을 선도하는 상징처럼 여겨지기 시작한 일이다.

진단의 실시가 현장성을 요구한다는 점에서는 지방자치 단체 중심의 권역별 대응 전략을 채택했다. 현장 밀착적이고 분권적인 접근이 가능하도록 시군구별 보건소 1개 이상, 총 254개소를 전국에 걸쳐 최초 확진자 발생 후 8일만에 설치 완료했다. 이는 지자체의 대응 능력과 지역사회의 높은 소명의식을 반영하는 것에 다름 아니다(노흥인, 2020: 33).

이런 진단을 통해 특정 지역을 봉쇄하거나 이동 제한 조치를 취하지 않고서도 신속하게 확진자를 추적해(trace) 격리함으로써 코로나-19의 확산을 통제했다. 정보통신기기와 역학조사를 융합해서 핸드폰 위치 추적, 신용카드 및 교통카드 사용 내역, CCTV 자료, 차량의 블랙박스 정보, QR코드 등을 통해 확진자의 동선 추적에 나섰다. 격리자에 대해서는 앱을 통해 모니터링하고, 필요하다고 판단될 때에는 의사와 연결하거나, 지정된 장소를 이탈할 때에는 스마트폰 경보음이 울리도록 하여 즉각 격리상태로 복귀하도록 경고하는 시스템도 갖추었다. 세계 최고의 감염병 역학조사라고 자찬할 만큼 빠르고 정확하게 추적하고 감시했다. 이는 메르스 사태의 경험을 살려 감염병 예방 및 관리에 관한 법률을 통해 역학조사에 필요한 정보의 제공을 가능케 하고, 통신사와 카드사는 방역 당국의 요구에 따르도록 의무화했기 때문에 가능했다. 다만 통신 위치 데이터의 경우는 위치 정보 및 이용 등에 관한 법률에 따라 경찰관서의 승인을 거쳐 정보를 이용할 수 있게 했다. 이를 위해 클라우드 기반의 온라인 역학조사 지원 시스템이 개발되었다. 확진자의 동선 파악을 위해 사회적 연결망을 통한 불특정 다수 관련 정보의 공개권을 지방정부에 부여했다. 시민의 사생활과 일부 사유재산권 침해를 감수하면서까지 공동체 전체에 대한 감염병 방지 전략을 채택한 것이다(소진광, 2020: 60). 이런 추적조사가 가능케 되는 배경에는 높은 스마트폰 보급률, 데이터 수집 및 활용 능력, 통신사와 카드사 간의 체계적인 업무 협력 시스템과 함께 질병관리본부의 헌신적인 노력, 국토부, 과기정통부, 보건복지부, 감사원 등의 적극적인 협력과 협조가 있었다(김수정, 2020: 73).

치료(treatment)와 관련해서는 초기 대구 신천지 사태 때 의료접근성 저하 및 의료전달체계 미흡으로 혼란을 겪었다. 그러나 헌신적인 의료진과 우수한 의술 덕분에 이를 극복하고 희생을 줄일 수 있었다. 의료진이 제안한 생활치료센터 개념을 받아들여 병상 부족 현상에 대응하기도 했다. 병원이 아닌 외부시설에 격리 치료가 시급하지 않은 무증상 환자나 경증환자 치료 시설을 설치 운영하도록 한 것이다. 이로 인해 입원 대기중인 중환자수를 줄이고 제때 치료할 수 있는 환경이 조성되었다. 정부가 운영중인 생활치료센터는 중앙사고수습본부 직할 4곳, 전국 지방자치단체

12곳 등 모두 16곳이며 수용 정원은 3478명으로 2020년 11월 30일 현재 2168명이 입소해 있다(신대현, 2020.12.02.).

전체 확진자의 치료성과도 높았다. 여기에는 의료진과 관계 공무원의 헌신적 기여에 힘입은 바가 크다. 초과근무의 일상화가 반복되었으나 이를 모두 감내했다. 위기 상황에 대응하는 동란 문화가 발현된 것에 다름 아니다. 2015년의 메르스 사태에서 얻은 경험도 크게 기여했다. 사회 일반에는 잘 알려져 있지 않았지만 메르스 사태 대응에 대한 반성 결과 음압병동 증설과 역학조사관 증원, 진단 키트 개발을 위한 민간 협력 체제의 강화, 필수 의료물자의 비축, 대응 매뉴얼의 개발 등이 이뤄져 있었다(문명재, 2020: 44). 무엇보다도 발달한 의료시설과 의료기술, 전국민 의료보험 체계가 치료성과의 토대가 되었다. OECD 국가중 최고의 혁신적인 의료복지전달체계로 인해 환자의 의료비 부담을 최소화하면서도 접근성이 높고 효율성이 커 만족도도 높았다.

그러나 이 모든 대응 활동의 토대는 정부와 국민 간의 신뢰(trust)를 확보하는 데 있다고 보고 이를 위해 다양한 노력을 기울였다. 2015년 메르스 사태 때 보건당국이 국민과의 위기관리 커뮤니케이션에 실패하면서 문제를 키웠다는 반성에서 확진자 이동경로 및 바이러스에 대한 정확하고 투명한 정보를 제공함으로써 방역당국에 대한 사회적인 신뢰를 얻고자 노력했다(박기수, 2020: 37-38). 정부가 제공하는 정보가 믿을만하다는 인식이 확산되면서 정부에 대한 신뢰가 상승하고 코로나-19 관련 가짜 뉴스나 루머를 차단하는 효과가 발현됐다. 매일 두 차례 실시되는 브리핑이 질병관리본부에 대한 사회적인 신뢰를 높이는 요인으로 작용했으며, 재난문자 서비스는 국가가 재난 상황을 잘 관리하고 있다는 믿음을 주는 효과를 동반했다. 사회 시스템과 국가에 대한 인식을 긍정적으로 바꾸는 성과가 발생한 것이다(최인수 외, 2020: 222).

정부에 대한 일반 국민의 가장 효율적인 신뢰 유발 요인이 가시적인 방역성과의 축적에 있을 것은 췌언을 요하지 않는다. 위기의식의 발로에 따른 가족 국가의 기여와 그에 따른 초기 성과로 방역 실적이 축적되면서 정부에 대한 신뢰가 제고되고 그에 따라 중기 이후 시민사회와 국가 간 수동적 거버넌스 체제가 구축되어 국가에 대한 개인의 자유 유보 승인 범위가 보다 더 확대되는 변화도 낳았다. 이런 대 정부 신뢰 흑자 현상은 코로나-19 대응 이후 정부의 발표에 진정성을 느낀다거나 정부에 대한 믿음이 늘어났다고 보는 사람이 많아졌다는 데에서 확인된다. 나아가 공공의 역할에 대해서도 연쇄적으로 신뢰 반응을 낳았다. 더 나아가 대한민국 국민으로서의 자부심에도 긍정적인 영향을 끼쳤다. 코로나-19를 겪으면서 한국이 다른 나라보다 더 발전했다고 느끼는 경우가 65.1%였다. 과제의 성격상 불안감이 커질 수밖에 없는 상황에서도 정부의 명확하고, 신속한 정보의 공유가 이를 잠재울 수 있었다(최인수 외, 2020: 204).

제5절 코로나-19 대응 집행 거버넌스의 성과

1. 가족 국가와 사회 자본

지난 일년 간 있었던 한국의 코로나-19 감염병 대응을 조감해 보면 가족을 사회 구성의 기본 단위로 삼는 가족 국가에 더해 개인을 사회 구성의 기본 단위로 삼는 계약 국가를 인식의 틀 삼아 상호작용하는 가운데 다양한 양식의 거버넌스를 형성해 왔다. 발병 초기에는 계약 국가가 가족 국가를 선도하는 수동적 거버넌스로 대응하다가 신규 확진자가 늘면서 계약 국가와 가족 국가가 비슷한 비율로 공조하는 협력적 거버넌스로 대응하지만, 상황이 진정되지 않으면서 다급해진 가족 국가가 계약 국가의 전면에 나서는 능동적 거버넌스로 전환한다. 위기 상황이 진정되면서 다시 협력적 거버넌스를 모색하고 상황이 보다 더 안정되자 수동적 거버넌스로 대체한다. 이 상황이 상당 기간 유지되지만 신규 확진자가 반등하는 기미가 보이자 협력적 거버넌스로 대응하고 다시 상황이 안정되면서 수동적 거버넌스로 전환한다. 신규 확진자가 늘자 협력적 거버넌스로 전환하고 상황이 급속히 악화되자 다시 능동적 거버넌스로 대응한다. 위기 상황이 진정되면서 다시 협력적 거버넌스로 나아가서는 수동적 거버넌스로 대응하는 변화를 보였다. 2020년 11월 25일까지의 상황이다.

여기에서 드러나는 특징은 국가의 힘 즉 상황 제어력이 상대적으로 부족하다고 평가되어 온 한국의 계약 국가, 그의 구체적 구현체인 면적 국가가 상당히 효과적인 위기 대응 능력을 과시했다는 점이다. 국제 학술지 '네이처'에 따르면 2020년 9월 1일 현재 45개국의 인구 34억 명 중 5%에 해당하는 사람이 코로나 바이러스에 감염된 것으로 나타났으며 이 가운데 국가 별로는 한국의 코로나 감염률이 0.06%로 가장 낮고, 남미 페루는 62%로 가장 높았다(이영완, 2020.11.03.). 면적 국가가 주도하는 수동적 거버넌스가 지난 일년 가운데 대부분의 기간을 유지했음에도 불구하고 이런 성과를 낳았다는 점에 주목해 보면 면적 국가의 취약점이라고 할 수 있는 사회적인 지지와 신뢰의 부족이 가족 국가를 통해 보완되었기 때문이라고 여겨진다. 이는 보통 때와는 달리 국가가 위기에 처했다는 상황인식이 한국 사회 특유의 가족 국가 의식을 불러오는 전환 국가 현상이 발동했기 때문이다. 이는 상황이 심각해질 때마다 수동적 거버넌스나 협력적 거버넌스가 능동적 거버넌스로 전환하여 가족 국가가 전면에 나서면서 신규 확진자 수가 진정되고 있다는 사실에 의해서도 확인된다. 세계가 주목하는 K-방역의 성공 요인은 이렇듯 한국 사회 특유의 가족 국가 의식에서 비롯된다.

이때 가족 국가가 시민참여의 인식론적 프레임이라는 점에 주목해 보면 가족 국가는 한국 사회 고유의 사회자본에 해당된다. 유사한 것으로 천관율(2020.06.02.)은 한국의 코로나-19 방역 성공 요인으로 "민주적 시민성"을 제시한다. 그런데 민주적 시민성은 사회 구성의 기본 단위를 가족 국가와 달리한다. 서구에서 사회적 안정이나 민주정의 토대로 간주되어 온 민주적 시민성은 개인을 사회 구성의 기본 단위로 삼는다. 냉철하고 이성적인 판단과 합리적 선택을 통해 국가에 반응하고자 한다. 그렇기 때문에 그 운영의 실제에 있어서는 개인 중심의 이기주의에 빠지기 쉽고 권리는 누리면서도 그에 상응하는 의무는 다하지 않는 불균형에 노정되기 일쑤다. 이를 극복하기 위해서는 법률과 계약이라는 차가운 관계 도식으로는 충분하지 않고 공동체적인 헌신을 필요로 하기 마련이다(최석만, 1999: 24). 가족 국가는 바로 그런 헌신과 희생을 통해 정서적이고 감성적인 연대를 강조하고 또 그에 의해 추동된다는 점에서 민주적 시민성과 대비된다.

가족 국가는 또한 퍼트남(Putnam, 1995)이나 후쿠야마(Fukuyama, 1997)가 말하는 "사회자본"과도 다르다. 퍼트남(Putnam, 1995)은 사회 구성원들의 상호이익을 증진시키기 위해 필요한 조정과 협력을 촉진하기 위해서는 네트워크, 규범 그리고 사회적 신뢰가 필요하다고 보았다. 사회 구성의 기본 단위를 개인으로 간주하기 때문에 각각의 개인이 추구하는 자기 이익 우선성을 수렴하고 그것들 사이의 조정과 타협을 지향하고자 한다. 그렇기 때문에 그 과정에서 야기되는 전환비용을 최소화하려면 네트워크, 규범, 사회적 신뢰가 필수적 과제라고 보았다. 그러나 가족 국가 의식은 국가 사회 전체를 하나의 가족으로 보고 그에 대한 헌신과 기여를 말하는 것임으로 사회통합과 결속을 지향한다는 점에서는 같을지라도 그의 작동 메커니즘은 근본적으로 서로 다르다. 특히 후쿠야마(Fukuyama, 1997)는 사회를 '고신뢰 사회'와 '저신뢰 사회'로 구분하고 신뢰가 정치 · 경제 · 사회 · 문화와 어떤 관련성이 있는지를 살펴보고자 했다. 한국을 대표적인 저신뢰 사회 가운데 하나로 보고 그 원인을 한국의 가족주의에서 찾았다. 가족주의 아래에서는 모든 사회생활이 가족을 기본 단위로 구성되고 그 안에서 개인의 정체성, 소속감, 이해관계를 추구하게 되며, 가족의 범위를 넘어서는 개인이나 집단은 신뢰하지 않는다는 것이다. 그 결과 가족 내에서는 높은 수준의 신뢰가 형성되어 있지만, 사회 전체적으로는 신뢰 수준이 낮아 경제 사회 발전의 취약 요인으로 작용한다고 보았다. 따라서 한국과 같은 저신뢰 국가가 경제적 발전과 정치적 민주화를 달성하기 위해서는 사회자본의 축적이 필수적 과제이며, 이를 위해 유교의 가족문화와 상하 질서를 강조하는 사회문화를 극복해야 한다는 견해를 내놨다. 배타적 가족주의의 폐해를 극복해야 한다는 주장에 다름 아니다. 그러나 이런 견해는 정서적 가족주의는 두말할 것도 없고 배타적 가족주의도 사회적 거리두기나 마스크 쓰기 같은 방역의 일상 속에서 긍정적 요인으로도 작용하는 측면이 있을 뿐만 아니라 특히 위기 상황에서는 사회적 결속을 촉진하고 전환비용을 감축하는 등 위기 극복의 동인으로 작용할 수도 있다는 사실을 간과한다. 결국 후쿠야마(Fukuyama)의 저신뢰사회론은 서구적 편견을 토대로 한국의 가족주의를 평가한 것에 다름 아니다.

2. 전환 국가와 맥락적 거버넌스

효율적인 국정관리를 위해 정부의 신뢰받는 지도력이 필요하다는 것은 췌언을 요하지 않는다. 특히 코로나-19 같은 범사회적인 위기 상황에서는 절대적으로 요청되는 일이다. 정부 지도자에 대한 신뢰 여부가 국가와 시민사회 사이의 협력을 결정하는 핵심 요인으로 작용하기 때문이다(Kauzya, 2020: 4). 그러나 이 말은 절반은 맞고 절반은 틀렸다. 국가의 지도력에 대한 사회적인 신뢰와 시민사회의 호응도는 순비례의 관계에 있어서 국가에 대한 사회적인 신뢰도가 높을수록 국가의 지도력에 대한 시민사회의 호응과 협력의 정도도 높아져 협력적 거버넌스의 형성 가능성이 커지는 것은 사실이다. 그 반대의 관계도 같다. 국가에 대한 신뢰 정도가 낮을수록 협력적 거버넌스의 형성 가능성은 낮아진다. 이런 상황은 위기의 심각성 정도가 낮을수록 발현 가능성이 크다. 위기 상황의 심각성 정도가 낮아져 일상적인 상태에 이르는 경우 국가에 대한 신뢰도가 낮으면 시민사회의 국가에 대한 호응도도 상대적으로 낮아진다. 방임적 거버넌스 유형이 잘 설명해주는 경우다. 그러나 위기 상황의 심각성 정도가 높을 경우에는 사정이 달라진다. 위기 상황의 심각성 정도에 비춰 국가에 대한 신뢰도가 낮을 경우 시민사회가 그냥 방관하거나 낮은 호응도만 보이는 것은 아니다. 능동적 거버넌스에서 보는 것처럼 시민사회가 국가를 선도해서 위기 상황의 극복을 위해 적극적으로 나설 수도 있다. 아니 국가에 대한 불신이 클수록 시민사회의 위기 대응에 대한 적극성은 커지게 된다.

이는 코로나-19 방역을 위한 한국의 대응 과정에서 여실히 드러났다. 위기 상황의 심각성 정도가 높고 국가에 대한 신뢰도가 상대적으로 낮은 상황에서는 오히려 시민사회가 주도하는 능동적 거버넌스가 작동하면서 위기 상황을 진정시키고 있다. 코로나-19 사태의 초기에서 중기로 중기에서 후기로 넘어가는 결정적 순간에 능동적 거버넌스가 작동하면서 시민사회가 위기의 심화를 막아내고 있다. 한국이 방역 정책 집행 과정에서 누리는 높은 신뢰도가 코로나-19 대응 성공의 핵심적 요인이라는 설명(Klingebiel & To/rres, 2020: 4)이 적지 않다. 그러나 그런 신뢰는 과연 어디에서 연유하는 지를 물어야 한다. 특히 위기 상황에 돌입하기 이전 상황의 면적 국가로서의 한국 정부는 늘 신뢰 적자에 시달려온 터였다. 위기 상황에 돌입하면서 취약했던 국가의 힘, 즉 정책 집행력을 강화시켜준 정부 밖의 외부 요인이 무엇인지를 찾아 답해야 한다. 그런 점에서 가족 국가 프레임은 매우 호소력 있는 설명 변인에 다름 아니다.

이렇게 되는 데에는 한국 사회 특유의 전환 국가 현상이 발현되고 있다.

한국에서는 심각한 위기 상황이라고 판단되는 경우 거버넌스에 대한 인식론적 프레임이 계약 국가에서 가족 국가 중심으로 반전한다. 이런 현상이 가능한 이유는 전통적 가족주의로 인해 공사 영역의 경계가 불분명할 뿐만 아니라 가족 국가의 경계가 유동적으로 확장하면서 계약 국가를 흡수하는 변화를 낳기 때문이다. 가족 국가 중심으로 계약 국가와 느슨한 결합을 이룬다는 뜻이다. 능동적 거버넌스의 등장을 말하는 것에 다름 아니다.

따라서 거버넌스 형성의 초기 단계에서는 어느 정도의 위기 상황인가 또는 어떤 맥락인가를 판단하는 일이 중요하게 된다. 그러나 거버넌스에 관한 일반이론은 아직 이에 대해 정교한 이론화 작업을 진전시켜 놓고 있지 않다. 기존의 거버넌스에 대한 일반이론을 조감해 보면 거버넌스는 일반적으로 내생적 변증법을 통해 과학과 정치의 융합, 국가와 시민사회의 상호작용 등이 이루어지는 인식론적 프레임으로 이해되거나(Carmel, 2019; Fawcett & Daugbjerg, 2012), 법과 제도의 실체 차원에서 파악하는 법제 차원(Eom, 2012; Kornhauser, 2004), 의사결정 과정의 한 양식으로 이해하는 행태론적 차원(Gorgulhoa et al, 2015; Maharaj, 2009), 나아가 일선 현장에서 관측하는 때에는 서비스 전달의 한 양식(Irene, 2018; Ahmad, 2008)으로 파악하는 것이 대종을 이룬다. 그러나 이런 거버넌스 관계를 구축하기 이전 단계에서 국가와 시민사회가 서로 협력적 관계를 구축해야 하는 것인지의 여부, 구축한다면 어느 정도의 결속력을 지향해야 하는 것인지의 과제 즉, 거번먼트에서 거버넌스로의 이동이 불가피한 것인지의 여부, 국가와 시민사회가 결합해야 한다면 어느 정도의 결합을 필요로 하는지 등을 판단하고 선택하는 전략적 판단의 단계(strategic judgement)를 거쳐야 한다는 점에 대한 논의가 결여되어 있다. 이렇듯 전략을 판단하는 단계를 맥락적 거버넌스라고 한다면 맥락적 거버넌스 단계를 기존의 거버넌스에 대한 논의에 추가해야 한다는 뜻이다.

3. 이중 국가와 문화론적 접근

한국과 같이 가족 국가와 계약 국가가 공존하는 이중 국가는 일반적으로 양자가 혼재하는 혼성형 이중 국가와 양자가 어떤 시점을 계기로 어느 한쪽이 다른 한쪽을 압도하는 전환형 이중 국가로 구분해 볼 수 있다. 전자는 루이스(Lewis, 1965)의 이중 경제론(dual economy)에서 찾아 볼 수 있다. 이중 경제론은 도시 공업 지역과 지방 농촌 지역 사이의 격차와 이중성이 저발전의 핵심이라고 보고자 한다. 후자로는 모겐소(Morgenthau, 1962)의 이중 국가론(dual state)을 들 수 있다. 그에 따르면 미국의 경우 법치주의에 따라 작동하는 정규 국가 계서제(regular state hierachy)가 가시적이라고 한다면 그의 배면에는 이를 감시하는 안보 계서제(security hierachy)가 있어 민주적인 정치과정을 제한해야 할 만큼 보안상의 위기라고 판단되는 때에는 정규 국가 계서제의 전면에 나서 그의 의사결정에 실질적인 거부권을 행사한다고 보았다.

그런데 지금까지 대부분의 이중 국가론은 혼성적 이중 국가를 당연한 것으로 여기고 논의를 전개하는 까닭에 이중 국가는 불합리하고 역기능적이며 발전에 장애적인 요인으로 평가되어 왔다. 전통문화나 규범이 근대적 법치주의와 충돌함으로써 의사결정의 준거율에 혼선을 가져와 저발전을 불러오는 핵심 요인이라는 평가가 대표적이다. 그러나 한국의 이중 국가가 코로나-19의 방역 같은 위기 대응에서 긍정적인 영향력을 효과적으로 발현하는 데에는 가족 국가와 계약 국가의 관계가 혼성적 이중 국가가 아니라 전환형 이중 국가의 관계를 구축한 데 따르는 영향이 크다. 특히 위기 대응 시에는 계약 국가에 가려 있던 가족 국가가 전면에 나서는 전환 국가 현상이 자리 잡음으로써 효과적인 감염병 통제에 유리하게 작용했다.

이 가운데 가족 국가와 계약 국가가 서로 비슷한 비중으로 간여하는 협력적 거버넌스는 혼성형 이중 국가와 유사한 문제를 동반할 가능성이 크다. 협력적 거버넌스에는 가족 국가와 계약 국가가 어느 한쪽에 치우치지 않고 정치적 선호와 전문가적인 판단을 균형있게 반영한다는의미를 함축한다. 그런 점에서 민주정체의 요구에 가장 근접하는 것으로 여겨지지만 운영 실제에 있어서는 구현하기 어려운 주문일뿐만 아니라 그렇기 때문에 당위적이고 규범적인 구속 요인을 내포한다. 양자가 균형점을 지향하는 경우 어느 한쪽도 상대를 압도하기 어려운 만큼 서로의 입장을 조율하는 과정에서 필요로 하는 시간 경과와 이견 조정에 따른 학습 비용의 지출이 신속한 대응을 요구하는 위기 관리시에는 부정적 요인으로 작용할 개연성이 적지 않다. 위기 대응에는 어느 한쪽이 주도권을 쥐는 능동적 거버넌스나 수동적 거버넌스가 오히려 유리하게 작용한다는 뜻이다.

그런데 이렇듯 이중 국가를 형성하는 가족 국가와 계약 국가의 관계를 역사 문화적 관점에서 보면 "비동시성의 동시성(the simultaneity of the non-simultaneous)" 현상에 다름 아닌 일이기도 하다. 블로흐(Bloch, 1977)는 바이마르 시대 독일의 정치문화에는 프러시아 권위주의 시대의 전근대와 바이마르 헌법으로 대표되는 근대적인 자유민주주의가 현재의 시간에 공존한다면서 이런 "비동시성의 동시성" 현상은 다중적 시간뿐만 아니라 다공간 차원에서도 일어난다고 보았다. 한국의 경우 흔히 서구적 근대성과 비서구적 전근대성을 같은 시간대에 등치시킴으로써 사회적 갈등의 근인 내지는 만악의 출발점처럼 간주해 왔다. 그러나 서구적 근대성과 비서구적 전근대성이 등치적 결합을 풀고 느슨한 결합이나 탈결합함으로써 전환 국가의 양식을 취하는 경우 전근대의 인식 프레임이나 가치가 근대의 현실 문제 해결의 효율적인 대안일 수도 있다는 사실을 코로나-19 대응 과정이 증명해 주고 있다. 전근대의 유산인 가족 국가가 근대의 면적 국가로서의 계약 국가가 지닌 한계를 보완하는 핵심적 변인으로 작용해 주었기 때문이다. 마스크 쓰기에 협조하지 않는 등 서구의 개인주의가 공동체주의를 무력화하는 핵심 요인으로 작용하는 데 반해 한국의 경우는 전근대적인 가족주의적 연대와 결속이 공동체주의를 유지하는 데 필요한 비용부담의 책무를 손쉽게 수용하는 기제로 작용했다. 비동시성의 동시성은 시간 변인을 차등적으로 적용하는 전환 국가의 핵심적 구성요인으로 작동하고 있음을 알 수 있다. 이를 가족주의가 전통문화의 유산이라는 관점에서 보면 위기 대응 거버넌스에서의 문화적 변수가 지니는 중요성을 일깨워주는 것에 다름 아니다.

이런 관점에서 보면 후쿠야마(Fukuyama, 2020)가 감염병 대처의 성공 요인으로 지적한 국가의 역량(state capacity), 국민의 신뢰(peopel's trust), 지도력(leadership) 등은 필요조건일지는 몰라도 충분조건은 아니다. 한국의 경우 가족 국가 의식이 성공적인 대응의 결정적 요인으로 작용하고 있기 때문이다. 따라서 문화적 변인의 중요성에 주목하지 않을 수 없다. 이런 관점에서 한국의 방역 성공 요인을 유교의 권위주의와 상명하달식 계서제에서 찾는 이들이 있으나 이는 유교적 가족주의에 대한 피상적 관찰이 빚어낸 오류에 다름 아니다. 같이 유교에 기반을 두는 것이기는 하지만 한국의 가족 국가는 오히려 수평적 포용력과 헌신성에 방점을 두고 이해해야 마땅한 일이다.

이렇듯 한국의 방역 성공이 한국 사회 고유의 문화유산에 기인하는 만큼 이를 다른 나라가 복제하기는 쉬운 일이 아니다. 흔히 진단, 추적, 치료, 신뢰 확보의 4T를 통한 대응 전략이 주효했다고 평가하지만 이들 모두는 한국 사회 특유의 가족 국가 의식이 받쳐주지 않았다면 제 역할을 다하기 어려웠다. 같은 이치로 위기 상황에서는 잦은 전쟁 경험을 통해 축적된 전환 국가 의식이 가족 국가로의 전환을 촉진하는 기제로 작동한다는 점도 다른 나라로서는 결코 쉽게 이식하거나 복제할 수 있는 일이 아니다. 위기 대응 집행 거버넌스를 문화론적 관점에서 접근하는 연구가 코로나-19 사태를 계기로 보다 더 확장되어야 하는 이유이다(He et al, 2020: 254).

4. 정보사회와 능동적 거버넌스

구조적 모순에 따른 위기 상황은 합리적, 이성적 판단과 과학주의 및 법치주의에 의존하는 계약 국가만으로는 효율적으로 대응할 수가 없다. 위기 상황이라는 의미 자체가 정부의 대응력이 내재적 한계에 이르렀다는 말에 다름 아니다. 따라서 국가의 일방주의를 통해 관리될 수 없는 상황을 말한다. 이는 분권주의, 공사 파트너십, 시민참여 같은 다른 차원의 메커니즘에 의해 보완되어야 한다는 주문에 다름 아니다. 이런 상황은 고체사회에서 액체사회로 이동하면서 보다 더 심화되고 있다. 질서와 법칙을 강조하는 고체사회의 구조가 무너지고 보다 유동적, 역동적으로 변화하면서 일원주의, 법치주의, 선제적 대응 등에 의존하는 정부의 역할은 취약해질 수밖에 없다. 급속히 판이 바뀌고 유동하는 네트워크 사회에서는 의미와 정체성의 안정을 보장하는 구조가 무너지고 급속히 변화하는 만큼 의사소통의 흐름에 의존하는 일이 불가피하게 된다. 권위의 원천이 다원화한다는 뜻이다.

이런 변화로 인해 시민사회의 역할에 대한 요구의 비중이 커지지 않을 수 없다. 이점은 특히 시민사회의 역량이 과거와는 크게 다르기 때문이기도 하다. 정보사회의 도래 이후 시민사회를 구성하는 개인들이 과거보다 훨씬 더 효율적으로 사회 현상을 장악하고 판단하며 반응할 수 있게 되었다. 대표적인 것으로는 개인들의 의사소통 흐름과 정보의 공유 및 확산이 보다 더 신속 정확하게 되었다는 점을 들 수 있다. 코로나-19 대응과 관련하여 계약 국가가 시도한 4T 가운데 어느 것도 정보통신장치의 지원을 받지 않는 것이 없다. 면적국가의 취약한 침투력이 바로 이런 정보통신기기에 의해 지원, 확장되었다. 여기에는 당연히 그런 정보통신기기에 반응하는 국민 개개인의 정보 관리능력이 혁명적으로 개선된 데에 기인하는 바크다. 권위의 원천이 다원화하면서 어느 누구도 일방주의를 강요할 수 없는 사회환경이 이뤄진 것이다. 정보사회가 일상화되어 있는 한국 사회이기에 가능한 일이다.

이런 정보사회는 국가와 시민사회 사이에서 권력의 이동을 추동하기도 한다. 거버넌스의 등장은 일반적으로 신자유주의 체제의 등장 이후 정부의 권한을 시민사회로 이양하거나 공유하는 과정에서 발생하는 것으로 이해된다. 그러나 코로나-19의 대응 과정에서 드러난 국가와 시민사회의 관계는 면적 국가의 권한이나 침투력 내지는 관할권을 시민사회로 이전하는 과정에서 발생하는 현상이 아니다. 시민사회 내부에서 자체적으로 생성되는 자율적 자기 지배력의 강화에서 비롯된다. 이미 선취되어 있는 참정권의 부활이 아니라 새로운 참정권의 생성을 말한다는 점에서 기존의 신자유주의의 철학적 배경을 토대로 논의되는 거버넌스 이론과는 차원을 달리한다. 기성의 국가와 무관하게 자체적으로 발생하는 자구적, 자생적 역할의 발휘를 말하는 것이기 때문이다. 계서제를 네트워크로 대체하거나 중앙집권적 국가 권력을 분권적 거버넌스로 전환해서 생기는 일도 아니다. 아니 한국의 경우는 침투력 강한 과관료체제가 선취되어 있다고 볼 수 없는 상황에서 발생하는 시민사회의 보완적 역할에 다름 아니다.

그뿐만이 아니다. 거버넌스는 국가와 시민사회 사이의 이분법적 경계 개념을 전제로 양자 간의 상호작용과 협력 또는 지지적 관계를 도모하고자 한다. 그러나 가족 국가는 이와 달리 국가와 시민사회의 경계가 불분명할 뿐만 아니라 지속적으로 유동하는 것으로 상정한다. 거버넌스가 분권 국가 내지는 국가와 시민사회 또는 시장 사이에서 벌어지는 권한과 책무의 위임을 전제하는 것인데 반해 가족 국가는 스스로 경계를 조정하며 계약 국가를 수렴한다는 점에서 액상 민주주의의 한 양식에 다름 아니다. 대부분의 거버넌스가 신자유주의의 이념적 정당성을 토대로 구축되어 있으나 가족 국가는 포용적 거버넌스에 가깝다. 작은 정부론의 연장선상에 있는 것이 아니라 민주화 작업의 일환이며, 참정권의 부활이 아니라 새로운 생성과 확장을 뜻한다. 경쟁과 응집을 통한 거버넌스의 구성을 말하는 것인만큼 기존의 거버넌스 이론의 관점에서 보면 보다 더 심화된 비판론적 평가와 해석을 필요로 하는 일이다.

5. 위기 대응의 성공과 서구 문화 중심주의의 극복

한국인 스스로 코로나-19에 성공적으로 대응했다고 자평한다. 그림 〈Ⅲ-1〉에서 보는 바와 같이 한국리서치의 지난 일년 동안 있었던 20차례의 설문조사(이소연, 2020.11.25.)에서 코로나-19에 대응하는 정부의 역할을 긍정적으로 평가하는 경우가 연평균 71.6%에 달했다. 발병율이나 치명율 같은 객관적 지표도 이를 실증해 준다. 그러나 이런 긍정적 자기 확신에 결정적 기여를 한 것은 외부 세계의 적극적, 지지적 평가였다.

미국의 일간지 월스트리트저널(2020.09.25.)은 한국을 코로나-19에 가장 잘 대응한 나라로 지목했다. 대유행 초기 전 세계의 다른 선진국보다 바이러스 전염을 잘 억제했다면서 미국, 영국보다 2배 더 효과적으로 감염자의 타인 전파를 차단했다고 밝혔다. 또한 전 세계가 코로나-19 사태로 경기 불황을 겪는 가운데 한국의 2020년도 성장률 전망이 -0.8%로 경제협력개발기구(OECD) 회원국 중 경제 지표가 제일 좋다는 점도 소개했다(강건택, 2020.09.26.). 미국의 경제전문지 포브스(2020.09.30.)는 홍콩 기반의 씽크탱크 DKG(Deep Knowledge Group)의 연구보고서를 인용해 '한국이 코로나-19 100대 안전국가중 3위'라고 보도했다. 이 보고서는 전 세계 250개국을 대상으로 코로나-19와 관련된 경제, 정치, 보건 · 의료의 안전성을 평가했다. 1위는 독일, 2위는 뉴질랜드다(남상훈, 2020.09.18.). 블룸버그 통신(2020.10.23.)도 '코로나 회복력 지수'를 공개하고 GDP 규모 2000억 달러가 넘는 53개국 가운데 한국이 4위라고 밝혔다. 이 지수는 최근 한 달 10만 명당 감염자, 치명률, 백신 접근성, 이동의 자유 정도, GDP(국내총생산) 전망 등 코로나-19 상황과 삶의 질 관련한 10가지 지표를 종합해 점수화 한 것이다(김주동, 2020.11.25.).

이런 지구촌의 긍정적 평가는 K-방역을 국가 브랜드화하는 계기를 마련해 주었을 뿐만 아니라 대외 이미지 제고에 크게 기여하는 결과를 낳았다. 한국의 국제적 가시성을 혁신적으로 신장하면서 연성권력의 강화에 기여했다. 이를 기화로 K-방역 자체가 외교 협력의 구체적이고 실용적인 수단으로 활용되는 변화도 불러왔다(Klingebiel & To/rres, 2020: 8).

이렇듯 정부가 코로나-19 사태에 잘 대응한다는 지구촌의 평가는 한국인의 국가에 대한 자긍심을 혁신적으로 높이는 계기가 되었다(최인수 외, 2020: 224). 2020년 6월 2일에 보고된 여론 조사에 의하면 코로나-19의 유행 이후 국민이 분열을 잘하는 편이라고 생각하는 경우는 11%인 반면 '단결이 잘되는 편'이라고 생각을 바꾼 비율은 64%나 되었다(천관율, 2020.06.02.). 더욱 주목할만한 것은 '내가 낸 세금이 제대로 쓰인다고 믿게 되었다'는 응답이 43%로 '낭비된다고 믿게 되었다'는 응답 24%를 거의 두배 가깝게 상회한다(천관율, 2020.06.02.). 코로나-19 국면에서 계약 국가가 제대로 작동하고 있다는 믿음이 크게 상승했음을 뜻한다. 심지어 세금조차 그렇다. 세금 관련 질문에서 신뢰도가 올라 갔다고 답하는 경우는 좀처럼 찾아보기 힘든데, 그 드문 일이 일어났다. 계약 국가의 위기 대응이 효과적이었다는 평가다.

보다 중요한 것은 이런 변화를 통해 해묵은 선진국 콤플렉스에서 벗어나는 계기가 되었다는 점이다. 코로나-19 대응에 대한 선진국과 한국의 역량을 비교해 달라는 질문에 국가의 총체적 역량에서 한국이 선진국보다 더 우수하다는 응답이 39%였다. 비슷하다는 응답도 31%였다. 둘을 합치면 70%가 한국이 선진국 반열에 올랐다고 자평한다(천관율,

2020.06.02.). 일반 시민의 역량에 대한 평가는 보다 더 후하다. 84%가 한국 시민의 역량이 선진국보다 앞서거나 비슷한 수준이라고 평가했다(천관율, 2020.06.02.). 이런 변화는 한국이 오랫 동안 시달려온 궁핍 국가, 결손 국가, 취약 국가 내지는 냉동 국가의 콤플랙스에서 벗어나 자신을 새롭고 자긍심에 가득 찬 눈으로 바라보게 되었음을 뜻한다. 이런 시각상의 교정은 한국의 근대사 이래 처음으로 스스로를 지구촌 공동체의 선도국으로 자리매김하는 일에 스스럼 없이 나서도록 했다. 무엇보다도 서구 문명 우월주의에서 벗어나 자신을 중립적으로 바라볼 수 있게 되었다는 점에서 주목된다.

제6절 결론

평소 면적 국가로서 사회적 침투력이 취약한 것으로 평가되는 한국 정부가 코로나-19 대응에서 괄목할만한 성과를 낳은 데에는 위기 상황이라는 환경적 요인, 한국 사회 고유의 문화적 특성인 가족주의 요인, 정보화 사회라는 시대적 요인이 함께 작용한 탓으로 여겨진다. 이 가운데에서도 가족주의는 코로나-19 대응 집행 거버넌스를 형성하는 데 있어 시민사회의 적극적 대응을 추동해 온 핵심적 요인에 다름 아니다.

서구사회의 계약 국가에서는 위기 상황에 직면할 경우 국민의 안전과 보호를 책임지기로 하고 개인이 지닌 참정의 권한을 위임해둔 계약 국가에게 위기 대응에 나설 것을 주문하는 것은 너무나도 당연한 일이다. 따라서 그런 국가나 중앙정부가 국민들로부터 얼마나 높은 신뢰를 누리느냐가 위기 대응 성공의 핵심적 지표이자 추동 요인 가운데 하나다. 그러나 한국과 같이 국가를 가족의 연장선상에서 이해하는 가족 국가 프레임 아래에서는 위기에 처할수록 국가는 넓은 의미의 가족과도 같은 존재임으로 타자의 문제가 아니라 내 가족 내 자신의 문제라는 의식이 앞서면서 국가에게만 맡겨 놓고 기다릴 수 없다는 생각을 갖게 한다. 시민사회가 보다 적극적, 선제적으로 위기 대응에 나서게 되는 이유다. 따라서 국가에 대한 신뢰 적자 상태가 오히려 시민사회의 적극적 대응을 촉발하는 핵심적 요인 가운데 하나로 작용한다.

이런 인식의 틀 아래에서 보면 코로나-19 같은 위기 상황을 극복하는 데 필요한 것으로 평가되어 온 민첩 거버넌스나 증거기반 거버넌스 또는 회복적 거버넌스나 조응적 거버넌스는 모두 전환비용을 전제하고 그 과정에서 발생하는 비용 발생을 줄여보자는 것에 다름 아니다. 그러나 보다 근본적으로는 전환과정을 최소화하거나 우회하여 시민사회가 자체적으로 대응하고 회복하고자 하는 경우가 보다 더 신속하고 효율적일 것은 췌언을 요하지 않는다. 특히 코로나-19 같이 치료제나 예방제 같은 의과학적 대응이 불가능한 상황에서는 시민 스스로가 감염의 출발점이자 확산의 숙주이며 나아가 방역 활동의 궁극적 주체일 수 밖에 없다. 그렇기 때문에 시민사회가 보다 더 큰 비중으로 다뤄지는 건 당연한 일이다. 이렇게 놓고 보면 한국의 가족 국가가 코로나-19 위기 대응 집행 거버넌스의 운용과정에서 핵심적, 선제적, 적극적으로 작용했다는 사실은 한국의 성공적인 대응에 시민사회가 주요 요인으로 작용했음을 확인해 주는 것에 다름 아니다.

그런데 이렇듯 가족 국가가 위기 대응의 선도적 역할을 수행하게 되는 데에는 위기 상황이라는 환경적 요인이 중요변수로 작용했다. 국민의 안전과 보호를 책임지는 행정국가로서의 계약 국가와 정서적 연대와 헌신을 토대로 작동하는 가족 국가가 계약 국가 친화적으로 병치되어 있다가 가족 국가가 보다 적극적으로 작동하여 전면에 나서게 되는 데에는 심각한 위기라는 상황 판단이 결정적 요인으로 작용한다. 이를 다른 측면에서 보면 위기상황이 완화되거나 또는 너무 오랫동안 위기상황이 지속되면서 긴장감이 이완되는 경우 가족주의로 인한 국가와 시민사회 사이의 연대 의식이 퇴조하게 될 것이라는 의미에 다름 아니다. 이 경우 국가에 대한 시민사회의 협력이나 지원이 약화될 것도 물론이다. 그런 점에서 거버넌스에 대한 일반적인 논의는 이제 위기 상황인지의 여부 같이 거버넌스가 이뤄지는 맥락적 환경에 대한 평가와 판단의 문제를 다루는 거버넌스 차원을 새롭게 추가해서 다루어야 할 것으로 생각된다.

또한 지금까지 집행 거버넌스에 대한 논의는 일국주의의 경계 범위 내에서 이뤄지는 것이 보통이었다. 일국주의의 경계 내에서 이뤄지는 국민 주권을 토대로 작동하는 행정국가를 전제해 온 탓이다. 이로 인해 집행 거버넌스의 운영 과정에 국외 변수가 영향요인으로 작용한다는 사실을 제대로 반영하지 못했다. 그러나 한국의 코로나-19 대응 과정에서는 한국 정부의 코로나-19에 대한 대응이 매우 성공적이고 선도적이라는 지구 공동체에서의 판단과 평가가 국민으로 하여금 한국 정부에 대한 신뢰를 제고하는 주요 요인 가운데 하나로 작용했다. 코로나-19가 지구 공동체 구성원 모두가 당면하고 있는 주요 현안이라는 사실과 정보화 사회의 도래에 따른 정보 소통상의 장애 요인 제거가 핵심적 환경 요인으로 작용한 탓이겠으나 환류 거버넌스에 대한 논의를 보다 더 체계적으로 전개해야 할 필요성이 제기되고 있음을 환기해 주는 것에 다름 아니다. 아니 국가와 시민 사회 간의 협력적 공조 체제로서의 거버넌스에 대한 논의는 아직 환류 단계로까지 논의의 지경을 확장하지 못한 상태에 있다고 해도 과언이 아니다. 이를 개선하는 과제가 후속 연구자들에게 남겨진 숙제 가운데 하나다.

한국과 같이 전통사회의 유제로서 남겨진 가족 국가와 현대적 의미의 계약 국가가 병치되어 있는 이중 국가는 흔히 비효율, 비경제의 유발 요인으로 평가되어 왔다. 규모의 경제와 합리적, 이성적 접근을 중시하는 근대의 과학주의 관점에서 보면 감정적, 정서적 요인과 합리적, 과학적 요인이 중첩되어 있는 이중 국가는 그것 자체로서 비효율과 비경제의 근인으로 평가되어 억울할 것이 없어 보인다. 그런 점에서 이중 국가가 "비동시성의 동시성"에 따른 사회적 역기능의 근원지라는 평가에도 이의를 제기하기 어려웠다. 그러나 위기 상황 아래에서는 이중 국가 현상이 오히려 위기 극복의 효율적 대안으로 작용한다는 사실을 확인하면서 그 동안 제기되어 온 이중 국가에 대한 평가가 서구적 편향성을 동반한 것은 아니었는지를 검토해 볼 필요성이 있음을 시사한다.

이점은 특히 사회계약론과 개인주의에 바탕을 둔 서구의 근대 행정국가가 모조리 코로나-19의 대응 거버넌스 운영에 효율적이지 못했다는 저간의 사정을 감안해 볼 때 그 동안 한국 사회가 서구 문명 우월주의에 빠져 있었던 것은 아닌지를 스스로 번성하는 전기를 마련해 주는 것이기도 하다. 후기 근대론의 등장 이후 한국적 표준의 모색에 대한 논의가 한국의 지성계에서 논의된 바 없는 것은 아니지만 이때의 한국적 표준에 대한 요구의 대부분은 서구 사회 내부에서 근대적 프레임이 물러나면서 생겨난 문명사적 수요에 대한 한국적 대응을 주문하는 것 이상도 이하도 아니었다. 코로나-19에 대한 성공적인 대응 과정에서 생겨난 한국 사회의 자긍심 회복이 불러온 부수적인 그러나 매우 중요한 변화 가운데 하나는 이제 이런 자긍심을 토대로 한국 사회가 스스로 판단하고 주문하는 척도에 따라 한국적 표준을 설정하자는 자의식이 싹트게 되었다는 점이다. 이제는 지식생산국 단계로 도약해 보자는 자성에 다름 아니다. 지식 수입국으로 오래 살았다는 것은 사유가 독립적이지 않고 종속적이라는 의미이다. 이는 지금도 서구의 이념적 프레임에 기초한 진영 논리에 빠져 허덕이는 이유 가운데 하나이기도 하다(최진석, 2020.09.01.). 문명사 이래의 지구촌 위기 상황 가운데 하나로 지목되는 코로나-19 사태는 역설적으로 한국 사회로 하여금 이런 피동적 질곡에서 벗어날 계기를 마련해 주고 있는 셈이다.

이렇듯 회복된 자긍심의 관점에서 보면 지금까지 논의되어온 대부분의 거버넌스 이론이 사회 문제의 해결을 국가에 의존해야 한다는 사실을 너무나도 당연시 해 온 것은 아닌가를 반추해 보게 된다. 이점은 특히 정보사회의 도래 이후 고체 국가의 유제인 현대 행정국가가 더 이상 사회 문제 해결의 효율적 대안이 아니라는 반성과 함께 새로운 대안 모색에 대한 수요가 긴박했음을 다시 한번 환기시켜주는 것에 다름 아닌 일이기도 하다. 정보사회의 도래는 국가와 시민사회의 관계에서 국가의 시민사회에 대한 침투력을 강화시켜주는 변화를 동반하기도 하지만 시민사회의 자율적 활동을 강화시켜주는 요인으로도 작용한다. 정보사회가 기존의 사회질서를 증폭시켜 기득권을 강화하는 성질을 지녔다는 관점에서 보면 강력한 행정국가가 작동해 온 서구사회에서는 국가와 시민사회의 관계에서 국가 친화적으로 그 효과가 발현될 가능성이 높다. 반면에 한국과 같이 국가의 침투력이 상대적으로 취약한 면적국가에서는 시민사회의 자율적 활동 공간을 확장시켜주는 기제로 작용하는 비중이 훨씬 더 커지게 된다. 이는 코로나-19 대응 과정에서 여실히 드러났다. 정부가 다양한 양식의 정보통신 프로그램을 고안해서 대응했으나 정작 이를 통해 취득한 정보를 토대로 자기 방역에 나서서 자율적 활동을 강화한 것은 시민 개개인의 적극적 대응이었다. 침투력 강한 근대적 의미의 행정국가에 이르지 못한 한국의 면적국가가 누리는 후발국가의 역설이었던 셈이다.

제IV장
NGO와 협력적 거버넌스

제1절 서론

　중국 우한에서 발병한지 약 3개월 후인 2020년 3월 세계보건기구 (WHO)는 코로나-19를 세계적 유행병(pandemic)으로 지정했다. 문명사 차원의 감염병으로 규정한 것이다. 이보다 앞선 2020년 1월에는 지역적, 국지적 유행병(epidemic)으로 분류했지만 범지구적으로 확산되고 치명률도 높다는 사실이 확인되면서 재규정한 결과다(이양호, 2020: 29). 그러나 코로나-19가 문명사 차원의 감염병으로 분류되어 마땅한 보다 더 근본적인 이유는 다른 데에서 찾아 볼 수 있다. 지역과 계층을 가리지 않고 발병하고 있으며, 어느 곳에서나 경제는 불황으로 사회는 분열과 격차로 치닫게 하면서 기존의 사회질서를 파괴하고 있기 때문이다. 동료와의 교류 단절에 따른 심리적 피로와 소외감도 이 시대를 사는 모든 이들이 겪어야 하는 공통적인 좌절 가운데 하나다. 이렇듯 코로나 바이러스는 인종과 계층, 성별과 지역, 연령과 직업 등 그 대상을 가리지 않고 치명적인 파괴력을 발휘한다. 이로 인해 사회 전영역에 걸쳐 지구촌 어느 곳에서나 위기의 일상화가 불가역적 현상으로 자리 잡게 되었다. 이제 누구에게나 기존의 생활양식과 일상적인 관행을 바꿔야 하는 일이 불가피한 과제로 제기되었다. 코로나-19가 "위대한 균형자 내지는 평등의 구현자(a great equalizer)"(Adams-Prassl et al, 2020)로 불리는 이유다.

그러나 조금만 더 들어가 보면 현장의 실상은 이와 크게 다르다. 코로나-19가 사회경제적 약자에게는 불평등하게 작용하기 때문이다. 우선 사실조사에 따르면 보건위생면에서 조차 성별과 나이에 따라 감염율과 치명율이 다르다. 남성, 노인, 기저질환자에게 보다 더 파괴적이다(이정아, 2020.02.05.). 그뿐만이 아니다. 자영업자, 소상공인, 소수인종, 노약자, 외국인 같은 사회경제적 약자에게 보다 더 치명적 영향을 미친다. 우선 이들은 보건의료체계에 대한 접근권이 상대적으로 제한되기 일쑤다. 일상과 직장의 생활 환경에 있어서도 사회적 거리두기를 지키기 어렵다. 감염에 노출될 위험성이 상대적으로 크다는 뜻이다. 가벼운 사회적 거리두기만으로도 이들은 경제적 손실을 입기 일쑤지만 재난자본주의자들(disaster capitalists)에게는 오히려 재산증식의 기회로 작용한다. 학교와 사회의 지역폐쇄 등으로 인해 청소년이 집에 머물면서 이를 돌보아야 하는 여성의 실업율이 증가하는 현상에서도 사회경제적 약자의 상대적 취약성이 확인된다(홍성훈, 2021: 78). 정부의 대응조치에 있어서도 상황은 크게 다르지 않다. 사회경제적 약자는 사회적 거리두기의 집행력 강화처럼 보다 엄격한 통제에 노출되는 것이 보통이다. 이는 사회경제적 약자의 감염 가능성이 상대적으로 높다는 정부의 염려가 반영된 것이기도 하지만 사회경제적 약자는 그 자체가 정부에 대한 호소력이나 압력의 동원력이 상대적으로 취약한 데에서 비롯되는 결과다. 부언하면 코로나-19와 관련하여 사회경제적 약자는 다른 집단과의 경쟁을 통해 유불리가 결정되는 시장의 원리는 물론이고 대 국민과의 관계에서 민주정부가 지향하는 보편적 평등의 원리에 있어서도 차별적 대우를 벗어나지 못한다. 따라서 사회경제적 약자와의 관계에서 보면 코로나-19는 사회적 불평등의 재생산자인 셈이다.

이는 코로나-19가 생물학적 과제이기 이전에 사회경제적 과제이기도 하다는 사실을 극명하게 확인해 주는 것에 다름 아니다. 경제생활의 양식, 문화적 특성, 사회공동체 내부에서의 영향력 정도, 의사소통의 통로 등 다양한 사회경제적 특성이 바이러스의 확산에 결정적 영향을 미친다(Alizadeh et al, 2020: 2). 보다 심각한 것은 그렇기 때문에 기존의 사회경제적 질서가 바뀌지 않는 한 앞으로도 이런 재난 상황은 지속될 것이라는 점이다(이태호, 2020). 코로나-19로 인한 재난은 환경파괴와 이를 불러온 이윤 중심의 사회경제체제에 기인하는 만큼 근대 이후 인류가 추구해온 기술문명사회의 정당성과 당위성에 대한 반성이 이뤄지지 않는 한 이런 종류의 감염병 확산과 그에 따른 재난은 이를 피하기 어렵다는 뜻이다.

그렇지 않아도 기존의 사회경제체제는 적지 않은 도전에 직면해 왔다. 대표적으로는 9/11 이후의 미국 사회에서 보는 바와 같이 기득권을 강화하고 국가중심주의를 강조하는 추세에 있었다. 국가와 시민사회의 관계에서 국가의 시민사회에 대한 개입과 언권이 강화되고, 민주주의의 결손이 범지구적인 경향성으로 자리 잡았다. 이에 따라 시민권 강화를 주창하거나 민주화 운동에 나서는 단체가 쇠락하고, 정부의 비정부 기구(NGO)에 대한 개입이 확대되었다. NGO에 대한 재정지원을 줄이거나 불신을 조장하고, 정부에 대한 등록을 거부하거나 발언의 자유를 제한하는 일도 빈발했다. 정부가 유사 NGO(GONGO)의 조직 구성을 지원하면서 정부의 의견을 대변하거나 지지하는 친정부 외곽단체가 범람하고, 언론 자유를 제약함으로써 비판적 NGO의 활동을 제한하거나, NGO 활동가를 포섭하고 위협하는 일도 빈발했다(Bertacchini & Goberna, 2020.04.23.).

　그러나 동구권의 몰락, 환경오염의 위험성 증대, 대규모 자연재해 같은 위기에 당면해서 결코 정부 혼자서는 국민의 요구에 정교하고 민첩하게 대응할 수 없고 그런 만큼 긴박한 사회문제 해결에 성공할 수 없다는 사실을 경험을 통해 깨닫게 되었다(Alizadeh et al, 2020: 1-2). 특히 코로나-19의 확산 같은 민첩하고 현장밀착적인 대응을 필요로 하는 재난을 극복하기 위해서는 단순히 정부의 관료적 계층제에 의존할 것이 아니라 시민사회와의 협력과 조정을 통해 네트워크 체제를 확립하고 운영하는 일이 필수적 과제라는 인식이 확산되기에 이르렀다. 의사결정과 현장 대응에서의 참여 주체를 다원화하여 협력과 연대의 힘을 발휘하는 것이 문제 해결의 관건이라고 보게 된 것이다. 국가중심주의에서 내포적(inclusive) 또는 협력적 거버넌스 체제로의 이동을 요구하게 된 이유다.

　그런데 이 협력적 거버넌스의 핵심 운영 주체는 사실상 NGO라고 해도 과언이 아니다. NGO는 서비스 제공과 주의주창을 통해 사회적 필요에 대응하고 공동체가 당면한 쟁점에 대해 자기 목소리를 냄으로써 사회경제적 환경의 개선이나 평등, 공정, 사회복지 같은 인본주의적 가치의 증진을 위해 노력하는 시민사회의 자발적 결사체이다. 따라서 코로나-19 같은 문명사적 재난에 대응해서 정부가 미처 다루지 못한 과제를 대신하거나 사회경제적 약자에 대한 차별을 시정하고 보다 구체적인 보상 대안을 제시하는 등 사회적 대응성 제고에 나서고자 할 것은 췌언을 요하지 않는다. 문제는 코로나-19 사태로 인한 사회경제적 구조의 변화에 조응하여 어떻게 대응하는 것이 보다 더 효과적인 재난 극복의 결과를 낳을 것인가를 밝혀야 한다는 데에 있다. 그래야 실천적인 전략과 대안의 모색이 가능할 것이기 때문이다.

제2절 재난 대응의 접근 전략과 NGO

코로나-19의 확산 같은 대규모 재난은 그의 발생과 거기에서 비롯되는 파급 효과면에서 볼 때 예측의 곤란성, 사회적 맥락성, 구조적 연동성, 피해의 다면성을 특징으로 삼는다[1]. 먼저 사전 예측이 곤란한 만큼 상황조응적 대응의 수요가 매우 높다. 따라서 시시각각 변하는 현장의 정보를 즉시 수집하고 공유하는 일이 매우 중요한 과제로 제기된다. 이를 위해서는 현장밀착형 접근이 필요하게 된다. 또한 재난이 발생한 상황의 맥락적 환경 내지는 사회경제적 조건과 상호작용하는 가운데 미치는 영향이 다양한 양식과 강도로 구체화 되는 만큼 일원적, 선제적 대응이 곤란하다는 특성도 지녔다. 재난의 발생 환경과 조건에 따라 이를 반영하는 상황조응적 대책의 개발이 불가피하다는 뜻이다. 따라서 이를 감안하여 대응하기 위해서는 여기에서도 현장밀착형 접근전략이 불가피한 과제로 제기된다. 또한 재난은 크던 작던 사회체계에 충격을 주기 마련인데 사회체계는 서로 연동되어 있어 한 곳에 충격이 가해지면 그 여파가 다른 곳에도 영향을 미쳐 연쇄반응을 일으키게 된다. 따라서 신속하고 즉각적인 대응을 통해 초기에 제압할수록 유리하다. 그런데 재난 현장으로부터 멀리 떨어질수록 신속하고 즉응적인 대응이 곤란할 것은 당연한 이치다. 따라서 거듭 현장밀착형 접근이 필요하다고 말하게 된다. 또한 재난의 사회적 맥락성과 구조적 연동성으로 인해 재난 자체가 다면적 성질을 지니지 않을 수 없다. 그런 만큼 그에 대한 대응도 복합적 양식을 취하게 된다. 다양한 분야의 여러 차원에서 상호 소통을 통해 협력적 공조체제를 구축해야 마땅한 이유

---

1 박재창(2020: 197-200)을 참조했다.

다. 재난의 이런 다면적이고 복잡한 특성을 감안해 보면 이를 효율적으로 극복하기 위해서는 다원적 접근전략이 불가피해진다.

그런데 그동안 재난을 극복하기 위한 대안으로는 실로 다양한 차원에서 여러 접근전략이 제시되어 왔다. 어떤 목표를 향해 어떤 수단을 동원하고자 하느냐에 따라 대체로 6개의 접근전략을 구분해볼 수 있다. 먼저 재난 극복이 지향하고자 하는 목적가치가 무엇이냐에 따라서는 인간 기반 접근전략, 인권 기반 접근전략, 윤리 기반 접근전략을 들고, 수단적 방편을 무엇으로 삼고자 하느냐에 따라서는 과학기술 기반 접근전략, 권력 기반 접근전략, 사회적 연대 기반 접근전략을 들 수 있다. 먼저 인간 기반 접근전략(Human Based Approach)(이태호, 2020)은 인간이 지닌 회복력, 임기응변력, 관대함, 동정심, 용기 같은 성정이나 품성을 강화해서 재난에 대응하고자 한다. 재난으로부터 비롯되는 새로운 사회환경에 대한 인간의 적응력이나 대응력을 신장함으로써 위기로부터의 회복력을 담보하자는 것이다. 예컨대 코로나-19 처럼 사회적 격리에 따른 심리적 위축이 일어나는 경우 이런 인성의 개발을 통해 보다 용이하게 대처할 수 있다고 본다. 인간의 정신적, 육체적, 정서적, 사회적 건전성을 유지하고 회복하여 감사하는 마음, 불명확성을 견디고 수용하는 능력을 제고함으로써 위기를 극복하자는 것이다. 그러나 이를 실천에 옮기기 위해서는 이런 인간의 능력을 어떻게 담보하고 보장할 것이냐에 대한 해답을 찾아야 한다. 긴박한 위기상황에 당면하여 이를 육성할 수 있는 시간 공간을 어떻게 확보할 것이냐의 문제도 있다. 일종의 당위론 내지는 규범론의 요소를 동반하는 것으로 해석되어야 하는 이유다.

인권 기반 접근전략(Human Rights Based Approach)(Packer & Balan,

2020.07.27.)은 재난이 사회재구성 및 재편의 수요를 유발하기 마련인 데, 이때 고려해야 하는 최우선적인 가치가 인권이라고 본다. 재난 대응과정에서 선택의 자유를 보장하고, 자기 성장 및 성취의 통로를 제공하는 것은 물론, 누구도 빠뜨리지 않는 정책(leave no one behind)을 고안함으로써 인간의 자긍심과 평등성을 보장할 때 보다 효율적인 재난 극복이 가능하다는 것이다. 그리고 이를 구현하기 위해서는 정책의 수용자와 결정자 간에 협력적 공조체제를 구축하는 것이 관건이라고 본다. 인권이 주로 정책 수용자의 권리 보호를 염두에 두는 것이라고 한다면 정책 수용자의 정책 결정과정에 대한 참여는 당연한 일이기 때문이다. 그러나 이때 인간의 권리를 충족시키는 것과 정책 수혜자의 요구를 수용하는 것 사이에는 상당한 차이가 있음을 환기하고자 한다. 자선이나 이해당사자들 간의 갈등 관리 문제가 아니라 개인적, 집단적 차원의 권리 구현과정으로 이해하고 접근해야 호소력과 파급력이 크다고 보기 때문이다. 이를 다른 한편에서 보면 박애주의, 인본주의, 사해동포주의 같은 인간의 도덕적 자각 능력이나 자긍심 내지는 보편적 권리의식과 책무의식 이상 호소력 있는 대응 방안이 따로 없다는 의미이기도 하다. 그런 인간 능력의 확장이 전제되어 있어야 한다는 점에서는 인간 중심의 접근전략을 시사하는 것에 다름 아닌 일이기도 하다. 따라서 당위적, 규범적 접근전략이기도 하고 동시에 사실적, 실천적 문제 해결의 대안이기도 한 이중적 성질을 지녔다. 문제는 이런 협력적 공조를 통한 참여형 의사결정 구조를 채택하는 경우 의사소통과 이견의 조정을 위해 추가로 시간이 걸리고 비용이 발생한다는 점이다. 기존의 사회체계를 그냥 두고 인권 중심의 정책 입안에 주목한다는 점에서는 기존의 구조적 왜곡을 외면한다는 비난을 면키도 어렵다. 인권이 인본주

의적 가치를 대변하고 인본주의가 서구 문명을 대표한다는 점에서는 서구 문명 우월주의를 주문한다는 비판도 가능하다. 또 그렇기 때문에 지구 북반부의 남반부에 대한 도덕적 우월성을 시사하는 것이라는 평가도 있을 수 있다.

윤리 기반 접근전략(Ethics Based Approach)(Nungsari et al, 2022.03.23.: 4-5)은 재난 대응이 궁극적으로 윤리적 가치의 구현에 목표를 두어야 한다는 입장이다. 이를 위해서는 4가지 전제 조건이 충족되어야 한다고 본다. 먼저 자율성의 확보다. 도덕적 선택이나 합리적 선택이 가능하도록 자유로운 의사결정의 권능이 보장되어야 한다는 것이다. 둘째 이타성을 추구하는 정서적 훈련과 태도가 갖추어져 있어야 한다. 셋째 비유해성이다. 선의의 피해를 끼치는 일이 있어서는 곤란하다는 뜻이다. 예컨대 감염의 확산을 우려하여 사회경제적 약자에 대한 보건 위생 지원이나 음식물 내지는 쉼터의 제공을 단절하는 것과 같은 일이 문제 해결의 대안으로 제시되어서는 안된다는 것이다. 넷째 정의로워야 한다. 지원 대상에 대한 평등성, 공정성을 유지해야 하며 차별과 소외 같은 부당한 처우가 배제되어야 한다. 문제는 제한된 시간과 자원의 범위 내에서 이렇게 하기 위해서는 보다 많은 지식과 기술의 숙련성이 전제되어 있어야 한다는 점이다(Nungsari et al, 2022.03.23.: 16). 그렇지 않을 경우 재난 극복 관련 서비스의 제공자와 수용자, NGO와 사회경제적 약자 사이에서 권력의 차등성이 확대 재생산될 위험성이 커진다. 무엇보다도 서비스의 기획과 전달 과정에서 보다 더 인간적인 접촉과 참여가 필요하게 되는 데 이를 위해서는 서비스 공급자의 상황조응적 자율성을 확대 보장해야 한다. 그런데 이런 변화는 서비스 수용자의 프라이버시나 자긍심을 해치게될 위험성이 크다. 이점은 특히 관련 법규가 관료적 편의와 규제 중심으로 이뤄져 있을 경우 훨씬 더 확대된다. 법규에 부응하기 위해 윤리적 타당성이나 인본주의적 가치를 외면할 위험성이 커지기 때문이다.

과학기술 기반 접근전략(Sientific Technology Based Approach)은 다양한 양식의 과학기술을 동원하여 재난 상황을 극복하고자 한다. 바이럴 등(Bilal et al, 2022)과 조시어스 등(Jocius et al, 2022)의 연구 보고에서 보는 바와 같이 AI나 브로드밴드 같은 정보통신기술을 통한 가상사회 전략(virtual society approach)이 대표적이다. 이때 가상사회 전략은 현실사회의 대체를 통해 물리적 제약을 돌파하고자 한다. 환자와 의료진을 모바일폰으로 연결하거나, 방역역학조사, 대응조치, 추적조사와 종사자의 훈련 같은 방제와 통제 업무를 전자적 연결과 의사소통을 통해 수행하고 방대한 방역 관련 정보 관리를 위해 정보처리기술을 활용하는 데에서 목격된다. 전자통신기술의 발달에 따른 가상사회의 대응력을 활용하자는 것이다. 문제는 정보통신기술에 대한 문해력이 없거나 디지털 기술에 대한 접근성이 취약한 사회경제적 약자는 이중적 불평등을 감내해야 한다는 점이다. 재난 자체가 사회경제적 약자에게 불평등한 착취와 손실을 끼치는 데다가 이의 시정을 위한다는 정보통신기술이 그에 대한 차등적 접근으로 인해 "이차적인 벌칙(double penalty)"을 부과하는 셈이 되기 때문이다(Le Got, 2022). 또한 산림자원의 보호와 환경의 복원을 통해 코로나-19의 확산에 대응하고자 하는 경우도 과학기술을 통해 재난에 대응하고자 하는 접근전략 가운데 하나다. 코로나-19로 인한 감염병 사태는 환경과 생태계의 파괴로 인해 동물의 바이러스가 인간에게 전염되는 데에서 생기는 문제라고 보고 건전한 동물생태계의 보전과 유지가 문제 해결의 가장 근원적이면서도 경제적인 방안이라고 보고자 한다(Dobson et al, 2020.07.24.). 따라서 육종학이나 생물학 같은 과학기술을 통해 동물생태계의 보존에 나서고자 한다. 문제는 이런 과학기술 중심의 접근시각에는 과학기술과 자본이 결합하면서 기득권의 결속을 재촉하고 그들의 이익을 우선하게 될 위험성이 작지 않다는 데에 있다. 이는 누구를 위해서 누가 과학기술을 활용할 것인가의 문제를 제기한다. 과연 과학기술이 사회경제적 약자에게도 평등하게 활용될 것인가의 문제도 있다. 이는 과학기술이 사용자의 목적에 부역하는 수단 차원의 과제로 인식되고 있음을 뜻한다.

권력 기반 접근전략(Power Oriented Approach)은 재난 대응의 국가중심주의를 말한다. 시민의 안전과 건강의 유지는 국가의 최우선적인 책무라는 당위론과 일국의 경계 내에서는 국가가 최고 고권을 행사한다는 현실론이 결합한 결과다. 에리야소이 등(Eryarsoy et al, 2022)과 왕 등(Wang et al, 2022)의 연구에서 보는 바와 같이 정부의 공적 기능을 강화해서 사회의 공공성을 확대하고자 한다. 감염병 확산의 경우 추적, 조사, 격리, 방역을 강제하거나 공공의료체계를 정비하고 확충하며 사적 이윤 동기의 추구 즉 재난자본주의의 개입을 최소화하려는 것 등이 대표적인 사례다. 사회경제적 약자의 경제적 손실 보상을 통해 생계를 보장하고 돌봄 수요에 대한 대응력을 강화하는 것도 같다. 고용을 유지하고 근로환경을 관리 감독하며, 국제적 연대와 협력에 나서기도 한다. 문제는 국가중심주의가 제대로 작동하려면 기존의 정부에 대한 신뢰 적자가 회복되어 있어야 한다는 데에 있다. 특히 감염병 확산 같은 재난의 발생 자체가 정부에 대한 신뢰를 철회하는 성질을 지녔다는 점에 유의할 필요가 있다. 그렇지 않을 경우 오히려 사회구성원 간의 혐오와 적대를 촉진하면서 사회적 대응력을 약화시킬 위험성이 작지 않다. 재난의 대응을 단순한 갈등이나 차별의 극복 문제로 인식하는 경우 불평등이나 억압의 근본 원인을 규명하고 이를 시정하려는 노력이 외면될 가능성이 있다는 점도 문제다. 기득권 중심의 사회체계에 대한 비판론적 접근(critical approach) 의식이 있어야 한다는 뜻이다. 무엇보다도 중요한 것은 위험 및 질병 감시가 국민감시로 전환될 위험성이 상존한다는 점이다.

사회적 연대 기반 접근전략(Social Fraternity Based Approach)은 재난 대응에 있어 정부 혼자만으로는 곤란하다고 보고, 시민사회 내부의 인적, 물적 자원을 동원해서 정부의 역할을 보완하고자 한다. 아민(Amin, 2021)에 따르면 보다 효율적으로 코로나-19에 대응하기 위해서는 국가와 시민사회 내지는 정부와 NGO 사이의 협력적 거버넌스 체제의 구축이 불가피하다는 것이다. 이는 베르타치니(Bertacchini, 2022)가 말하는 것처럼 풀뿌리 자원봉사자의 참여를 통해 자구적, 자율적으로 문제를 해결하고 나아가서는 정부를 돕자는 것으로 이해된다. 이렇듯 시민사회가 참여하는 경우 정부의 감시자 역할도 수행하게 된다. 무엇보다도 정부의 개입이 기득권의 확대 재생산체제로 전환하지 않도록 통제하고 견제하게 된다. 특히 비공식 차원이나 비제도권 같은 권력의 사각지대에 대해서는 정부가 소홀히 하기 쉬운 만큼 이런 분야에서 사회경제적 약자의 목소리를 대변하는 역할도 기대된다. 정보의 소통과 대화를 유도함으로써 사회적 합의를 촉진하는 것은 물론이고 새로운 사회적 가치의 창출과 역량 강화에도 기여한다. 무엇보다도 민주정체에서는 정부가 어떤 결정을 내리기 위해서는 국민의 동의가 필수적이라는 점을 유념한 결과이기도 하다.

이렇게 놓고 보면 사회적 연대 기반 접근전략은 그 실제에 있어 시민사회 중심의 접근전략을 말하는 것에 다름 아니다. 그런데 이는 시민사회의 선한 의지와 도덕적 수월성에 주목하는 경우 윤리 기반 접근전략과 상합하는 관계에 있다. 윤리 기반 접근전략이 인권 기반 접근전략이나 인간 중심 접근전략을 포괄한다는 점에서는 이들과도 상합하는 관계를 형성한다. 최소한 당위적, 규범적 차원에서 그렇다. 또한 정부의 집행력과 권력적 강제력을 결코 외면하고자 하는 것이 아니라 이를 활용하고자 한다는 점에서는 당연히 권력 기반 접근전략과도 연동된다. 과학기술 기반 접근전략이 재난 극복을 위한 수단적 방편의 과제를 다루는 것이라는 점에서는 어느 양식의 접근전략과도 상합적 관계를 구축한다. 따라서 시민사회 중심의 접근전략을 취하는 경우 이들 모두를 포괄적으로 수용할 수 있게 된다. 그러므로 여기에서는 재난의 예측 곤란성, 사회적 맥락성, 구조적 연동성, 피해의 다면성 등을 고려하여 다원적 접근전략의 채택이 불가피하다고 보고 그의 구체적인 양식으로 시민사회 중심의 접근전략을 취하고자 한다. 그런데 시민사회의 핵심적, 구체적 활동의 주체는 NGO임으로 결과적으로 NGO 중심으로 재난 극복의 과제를 다루고자 하는 것과 같다.

제3절 코로나-19 이후의 사회구조 변화와 NGO

NGO는 사회공동체와 상호작용적, 상호의존적 관계를 구성한다. 사회공동체가 NGO에 대해 재정적 후원이나 정서적 지지와 격려 또는 기댓값 같은 투입 자원(in put)을 제공한다면 NGO는 사회공동체에 대해 봉사활동 같은 서비스를 제공하거나 주의주창 활동을 펴는 등 산출 자원(out put)을 공급한다. 따라서 코로나-19로 인해 사회공동체의 기존질서가 무너지고 새로운 활동 환경이 조성되는 경우 NGO와의 관계에서 투입 자원과 산출 자원 모두가 영향을 받지 않을 수 없다(Tageo et al, 2021.01.12.: Ⅵ). 그 가운데에서도 여기에서는 투입 자원으로 재정적 후원을 들고, 산출 자원으로는 의료 및 방역 지원이나 생필품 제공 같은 NGO의 서비스 제공에 주목하고자 한다. 가장 가시적이면서도 대표적인 현상이기 때문이다. 그런데 이때의 투입 자원과 산출 자원에 미치는 사회구조 변화의 영향은 정의 방향과 빈의 방향 모두에게로 작용한다. 어떤 조직이나 기관에 미치는 외부 환경의 충격은 그들이 이에 어떻게 반응하느냐에 따라 서로 다르게 나타나기 때문이다. 따라서 NGO의 서비스 제공과 재정적 후원을 한 축으로 하고 이에 미치는 코로나-19의 확산에 따른 사회구조 변화의 영향을 긍정과 부정으로 구분하는 경우 〈표 Ⅳ-1〉에서 보는 것과 같은 도식의 구성이 가능하게 된다.

〈표 Ⅳ-1〉 코로나-19에 따른 사회구조 변화가 NGO에 미치는 영향

영향 ＼ NGO	서비스 제공(out put)	재정 후원(in put)
긍정	Ⅰ	Ⅲ
부정	Ⅱ	Ⅳ

위의 〈표 Ⅳ-1〉에서 NGO에 미치는 영향 I은 코로나-19의 확산에 따른 사회구조의 변화가 NGO의 서비스 제공 수요를 제고하는 등 긍정적 영향을 미치는 경우다. 먼저 코로나-19 사태는 보건의료 활동에 대한 사회적인 수요를 폭증한다. 그러나 기존의 의료체계나 정부의 역할만으로는 이를 감당하기 어렵다. NGO의 보건의료 서비스에 대한 수요가 급증하는 이유다. 이에 따라 2020년 8월 31일 현재 한국에서는 전국적으로 246개 자원봉사센터와 76만 명의 국민이 코로나-19 확산 방지를 위한 자원봉사 활동에 나선 바 있다. 방역 홍보캠페인, 격리자 지원, 물품 배부 및 제작 등은 물론이고 유동 인구가 많은 지역을 중심으로 생활 방역·소독 활동에도 나섰다. 코로나-19의 확산 방지를 위해 드라이브-스루 농산물장터 등 색다른 아이디어를 접목한 봉사활동을 펼치기도 했다(행정안전부, 2020.08.31.). 인도의 경우 코로나-19의 제2차 감염사태가 터지자 보건의료 서비스나 의약품 공급이 원활하지 않게 되었다. 이를 인지한 세이브더칠드런(Save the Children), 세이브라이프 재단(SaveLIFE Foundation), 지원 행동(Action Aid) 같은 단체들이 보건 하부구조의 취약점을 보완, 대신하는 역할 수행에 나섰다. 시민의 건강을 지키는 일에 NGO가 나선 것이다(Athal, 2022.02.12.). 또한 감염병 차단을 위한 정부의 과도한 방역 업무 수행이나 지나친 국민 이동 추적 활동 등에 대해서는 인권 보호와 민주적 가치 훼손을 방지하기 위한 감시활동의 수요가 유발되기 마련이다. 정부의 적극적 규제와 차단 조치로 인해 실업, 경제적 불평등, 빈곤 등이 확산되고 사회적 취약계층이 급증하면서 부터는 이들에 대한 인도주의적 구호 서비스 제공의 수요가 발생한다. 이에 따라 한국에서는 전국의 자원봉사단체와 센터가 코로나19 여파로 운영이 중단된 무료급식소를 대신해서 기초수급자, 홀몸 어르신 등에게 대체식을 나누어 주고 도시락을 배달하는 등의 활동을 전개한 바 있다(행정안전부, 2020.08.31.). 위축된 지역경제를 살리고 지역 내 소상공인을 돕기 위해서는 '착한 소비운동'과 지역 '특산물 판매 활동'에 앞장섰으며 전주시자원봉사센터의 경우에는 코로나-19로 어려움을 겪고 있는 지역 농가를 돕기 위해 전주푸드통합지원센터와 협력해서 '전주푸드 얼갈이 열무김치' SNS 판매 홍보, 김치 포장 지원 봉사활동을 통해 지역 농가 살리기에 힘을 보태기도 했다(행정안전부, 2020.08.31.). 가상사회로의 전환이 진행되면서는 정보문자 해득력의 불평등과 원거리 통신 기기나 기술에 대한 접근성 차등화로 인해 사회적 격차가 심화되기 마련이다. 이를 해소하거나 보완하기 위한 대안 서비스의 수요가 증가한다. 거짓 정보의 유포 같은 일로 치안이 위협받거나 사회적 안전 보장에 대한 우려가 커지면서는 유해 정보의 정화 등 사회적 윤리 제고 활동에 대한 수요도 확산된다. 코로나-19 사태로 인해 범지구적인 보건 방역체제의 취약성과 한계가 드러나고 국가 간 인도주의적 협력과 지원의 필요성이 제기되지만 독립국가의 자긍심과 체면 유지 수요로 인해 국가 간 직접적인 협력과 지원이 스스로 한계를 노정하는 경우 NGO를 통해 우회하는 재난외교(disaster diplomacy) 대안 모색의 수요도 발생한다.

이렇듯 NGO에 대한 수요가 다차원에서 발생하는 이유는 NGO가 그동안 전개해 온 여러 활동을 통해 기존의 서비스 전달 통로를 이미 확보, 유지하고 있을 뿐만 아니라 사회취약계층 등 서비스 수용자로 부터의 신뢰가 구축되어 있기 때문이다(Bertacchini & Goberna, 2020.04.23.). 이점을 인지하고 있는 정부로서도 NGO가 사회경제적 약자 등에 대한 접근에 있어 보다 유용하고 현실적인 통로라는 인식을 갖기 마련이다. 같은 이유로 이번의 감염병 사태를 통해 NGO가 발휘하는 기여가 축적되면서 앞으로도 다차원에 걸쳐 NGO의 언권이 강화될 가능성이 커지게 된다. 사회구조의 불확실성과 취약성이 커지는 만큼 사회경제적 약자에게 미치는 NGO의 비중도 커지지 않을 수 없다는 뜻이다.

NGO에 미치는 영향 Ⅱ는 코로나-19의 확산이 NGO의 서비스 제공 수요를 격감하는 등 부정적 영향을 미치는 경우다. 정부가 사회적 거리두기나 지역 폐쇄를 강제하는 경우 지역사회와의 접촉과 대면이 제한되면서 현장활동을 통한 NGO의 핵심 서비스가 중단되거나 감축될 수밖에 없다. 특히 NGO 상근자의 경우 박봉에도 불구하고 사회적 영향력이나 기여에 대한 자부심이 단체 참여의 중요 요인으로 작용하기 마련이다. 그런데 감염병 발생 이후 사회적 수요의 우선 순위가 방역이나 치료에 집중되고 물리적 접촉이 차단되는 등 업무환경이 변화하면서 단체의 사회적 권위나 수용성 정도가 줄어들고 그로 인해 자긍심에 상처를 입게 된다. NGO의 상근자 유지가 곤란해지는 이유 가운데 하나다(Sassu & Vas, 2020.10.06.). 상근자가 줄어들면서 기존의 사업을 취소하거나 우선순위를 조정하게 되는 것은 당연한 귀결이다. 감염병에 대한 방역 등을 이유로 정부의 사회적 관계에 대한 개입의 범위와 강도가 높아지면서 인권의 보호, 정치적 책임과 권리의 유지, 윤리적 가치의 견지 등 다양한 차원에서 민주적 가치 보호에 대한 요구가 제기되기 마련이지만 바로 그런 정부의 사회적 관계에 대한 개입 조치로 인해 NGO의 인권과 민주주의 향상 노력은 지장을 받게 된다. 특히 이와 관련한 주의주창 활동은 크게 제약된다. 무엇보다 중요한 것은 사회경제 환경이 어려워지면서 NGO에 대한 재정지원이 급감하고 그 결과 재정자원의 확보가 곤란해진다는 점이다. 여기에 더해 감염병 사태 이전에도 이미 NGO에 대한 부정적 평가와 비판이 적지 않았다는 점도 유의해 볼 필요가 있다. 부패, 무능력, 정치적 편향성 등은 물론 특히 국제NGO의 경우에는 인신 매매, 외국 정부의 첩자 활동 등 다양한 차원에서 활동의 정당성과 당위성에 대한 의문이 제기된 바 있다. 이로 인해 NGO 활동에 대한 부정적 여건이 조성되는 경우 이에 대한 반발이나 저항의 동력도 크지 않게 된다. 여하튼 최소한 감염병 사태로 인해 NGO가 제공하는 일상적 서비스에 대한 요구가 증가할 가능성은 그리 크지 않게 된다는 뜻이다(Kim & Mason, 2020).

NGO에 미치는 영향 Ⅲ은 코로나-19의 확산과 그에 따른 사회구조의 변화가 NGO에 대한 재정적 후원을 강화하는 등 긍정적, 우호적 영향을 미치는 경우다. 2020년 코로나-19 사태가 터지면서 대부분의 NGO는 당해년도 모금이 최악일 것이라고 우려했다. 미국에서도 2020년 1/4분기 미국 NGO의 수입이 확연히 줄 것이라는 예측이 나왔다. 그러나 예상과 달리 한국의 NGO는 2020년 모금에서 좋은 성적을 보였다. 상반기를 지나면서 사회복지공동모금회 102,529,286,569원, 재해구호협회 96,220,547,317원, 대한적십자사 83,455,423,000원으로 3대 재난 모금기관의 모금 합계액이 약 2822억 원에 달했다. 코로나-19에 따른 국민성금이 국내 재난 사상 최고 금액이라는 분석도 나왔다. 총액으로만 보아도 예전과 비교가 되지 않을 정도로 많은 기부금이 모아졌다. 기부에 참가한 사람들의 숫자도 역대급에 달할 것이라는 추측이 나돈다. 모금액이 감소할 것이라는 생각에 보다 더 열심히 모금활동을 독려한 탓도 있지만 코로나-19에 대한 위기의식의 고조가 오히려 기부 참여를 독려하는 동력으로 작용했다는 평가다(황신애, 2021.01.01.). 이런 현상은 한국 사회의 문화적 특성 가운데 하나라고 할 수 있는 이중국가론과 전환국가론에 기반하는 가족주의적 연대 의식에 기인하는 바가 크다. 위기상황이라고 판단하는 경우 이성적, 합리적 판단이나 계산보다는 가족주의적 연대의식과 헌신에 대한 욕구가 우선적으로 작동한다는 뜻이다.[2] 이를 위해서는 당연히 모금활동에 대한 정보의 접근이나 노출이 전제되어 있어야 할 것은 물론이다. 얼마나 호소력 있게 설득하느냐도 중요한 변수라는 뜻이다. 실제로 TV 광고 등을 통해 대국민 홍보활동에 적극적으로 나선 대형 NGO들이 기대 이상의 모금실적을 거둔 반면 소규모 NGO들의 경우에는 모금실적이 저조했다는 사실이 이를 확인해 주고 있다(김시원, 2021.01.05.).

NGO에 미치는 영향 Ⅳ는 코로나-19의 확산에 따른 사회구조의 변화가 NGO에 대한 재정적 후원을 격감하는 등 부정적 영향을 미치는 경우다. 사회적 거리두기, 지역 폐쇄, 국경 봉쇄 등으로 인해 경제가 악화되면서 직장이 줄고 수입이 격감하면서 2020년 한 해 동안만 전세계적으로 3천3백만명이 실직하고 실직율이 6.5%에 이른다. 그 결과 모두 2억 2천만명이 실직 상태에 있다. 이로 인해 NGO에 대한 재정후원자의 경제력이 감소하고 그 결과 자발적 후원이 급격히 줄어드는 결과를 낳았다(Bertacchini & Goberna, 2020.04.23.; Athal, 2022.02.12.). 영국 모금단체의 조사에 의하면 감염병 확산 이후 영국 자선단체는 자체 기금의 1/3을 유실할 위기에 처했다. 2015과 2016년의 통계에 따르면 영국 국제NGO(INGO) 수입의 1/3이 개인 후원금에서 나오는 데 2020

---

2 코로나-19 사태에서 발현하는 한국의 가족주의적 연대의식에 대해서는 박재창(2021)을 참조하기 바란다.

년 4월에 들어서면서 이 가운데 41%가 후원 취소를 통보해 왔다(Bond, 2020.04.08.). 수입의 다른 10%는 단체의 자체 행사로부터 발생하는 데 감염병으로 인해 행사를 취소하거나 계획을 잡을 수 없게 되었다. 자체 사업을 통한 재정자원의 조달도 곤란하게 되었다는 뜻이다. 상황이 나빠지기는 기업도 같다. 사회책임예산(coorporate social responsibility budget)을 기업의 예산 배정 과정에서 우선적으로 감축하거나 지원 대상 사업의 순위를 조정하여 방역이나 치료 사업에 먼저 지원하는 변화가 생겼다. 정부의 사정도 마찬가지이다. NGO에 대한 정부 지원 예산도 감축되고 있다. 그나마 지원되는 예산도 재난 자체의 지원과 회복을 위한 사업에 우선적으로 배정된다. 특히 사회경제적 약자를 대상으로 활동하는 NGO의 인본주의 사업에 대한 지원이 우선적으로 축소된다. 사회경제적 약자의 정치적 발언권이나 영향력이 상대적으로 취약한 까닭이다(Sassu & Vas, 2020.10.06.). 또한 제1차 유행에서는 사회적 약자에 대한 배려와 관심이 폭증했으나 제2차 유행과 함께 경제적 상황이 보다 더 악화하면서 사회경제적 약자에 대한 재정적 후원이 급속히 후퇴했다(Tageo et al, 2021.01.12.: 48)는 보고도 있다. NGO의 지속적인 기관 활동이 심각하게 위협받고 있다는 뜻이다. 그나마 정부의 재정지원에 의존하는 경우가 좀 낮은 형편이라고 하지만 인권이나 전자민주주의의 구현을 강조하는 NGO는 대체로 정부의 지원을 회피하는 경향이 있다. 정부의 간접적 영향을 외면하기 어려운 만큼 정부의 단기적 시관을 따르지 않을 수 없고 그 결과 장기적인 차원에서 자기 단체의 목표를 추구하는 일로부터 일탈할 위험성이 크다고 보기 때문이다. 재정자원의 후퇴는 NGO가 가장 견디기 힘든 활동 환경 변화의 하나인 셈이다.

특히 영향 Ⅰ의 경우처럼 NGO의 서비스 산출에 대한 사회적인 수요가 폭증하는 가운데 영향 Ⅳ의 경우처럼 재정자원의 투입이 격감하는 경우 NGO로서는 가장 견디기 힘든 상황에 빠지게 된다. 같은 영향 Ⅳ의 경우라고 하더라도 영향 Ⅱ에서 보는 바와 같이 서비스 공급에 대한 수요가 줄어드는 경우 NGO에 대한 당위적 기댓값이 작아지기는 하지만 기관으로서의 NGO가 당면하게 되는 내재적 모순과 갈등은 상대적으로 그리 크지 않게 된다. 영향 Ⅰ처럼 서비스 산출 수요가 증가하는 데 반해 영향 Ⅲ의 경우처럼 재정자원의 투입이 증가하는 경우는 NGO에 대한 당위적 기댓값이 커지면서도 기관으로서의 NGO가 당면하게 되는 내재적 갈등은 크지 않게 된다. 영향 Ⅱ처럼 서비스 산출 수요는 주는 데 오히려 영향 Ⅲ처럼 재정자원의 투입은 급증하는 경우 NGO로서는 가장 대응하기가 쉬운 환경이 마련되는 셈이다. 따라서 영향 Ⅰ처럼 서비스 산출 수요는 급증하는 데 영향 Ⅳ처럼 재정자원의 투입은 급감하는 경우 사회환경의 구조적 모순이 가장 크고 그런 만큼 NGO의 혁신적 대응에 대한 수요는 최고조에 달하게 된다.

제4절 사회 환경 변화와 NGO의 혁신전략

　NGO가 코로나-19로 인해 빚어지는 사회환경의 구조적 모순에 조응해서 혁신적 대안을 종합적으로 모색하기 위해서는 3차원에 걸치는 자기검열을 필요로 한다. NGO를 하나의 기관으로 인식하는 경우 자기 자신은 물론 자신을 에워싸고 있는 환경과 함께 시대 성격의 변화를 반영해야 하겠기 때문이다. 따라서 먼저 자기 자신에 대한 운영관리 양식의 혁신을 도모하게 되고, 둘째로는 외부 환경과의 관계를 재설정하게 된다. 이를 위해서는 외부 환경을 구성하는 다양한 인자들과의 협력적 공조체제의 강화에 나서지 않을 수 없다. 셋째로는 정보사회의 도래로 인한 시대 성격의 변화를 감안하여 가상 운동으로의 전환을 서두르게 된다.

1. 운영관리 양식의 혁신

　기관으로서의 NGO를 운영하는 일은 일반적으로 인사관리, 조직관리, 재정관리, 위기관리, 목표관리의 과제를 함축한다. 먼저 인사관리 면에서는 현장 활동 직원의 감축이 요청된다. 이는 현장 활동 직원이 코로나-19에 감염될 위험성을 감안한 조치이기도 하지만, 경제 상황의 악화로 인한 인플레이션과 그에 따른 비용 증가를 고려한 결과이기도 하다. 국경 폐쇄, 위험에 처한 현장 지역사회로의 접근 제한, 특히 사회경제적 약자에 대한 접근권 통제로 인해 사실상 활동이 제한된다는 점도 반영해야 한다. 영국의 국제NGO들은 이미 현지 직원을 포함한 사무국 직원의 60%를 감축한 바 있다. 연간 의무 휴가제를 폐지하거나, 정규직을 시간제로 전환하고, 휴가 직원의 규모를 축소 운영하며 신규채용을 금지하거나 이미 선발된 신규채용자의 임용을 연기하기는 등 인건비 절감에 나섰다(Bond, 2020.04.08.). 감염병으로부터 자원봉사자나 직원의 건강과 안전을 유지하는 일도 중요하다. 특히 상근자의 업무환경변화로 인한 스트레스가 심화되는 만큼 직원의 정신건강 관리에도 유의해야 한다. 감염병 확산 상황에서는 개인의 재정적 어려움에 더해 가족에 대한 돌봄 수요도 증가하는 만큼 직원의 심리적, 정서적 부담이 커진다. 숙련 상근자가 퇴직하거나 병가로 일찍 퇴근하는 등 작업환경이 변화하면서 대체 업무가 증가하고 이는 직무 스트레스로 나타나게 된다. 근무시간을 조정하는 등 인력 운영상의 유연성을 발휘해야 하는 이유다.

둘째 조직관리 면에서는 국경 폐쇄나 사회적 거리두기 등을 감안하여 현장 조직으로 업무의 중심축을 이동하는 조치가 필요하다. 특히 국제 NGO의 경우에는 대부분의 단체들이 서유럽을 중심으로 하는 지구의 북반부가 서비스의 공급자이고 반대로 남반부가 수용자인 관계를 구축해 왔다. 그러나 사회적 거리두기 등 현장 접촉이 어려운 것은 물론이고 신속하고 현장밀착적인 대응에 대한 수요가 급증하는 만큼 더 이상 이런 구조를 유지하기가 어렵다. 서유럽을 비롯한 지구의 북반부에서 남반부 현장으로 업무의 중심축을 이동하고 지역 현장 책임자에게 의사결정권을 이양하거나 확대 위임하는 조치가 필요해지는 이유다. 이는 현장의 서비스 수용자가 의사결정 과정에 참여할 수 있는 기회를 확장하기 위한 조치이기도 하다. 또한 재정자원이 악화되는 점을 고려하여 현재 진행되고 있는 사업 가운데 불가피한 것이 아니면 집행을 연기하거나 취소하고, 현장 사무소를 폐쇄하거나 국제활동을 줄여 기여금 납부를 감축하는 등 조직 규모를 축소할 필요성도 제기된다.

셋째 재정관리면에서는 재정 고갈에 대응해서 적극적으로는 모금전략을 개혁하거나 소극적으로는 긴축재정을 통한 기관 운영에 나서야 한다. 오스트렐리아의 NGO에 대한 사실조사 결과를 토대로 살펴보면 감염병 사태로 인해 NGO의 재정지출이 급증한다. 정보통신기술과 장비의 도입, 상근자 재교육, 방역용 개인 보호장구의 도입, 전반적인 보건위생 설비와 운영의 증가에 따른 결과다(de Ven et al, 2021: 3). 반면에 사회적 거리두기 등으로 대면 모금활동이 제한되는 등 재정 수입의 증가 노력은 무력화하기 일쑤다. 따라서 보다 특단의 대책을 모색해야 한다. 디지털 도구를 사용하거나 보다 다양한 통로를 통해 재정후원자 접촉에 나서거나, 기존의 후원자에 대해서도 비상지원을 호소하도록 해야 한다. 특히 정부에 대한 지원 호소를 강화할 필요가 있다. 이를 위해서는 보다 더 재정 운용의 투명성, 개방성을 높여 재정후원자의 신뢰를 높이는 일이 중요하게 된다. 보다 다양한 재정수입 창구를 개발하는 일도 필요하다(Mikołajczak et al, 2022: 333). 긴축재정 운영의 한 양식으로는 재정운용의 효율화를 위해 비축자금을 기관운영자금으로 전용할 수 있도록 이사회에 동의를 요청하는 방안도 검토해 보아야 할 과제 가운데 하나다. 이를 위해서는 비용효과분석에 기초한 운영평가 작업을 강화할 필요성도 제기된다.

넷째 위기관리 면에서는 이번의 감염병 사태를 외부 환경변화에 조응하는 기관 회복력의 증진 기회로 삼아 NGO의 생존력 강화에 나서야 한다. 이를 위해서는 상황의 불확실성이나 시급성에도 불구하고 체계적인 대응이 가능할 수 있도록 위기관리체계의 도입 중요성이나 시급성을 미리 깨닫고 이를 준비해둘 필요가 있다. 보다 구체적으로는 시나리오 기획(scenario planning), 위기관리(risk management), 저감방안(mitigation plans) 모색, 회복력과 재상상력 강화 등을 통해 위기상황에 대응하는 전략을 모색해 볼 수 있다(Sassu & Vas, 2020.10.06.). 이와 관련하여 한국 컴패션의 경우에는 코로나-19의 방역을 위해 손세정제를 후원하고자 했으나 우간다에서는 이를 구하기가 어렵다는 점에 착안하여 직업교육에 참여하는 아동들의 부모로 하여금 이를 직접 만들게 함으로써 소득 창출을 위한 직업 기회의 확장 사업으로 발전시킨 사례가 있다(박진희, 2020.10.06.). 이렇듯 새로운 사회환경 변화에 조응하는 운동전략의 개발을 위해서는 자체 혁신운동이 선행되어야 한다는 인식이 기관 내부에 전제되어 있어야 할 것은 물론이다(Le Got, 2022).

다섯째 목표관리면에서는 코로나-19의 확산 이후 많은 NGO의 활동 환경이 급변하는 만큼 이를 반영하여 사업의 우선순위를 조정하게 된다. UN 사무총장인 안토니오 구테레스(Antonio Guterres)가 지적한 바 있듯이(Natasha, 2020.09.14.) 무엇보다도 먼저 코로나-19 대응 활동에 우선순위를 두지 않을 수 없다. 방역 및 의료 지원 사업에 주목하게 되는 이유다. 보다 정확하고 적시에 공급되는 방역 및 의료 관련 정보에 대한 사회의 수요에도 대응해야 한다(Tageo et al, 2021.01.12.: VI). 또한 사회 환경의 변화로 생존경쟁이 보다 더 치열해지는 만큼 사회경제적 약자에 대한 보호와 지원의 필요성이 커지기 마련이다. 사회경제적 약자에 대한 생필품 제공 같은 인본주의적 과제에 집중하게 되는 이유다. 사회경제적 약자의 언권이 취약해지는 만큼 이들의 언권을 대행하는 운동도 필요하다. 한국 컴패션은 사회경제적 어려움이 가중되면서 사회적 약자인 가정에서의 아동에 대한 폭력이 증가한다는 점에 착안하여 이를 예방하기 위한 교육

활동을 펼친 바 있다(박건희, 2020.10.06.). 참여민주주의에 대한 위협에 대응하고, 인권에 대한 주의주창 운동력을 강화하는 일도 요청된다. 정부의 권한이 비대해진다는 점에서는 정부 감시 운동의 하나로 반부패 활동도 중요한 과제 가운데 하나로 제기된다.

2. 협력적 공조체제의 강화

코로나-19 같은 재난에 대한 대응력과 회복력을 높이기 위해서는 다양한 사회적 구성인자들과의 연대를 통해 협력과 공조를 모색하는 것은 물론 사회적 공론장 운영을 통해 집단지성을 결집할 필요성도 제기된다. 우선 코로나-19는 신속하고 즉각적인 대응을 필요로 하는 만큼 현장밀착적인 접근의 수요가 크다. 따라서 전국적인 네트워크와 연대를 통해 현장 가까이에 접근해 있는 다양한 사회적 구성인자들과의 연대와 협력을 필요로 한다. 다른 NGO, 지역사회, 정부 등이 대표적인 사례다. 코로나-19는 또 실체와 파급효과에 대해 잘 알려진 것이 많지 않은 만큼 다양한 정보와 지혜를 결집하고 공유할 필요성도 크다.

먼저 다른 NGO와의 협력을 통해 시너지 효과를 추구한다. 여러 NGO의 결집을 통해 사회적 역량(social capacities)을 강화하는 경우 보다 더 효과적으로 감염병 예방과 통제에 나설 수 있을 것이기 때문이다 (Alizadeh et al, 2020: 1-2). 코로나에 대한 공공의 이해력을 높이고, 정부의 대응 정책에 대해 변화를 유도하거나, 사회경제적 약자에 대한 방역 및 치료 서비스를 제공하는 등 주의주창과 서비스 제공 운동을 펼치기 위해서는 사회적 연대력을 강화해야 하고 이를 위해서는 시민사회의 결속이 선결과제일 수밖에 없다. 이란의 타브리즈 의과대학(Tabriz University of Medical Sciences)은 코로나에 대응하기 위한 사회적 연대를 위해, 모든 지역의 NGO 활동가, 사회운동가, 대학교 교직원, 자원봉사자, 의사와 심리상담사, 영향력 있는 시장조사자, 학생, 과학자 등이 참여하는 "코로나 억지를 위한 시민운동 위원회(PMRC: People's Movement to Restrain COVID-19 Committee)"를 결성해서 운영한 바 있다(Alizadeh et al, 2020: 2).

가상공간의 인스타그램이나 앱을 통해 이뤄지는 지역사회공동체와의 연대와 협력도 필요하다. 지역사회 지도자와의 접촉과 협의를 통해 지역사회 현장의 수요를 파악하고 협력을 구하는 데 유리하기 때문이다 (Mohseni et al, 2021). 이는 지역주민에 대한 보건위생 교육을 공동으로 실시하거나 질병의 확산을 차단할 보다 실용적이고 현실적인 방안에 대한 의견을 구하고 정부의 사회적 거리두기나 직장 폐쇄 등의 조치에 따르도록 권유하며 NGO 활동을 지원하기 위한 모금활동을 전개하는 등 지역 주민의 이해와 협력을 구하는 데 있어 필요조건에 해당된다. 지역별 상황점검이나 지역사회운동 단체와의 협력체제를 구축하기 위해서도 불가피한 과제다. 질병에 대한 정보의 공유와 확산을 위해 지역 방송 매체와의 협력을 모색하기도 한다.

정부와의 협력체제를 강화하는 일도 필요하다. 코로나-19 사태로 인해 정부의 책무성 구현이 약화되고, 정부 운영상의 개방성, 투명성, 공개성이 퇴보하는 만큼 개방적 시민사회의 유지를 위해서는 정부를 설득하는 일이 긴요하게 되고 이를 위해서는 정부와의 협력과 공조가 요청된다. 활성적인 민주주의의 구현에 유의하지 않을 수 없다는 뜻이다. 특히 코로나-19

에 효율적으로 대응하기 위해서는 정부의 지원 확대를 위한 로비와 설득에 나서거나 방역 관련 주의주창 운동을 펼치며 재정지원 확대를 위한 압력 운동에도 나서야 한다. 그런 만큼 정부와의 협력적 공조체제를 구축해서 상시 소통하는 일은 불가결적 과제로 제기된다(Le Got, 2020).

이런 네트워크를 토대로 궁극적으로는 사회적 공론장의 운영을 모색할 필요가 있다. 코로나-19에 대응하기 위해서는 감염 현장에서 제기되는 과제가 무엇인지를 파악하고 관련자들의 의견을 수렴하며 공동의 노력을 경주해야 하기 때문이다. 이를 위해서는 관계자들의 합의를 도출해야 하며 이를 위해서는 민주적 양식을 통해 세론의 규합에 나서는 일이 필요하게 된다. 이로 인해 독일은 2020년 디지털 혁신을 통해 약 2만8천명이 참여하는 해커톤을 개최하여 코로나-19 대응 방안에 대한 아이디어를 개발하고 사회적 연대를 강화하는 등 혁신적 선례를 보인 바 있다. 프랑스도 "백신에 대한 시민위원회(Citizen's Council on Vaccination)"을 설치하여 백신의 사회, 경제, 환경적 영향을 논의한 바 있으며, 핀란드도 감염병과 관련하여 "출구전략과 사후관리 과제그룹(Exit Strategy and Aftercare Working Group)"을 구성하여 감염병 사태로부터의 탈출전략과 사회적 돌봄서비스의 확대 방안을 논의한 바 있다(EPTA, 2021 : 12).

3. 가상 운동으로의 전환

코로나-19의 확산에서 비롯되는 가장 두드러진 변화로는 가상화면 뉴딜(Screen New Deal) 시대의 도래(Klein, 2020.05.09.)를 들 수 있다. 코로나-19가 발병하면서 인간은 생물학적으로 감염에 취약한 반면 기계기술은 그렇지 않다는 점에 착안하여 감염병 예방을 위한 비대면, 비접촉 생활양식의 실험장으로 원격보건, 원격학습, 원격경제 등을 중심으로 운영되는 광대역 통신(broadband) 시대가 열렸다. 가상공간의 다면성, 복합성 증대를 통해 사회공동체의 압축 이동을 시도한 것이다. 이렇듯 감염의 위험성 차단 수요와 함께 비대면, 비접촉 사회에 대한 요구가 커지면서 NGO 활동에 대한 가상관리체제로의 이동 수요도 함께 커졌다(Tageo et al, 2021.01.12.: Ⅵ). 이는 NGO 자체의 관리 차원은 물론이고 산출 자원으로서의 서비스 제공 차원과 투입 자원으로서의 재정자원 모금 활동 차원에서도 확인된다.

먼저 자체 운영관리 차원에서 보면 정보통신기술의 도입을 통해 원거리 업무의 수행, 재택 근무, 앱 및 클라우드 기반 플랫폼을 통한 사무의 처리, 모바일폰에 의한 평가체제의 운영, 정보와 자원 흐름에 대한 원거리 감독, 현장 방문을 대체하는 원거리 보고와 승인 체제의 도입 등을 통해 가상작업환경으로 전환한다. NGO 자체의 운영관리 업무 가운데 정보관리 업무를 가상관리체제로 전환하는 셈이다. 이에 따라 정보기술 관련 문해력 부족 직원에 대한 가상사회 적응 재교육이나 장비의 개선도 필요하게 된다. 이를 온라인 교육 체제로 실시하는 변화도 요구된다. 여기에 더해 오스트렐리아의 경우(de Ven et al, 2021: 4)에는 가상사회와 현실사회의 병용체제로 전환하는 방식을 채택한 바 있다. 업무환경에 따라 재택업무와 사무실 업무를 병행할 수 있게 한 것이다. 보다 많은 NGO 간의 동류 협력이 가능해짐으로써 훨씬 더 효율적인 자원 배분이나 운영 혁신이 가능하다고 본 것이다(Asogwa et al, 2022: 18).

이뿐만이 아니다. 서비스 전달에 있어서도 환자가 발생하면 활동을 즉각 중단해야 하고 서비스 제공자와 수용자 모두를 질병으로부터 보호해야 한다는 점 때문에 온라인을 통한 서비스 제공 체제로의 전환도 필요하게 된다(EFA, 2020). 비대면 상황에서 서비스를 제공하기 위해서는 가상공간을 통해 서비스 수용자에게 접근하는 방법이 최선이라고 보게 되기 때문이다. 이런 수요는 또한 서비스 제공자와 수용자 사이의 물리적 거리로 인해 직접 대면이 곤란한 경우 보다 더 커지게 된다. 조기 교육을 위한 세계기구(OMEP: World Organization for Early Childhood Education)가 코로나-19 상황 속에서도 프랑스에서 아르헨티나 학생을 상대로 교육활동에 나선 사례가 여기에 해당된다(UNESCO, 2020.11.12.). 한국 컴패션도 아프리카 현지의 피후원자 가정을 직접 방문해서 수행하던 선교활동을 중단하고 온라인을 통해 후원자와 피후원자가 서로 교류하도록 했다(박건희, 2020.10.06.). 또한 모금활동에 있어서도 같다. 중국 주제 포드재단의 경우 재단 업무의 40% 정도가 재정지원 대상자를 면담하는 일인데 주로 그들의 작업 현장을 직접 방문하거나 회의에 참여하는 등의 양식으로 이뤄졌다. 그러나 이런 대면 활동이 불가능하게 되면서 이동전화로 소통하거나 가상 화면을 통해 면담하고 소통 자체를 축소하는 변화를 낳았다. 전통적인 모금방식인 대면 활동이 거의 불가능해지면서 비대면 모금활동에 대한 가속화가 이뤄진 것이다. 버추얼 방식, 디지털 방식, 랜선 방식 등 명칭과 채널이 조금씩 다를 뿐 다양한 양식의 비대면 모금방식이 도입된 것이다(조선일보, 2020.03.18.). 이로 인해 비대면 의사소통이 능숙한 단체들이 모금의 강자로 떠오르기도 했다.

제5절 NGO의 대응 평가와 대안 개발

코로나-19의 확산에 따른 사회구조의 변화와 그에 대한 NGO의 대응 양식은 실로 다원적이고 복합적이다. 그러나 문제의 궁극적 대안으로 평가되기에는 부족한 면이 적지 않다. 무엇보다도 NGO의 대응 양식에는 내재적 모순과 갈등의 요소들이 작지 않기 때문이다.

1. 가상 대응의 한계

NGO의 본질은 인본주의 같은 사회적 가치의 실현에 있고, 그 핵심은 진정성에 있다고 해도 과언이 아니다. 그런데 가상사회에서는 가치의 실현도, 그 진정성을 보여주기도 쉽지 않다. 현실사회에서처럼 대화와 설득을 통한 인간적인 호소력이나 친밀감을 구현하기가 쉽지 않기 때문이다. 현실사회에서 이뤄지는 직접 대면을 통한 서비스 제공이 보다 더 호소력이 높다는 뜻이다(de Ven et al, 2021: 4). 고객에 따라 가상 서비스 제공이 곤란하거나 부적절한 경우가 발생하고, 인터넷 연결이 불안정한 경우에는 상시 접근이 곤란해지는 문제도 있다. 기기의 도입이나 관련자의 재교육 등에 필요한 추가 경비의 지출이 요구된다는 점도 주목해 보아야 할 과제다. 새로운 운동 환경에 적응하는 것과 같이 가상운동으로의 전환에 따른 정서적, 심리적 비용의 증가가 일어난다는 점에도 유의해야 한다(Asogwa et al, 2022: 18). 기초 자료의 외부 의존에 따른 유통 정보의 신빙성 문제, 해킹이나 크래킹에 따른 유해 정보의 확산 가능성 등 현장 대면을 통한 확인이 불가능한 데에서 비롯되는 협력 대상에 대한 의구심 및 상호 불신의 심화도 우려된다. 보다 큰 문제는 이런 과제들로 인해 과정 중심주의에서 결과 중심주의로의 이동 같이 NGO 활동 자체의 근본적인 성격 전환이 일어날 수도 있다는 점이다(Sassu & Vas, 2020.10.06.). 보다 더 큰 문제는 이런 가상공간 시대의 도래가 이를 지원하고 유지하기 위해 감염에 대한 노출 위험을 무릅써야 하는 노동자 집단을 낳아 사회구조의 양분화를 초래한다는 점이다. 인터넷이나 컴퓨터에 대한 접근성과 정보통신기술에 대한 문해력의 보유 여부로 인해 성적 불평등이나 인종적 차별 등 기존의 사회구조에 내재되어 있던 사회경제적 차등성이 심화되는 문제도 있다. 자료와 정보의 집적과 안전성 유지가 곤란해지면서 사생활(privacy) 침해의 위험성이 커지기도 한다. 아동들의 경우에서 보는 것과 같이 무분별한 가상사회로의 노출이 정신적 안정이나 건강을 위협하기도 한다. 무엇보다도 기술집적 기업과 국가의 권력적 융합이 이뤄지면서 자료와 정보의 축적과 부의 집중이 일어나 민주주의를 위협하게 되는 문제는 심각한 과제다. 감염병 시대의 대응 방안으로 가상사회가 유일한 대안처럼 비춰지지만 실상은 가상사회도 새로운 문제를 유발한다는 뜻이다. 따라서 가상사회에 대한 민주적 통제가 가능한 방법은 무엇인가? 가상사회가 유일한 대안인가? 이런 문제를 제기하고 논의할 수 있는 대화의 통로는 열려 있는가? 등의 문제가 제기된다. 특히 브로드밴드를 통한 광대역 통신과 의사소통이 가능해지면서 대중을 동원하는 압력단체의 로비활동이 강화되고 그 결과 이에 압도되기 마련인 민주정부의 정책결정체제가 과연 건강한 것인가도 보다 진지하게 검토되어야 마땅한 과제다. 따라서 과학기술 기반 접근전략을 고수할 것인가 아니면 인간의 개발이나 윤리의식 등을 강조하는 비과학기술적인 접근전략에 비중을 두어야 할 것인가의 질문에 답해야 하는 문제가 제기되어 있음은 이를 숨길 수 없다.

2. 국가 개입주의의 모순

코로나-19의 확산에 따른 사회구조의 변화와 이에 대한 NGO의 대응은 최소한 묵시적, 수동적으로라도 정부의 권한 강화를 용인하거나 이를 수용하는 가운데 협력적 공조체제를 모색한다는 데에 특징이 있다. 코로나 바이러스의 확산 방지를 위해 정교하고 진지한 검토 없이 국가의 사회적 관계에 대한 개입 범위를 급격히 확장하지 않을 수 없다고 본 데에서 비롯된 결과다. 회합의 금지와 재택근무의 장려, 국가 간 통행의 자유 제한, 국민의 이동을 추적하고 감시하는 조치의 확산, 보건시설에 대한 접근을 위기시로 제한하는 등의 조치가 대표적이다. 이런 조치로 인해 발생하는 경제의 후퇴와 관련해서도 경기 회복, 가난 추방, 고용 증대가 우선이라는 미명 아래 정부는 다양한 사회적 의제에 대한 토론을 봉쇄하기도 한다(Tageo et al, 2021.01.12.: 48). 더 나아가 국민의 보건과 건강권을 지킨다는 빌미로 시민참여, 교육, 정보, 거소 등에 대한 국민의 선택 자유를 제한한다. 그런데 보건 위생상의 위험과 재난 상황에 보다 적극적으로 대응하고자 한다는 이유로 이런 정부의 조치를 후원하고 지원하는 업무를 NGO가 담당하는 것은 매우 당연하고 또 타당한 일로 간주되어 왔다. 더 나아가 증거 및 심층 조사에 기초한 강력하고 지속적인 주의주창 운동의 전개를 통해 정부의 정책결정자로 하여금 사회적 취약 계층에 대한 즉각적이고 강력한 방역 및 구호 조치에 나설 것을 주문하기도 한다(Voice, 2021: 7). NGO가 정부의 권력적 팽창주의를 용인하고 지원해온 셈이다.

그러나 이런 팽창주의는 일견 불가피하고 타당성 있어 보이지만, 결과적으로는 인권을 훼손하고 시민사회의 자율성을 침해하는 등 민주주의의 핵심 가치에 대한 위협 요인으로 작용하지 않을 수 없다. 그렇지 않아도 취약한 민주주의를 위협하면서 NGO 활동 자체에 역진적 효과를 불러온다는 뜻이다. 그리고레바(Grigoreva, 2020.04.23.)는 감염병 사태 이후의 상황과 관련하여 정부와 UN 등이 시민사회에 보다 더 유의해서 지켜보아야 한다고 지적한 바 있다. 정부가 진지한 검토 없이 시민사회단체의 활동에 영향을 주는 법률을 제정하여 규제를 강화하거나, 시민의 참정권과 의사결정권자에 대한 접근권을 제약함으로써 정책결정과정에 대한 투입 기회를 제한하거나 곤란하게 만들고, NGO의 인권보호 활동 등에 지속적인 위협요인으로 작용하기 때문이다. 코로나-19 사태로 인해 벌어진 정부로의 권력 집중과 이를 활용하거나 용인하고자 한 NGO의 자율적 활동이 NGO의 자체 활동에 부정적 영향을 미치는 자기 충돌적 현상이 발생한다는 뜻이다(Tageo et al, 2021.01.12.: 49).

3. 인본주의적 가치(Hamanitarian Value)의 문제

코로나-19 같은 문명사적 재난에 당면하여 NGO가 사회경제적 약자를 후생 지원하거나 의약품 공급 활동에 나서는 등 인본주의적 가치의 구현을 지향하는 것은 너무나도 당연한 일로 여겨진다. 그러나 대형 재난에 당면하여 NGO가 지향하는 인본주의는 과연 가치중립적인가 그리고 그렇기 때문에 지고지순한 가치인가의 문제에 주목할 필요가 있다. 먼저 NGO의 재난 대응 서비스 제공 과정에서 과연 인본주의는 권력적 편향으로부터 자유로운가를 물어야 한다. 서비스 제공자 중심의 일방주의 내지는 가치 편향이 내재되기 일쑤이기 때문이다. 이는 대부분의 경우 서비스 제공의 이유나 원인 그리고 서비스 수용자의 권리 등에 대해 설명함으로써 수용자의 이해를 구하려는 노력이 부족한 데에서 비롯되는 것이 일반적이다. 이런 서비스 제공자 중심의 일방주의에 기초한 인본주의는 또한 기성의 사회질서 유지에 기여하는 결과를 낳기도 한다. 기성의 권력 엘리트 중심으로 재난 현장을 이해하고 접근한 결과 현상을 유지하는 데에 기여하거나 그 결과 현장의 빈곤이나 어려움의 확대 재생산에 기여할 수도 있다. 예컨대 난민 수용소의 열악한 환경을 감안하여 시급한 의료 물품이나 생활용품을 지급하는 서비스 공급에 나서는 경우 현상의 유지에 기여함으로써 정작 난민들이 원하는 외국으로의 망명을 차단하는 데에 일조하는 결과를 낳게 된다. 서비스 공급자에 대한 통제가 취약할 경우 서비스 공급자의 일방주의와 함께 부패, 권한 남용, 착취 등이 발생할 가능성이 커지는 문제도 있다. 이럴 경우 인본주의에 따른 재난 지원은 수용자에게 역기능을 발휘하게 된다(Saez & Word, 2022.06.17.). 수용자의 의사를 존중하는 가운데 NGO의 서비스가 이뤄져야 하는 이유이고, 인본주의적 지원에 대한 맥락적 이해가 필요한 까닭이기도 하다(Voice, 2021: 7).

이렇듯 인본주의라고 해서 가치 편향으로부터 자유롭지 않은 만큼 사회경제적 맥락이나 정치권력적 맥락에서 인본주의를 이해해야 할 필요성이 커지게 된다. 이런 관점에서 볼 때 먼저 제기되는 과제는 인본주의적 관점에서 이뤄지는 서비스의 제공에는 현장밀착적 수요와 이를 전반적으로 조정하고 협력해서 효율성을 담보해야 하는 수요가 동시에 제기된다는 점이다. 현장밀착을 위한 분권적 수요와 전체적인 조정과 협력을 지향하는 집권적 수요가 모두 발현함으로써 서로 충돌한다는 뜻이다. 제한된 자원을 누구에게 먼저 제공할 것인가의 문제를 놓고서는 윤리적 갈등의 문제가 제기된다. 서비스 제공의 우선순위 설정 문제를 놓고 접근성과 절박성 사이에서 충돌이 발생하기 때문이다(Nungsari et al, 2022.03.23.: 3). 이를 해소하기 위해서는 서비스의 공급자와 수용자 사이에서 합의를 도출하는 일이 중요한 만큼 양자 사이의 협력체제 도입에 주목하게 된다. 이를 위해서는 서비스의 수용자는 피동적 주체이고 공급자는 적극적 주체라는 고식적인 인식의 프레임에서 벗어나 인간의 보편성에 주목할 수 있어야 할 것은 물론이다. 언제나 한쪽은 주고 다른 쪽은 받는 관계가 아니라 상호 존중과 신뢰의 관계를 구축하는 일이 필수적 과제라는 뜻이다. 무엇보다도 서비스 제공자로서의 NGO가 집단주의 내지는 부족주의(tirbalism)에 빠지는 일은 없어야 한다. 동질성을 가진 사람들의 집단을 우선시하는 것은 인간으로서의 온정과 공감을 외면하는 결과를 낳는다는 점에서 바로 반 인본주의를 추구하는 것에 다름 아니기 때문이다.

제6절 결론

코로나-19의 확산과 이에 대응해야 하는 사회적 수요의 폭증은 NGO로 하여금 전대미문의 사회책임을 감당하도록 압박해 왔다. 이에 부응하기 위해 NGO는 실로 다양한 차원에서 자기 혁신 과제를 소화하기 마련이다. 그러나 이런 요구에 부응하기 위한 자기 혁신의 급진적인 전개는 새로운 차원의 과제를 동반한다. 먼저 가상사회로의 이동이 불러오는 문제가 있다. 아무리 가상사회가 현실사회에 내재되어 있는 문제를 해결하기 위한 혁신적인 대안이라고 하더라도 그것 자체가 현실사회일 수는 없다. 그런 만큼 가상사회로의 이동이 불러오는 긍정적 효과는 그것이 현실사회에 미치는 영향에 의해서만 구체화 되고 또 감지되어야 마땅하다는 인식을 필요로 한다. 따라서 온라인 서비스 전달의 영향성 평가를 통해 비용효과분석에 나서는 것과 같이 현실사회에 기반한 자기 평가의 노력이 불가피한 과제로 제기된다. 가상사회 운동과 현실사회 운동을 분리해서 다룰 수 없으며 이들을 병행하여 양자 간의 균형을 유지하는 일이 중요하다는 뜻이다. 따라서 가상사회와 현실사회를 모두 존중하는 가운데 운영되어야 한다는 점에서 일종의 양초점 전략의 필요성이 제기된다.

이는 대응 전략의 수립에서도 같다. 코로나-19 같은 긴급 재난시에는 가용자원의 중앙집중을 통해 효율 배분을 추구하는 것이 필요하지만 동시에 현장에서 요청되는 시급한 수요에도 대응해야 한다. 가용자원의 효율성을 위해서는 엄격한 지출 규제와 적극적 통제가 필요하지만 현장 대응의 임기응변성을 위해서는 유연한 통제와 자율적 관리의 범위를 확대하는 것이 필요하게 된다. 지역사회와의 협력을 통해 개별 현장의 정보를 수집하고 대응하는 일도 중요하지만 동시에 전국적인 차원에서 타지역과의 협력과 연대를 통해 바이러스의 확산을 막는 일도 긴요하게 된다(Driss, 2020). 따라서 중앙정부와 함께 지방정부와의 협력이 요청되는 것은 물론이고 동시에 지방정부와 지역사회공동체와의 협력도 요구된다. 집권과 분권의 양초점 전략이 불가피한 이유다.

수립된 전략을 집행하는 단계에서도 NGO 활동에 따른 서비스 제공자와 수용자 사이에서 양자 간의 균형을 모색하는 일이 긴요한 과제로 제기된다. 서비스 제공자인 NGO의 일방주의가 존중되는 경우 수용자의 진짜 수요가 무엇인지를 파악하지 못한 체 NGO의 관점과 판단에 따라 수요를 규정하고 이에 대한 대응이 이뤄질 위험성이 상존하기 때문이다. 서비스 제공자로서의 NGO가 의사를 결정하는 과정에 서비스 수용자의 대표성이 유효적절한 양식으로 반영되어야 하는 이유다. 이는 인도주의적 서비스라고 해서 모두가 가치 편향으로부터 자유로운 것은 아니며 그렇기 때문에 독립적, 중립적 인도주의를 모색하기 위해서는 수용자의 관점과 제공자의 관점이 균형을 이룰 수 있어야 한다는 의미에 다름 아니다. 양자를 균형 있게 다룬다는 점에서 양초점 시각에 의존하지 않을 수 없다.

따라서 감염병 사태에 조응하는 NGO의 자기반성과 혁신 작업이 요구되기 마련인 데 이럴 경우 단순히 현재 당면하고 있는 문제의 해결에 기여할 뿐만 아니라 의도하지 않게도 미래의 상황에 대한 대응력을 증대하는 부수 효과도 동반하게 된다(de Ven et al, 2021; 5). 코로나-19 사태에 대응하는 NGO의 자기 혁신 작업은 단순히 현재의 역진적 사회환경 변화에 대응하여 살아남기 위한 순응과 조정의 전기를 제공할 뿐만 아니라 새로운 도전과 비전을 개발해 나갈 수 있는 기회의 창을 열기도 한다는 뜻이다

(Mikołajczak et al, 2022: 333). 현재의 상황에 대한 혁신작업에 나서는 경우 새로운 사업이나 비전 개발에 대한 동기를 부여하고, 미래지향적인 투자의 효과를 담보하는 것은 물론이며, 대외적인 협력과 소통의 관계를 확대 개척하고, 재정적 수익의 확장 기회로 작용하며, 상근자들의 직무 안정성과 몰입도를 증진시켜, 보다 혁신지향적인 기관 문화를 창출하는 등의 변화를 견인한다는 뜻이다. 코로나-19 같은 대형 재난에 직면하여 NGO가 현재의 작업 과정, 절차 등 전반적인 상황을 점거하는 데 있어 미래지향적으로 접근해야 하는 이유다. 즉응적인 조치와 중장기적인 관점에서 미래지향적인 대응을 동시에 준비해야 한다는 의미이다. 현재와 미래를 동시에 관조하는 양초점 시각의 정립이 요구되는 이유다.

그런데 코로나-19 사태에 따른 NGO 활동을 다루는 데 있어 유의할 점 가운데 하나는 사회문화적 문맥의 특성에 대한 논의를 강화할 필요가 있다는 사실이다. NGO 활동을 후원하기 위한 재정자원의 모금에 있어 서구 여러나라에서는 후원금이 격감한 데 반해 한국에서는 오히려 급증했다는 사실 보고가 이를 반증한다. 코로나-19가 범지구 차원의 보편적 재난임에도 불구하고 사회문화적 문맥에 따라 위기 상황에 대한 대응에는 차이가 발생한다. 실제로 한국은 과거에도 외환 위기를 맞아 전국민이 자발적으로 금 모으기에 나서거나, 태안반도가 기름에 오염되자 해안의 오염물질 제거를 위한 자발적 국민운동이 일어나 외국 언론을 놀라게 한 바 있다. 이런 문화론적 관점에서 보면 재난 대응에 대한 NGO의 활동에 대해서도 일반적, 보편적 과학이론의 정립에 앞서 보다 많은 사례 연구의 축적이 요청된다고 하지 않을 수 없다. 그러나 그렇다고 해서 과학이론이 정립되지 않고서는 개별적 사례에 대한 체계적인 설명과 해석이 곤란하게 된다. 연구 방법론상의 양초점 전략이 불가피해지는 이유다.

그런데 인식론상의 양초점 전략은 상이한 환경 조건이 상이한 수요와 인식을 유발한다는 믿음에 기초한다는 점에서 환경의 영향을 지나치게 강조하는 편향성을 동반한다는 비판으로 부터 자유롭지 못하다. 그러나 그럼에도 불구하고 비교론적 시각에 기초한 깨달음과 그로 인해 당연한 것으로 여기던 것들에 대한 새로운 의문과 각성을 제고함으로써 감춰진 것들에 대한 인식의 문을 연다는 점에서 그 의의가 결코 작지 않다. 코로나-19의 확산으로 인한 재난의 발생이라고 하는 매우 긴박하고 치명적인 맥락적 환경에 압도된 나머지 NGO 주도의 인본주의 활동과 그에 따른 일방주의를 너무나도 당연시 하던 데에서 벗어나 그와는 다른 시각과 수요를 지니고 있을 재난의 피해자 내지는 서비스 수용자의 관점에도 유의해야 한다는 깨달음을 제공하기 때문이다. 이를 위해 양자 사이의 협력적 공조체제를 수립하는 일은 필수 불가결적인 과제로 제기된다. 더 나아가서는 그런 깨달음에 이르기 위한 분석작업에 있어서도 전대미문의 재난이라는 환경 변수의 일방주의로 부터 벗어나 관찰자의 시각이 보다 더 중립적 위치로 이동할 수 있어야 한다는 점을 시사한다. 이는 문화맥락 중심의 논의가 필요하다는 점에서도 같다. 이는 또한 코로나-19로 인한 긴급재난 시대의 NGO를 분석하는 작업 자체가 양초점에 의존해야 한다는 의미에 다름 아니다. 이를 보다 체계적으로 논증하는 작업은 후속 연구의 몫이다.

| 참고문헌 |

제 I 장 선거와 선거관리 거버넌스

강우창, 신재혁, 윤호영, 조계원. (2020). 선거환경의 변화에 따른 선거운동 방식의 효과 및 영향에 대한 분석. 「2020년도 중앙선거관리위원회 연구용역보고서」.

길정아, 강원택. (2020). 제21대 국회의원 선거에서의 회고적 투표: 대통령의 코로나 대응 평가 와 당파적 편향. 「한국정당학회보」, 19(4): 101-140.

김동환·조수민. (2020). 코로나 19 방역에 있어서의 마스크 정책의 딜레마-KF-AD 마스크 표준을 통한 부분적 딜레마 대응. 「한국행정학회 동계학술발표논문집」, 2020(1): 437-447.

김명희. (2020). 공중보건 위기 대응과 협력적 거버넌스. 「행정포커스」, 146: 69-71.

김민수, 부경민, 임경덕, 고성보, 김성백. (2010). 상호작용 UCC의 제작 및 효과 분석. 「감성 과학」, 13(3): 459-466.

김용호. (2008). 최근 한국 정당의 개혁조치에 대한 평가. 「한국정당학회보」, 7(1), 195-210.

김현정. (2021.04.08.). '더 나은 미래'를 지향하는 과학기술과 선거, (19) 선거에 과학기술을 더하다. 「더사이언스타임스」.

박성철. (2020.04.27.). 선거법의 위헌문제. 「법률신문」.

방승주. (2017). 선거운동의 자유와 제한에 대한 평가와 전망. 「헌법학 연구」, 23(3): 25-67.

박재창. (2021). 「코로나-19와 한국의 거버넌스」. 서울: 법문사.

_____. (2019). 「옴부즈만: 제4부」. 서울: 한국외국어대학교 지식출판콘텐츠원.

송경재. (2009). 웹 2.0 정치 UCC와 전자민주주의 – 정당, 선거 그리고 촛불시민운동의 시민 참여를 중심으로. 한국사회역사학회, 「담론 201」, 11(4):

63 – 91.

신정섭. (2020). 코로나19가 제21대 국회의원 선거 투표선택에 미친 영향: 정부대
　　　응 평가와 개인피해를 중심으로. 「한국정치연구」, 29(3): 155–182.

오명은. (2020.04.09.). 코로나19 시대의 선거운동 – 온라인 선거운동을 중심으로
　　　–. 「법률신 문」.

윤경호. (2020.11.30.). [필동정담] 악마화의 시대. 「매일경제」. 〈https://www.
　　　mk.co.kr/opinion/columnists/view/2020/11/1231603/〉 2021.09.09. 접
　　　속 검색.

윤병기. (2021.09.03.). 코로나 19 신규 확진 1,709명 국내확진 1,675명, 해외유입
　　　34명. 「후생신보」. 〈http://www.whosaeng.com/129843〉 2021.09.03.
　　　접속검색.

연합뉴스(2016.12.17.). 오바마, 러시아가 美민주당 해킹…분명한 메시지 보낼 것.
　　　〈https://www.yna.co.kr/view/AKR20161217007800071〉 2021.09.03.
　　　접속검색.

이광형. (2020.11.12.). 전자투표 확산, 정치 대변혁 부른다. 「중앙일보」.

이돈희. (2021.04.11.). [민주주의, 축복인가 재앙인가] (10)민주주의의 절차론적 특
　　　성. 「에듀인 뉴스」. 〈https://www.eduinnews.co.kr/news/articleView.
　　　html?idxno=39164〉 2021.09.12. 접속검색.

이향선. (2018). 가짜뉴스 대응 개선을 위한 정책 방안 연구. 「방송통신위원회 연
　　　구보고서」.

장영수. (2012). 인터넷 사전선거운동 허용의 문제점과 대안의 모색. 「이슈와 전
　　　망」, 26: 21–29.

장우영. (2011). SNS의 확산과 선거・정당 정치지형의 변화. 「국회입법조사처 정
　　　책연구용역보 고서」.

전형남. (2021.08.12.). [6.1지방선거 미리보기] (5) 코로나19가 바꿔 놓은 지선 풍
　　　속도. 「전북도민일보」.〈https://www.domin.co.kr/news/articleView.
　　　html?idxno=1350760&sc_section_code=S1N6〉 2021.09.05., 접속검색.

정민경. (2020.06.20.). 코로나19 선거 유불리 영향, 2022년 대선은. 「미디어 오늘」.

조일수. (2020). 대의 민주주의와 참여 민주주의의 특징 및 한계 비교 연구. 「한국 교육논총」, 41(3), 23–50.

조희정 (2012). 19대 총선에서 온라인 선거운동 관리의 과제. 「선거연구」, 2(2): 127–155.

제지희. (2020.12.01.). 온택트(Ontact) 시대의 일상 속 전자민주주의 '온라인투표시스템. 「김해뉴스」.

천관율. (2020.06.12.). 코로나19가 드러낸 '한국인의 세계'– 갈림길에 선 한국 편. 「시사 IN」. 〈https://www.sisain.co.kr/news/articleView.html?idxno=42165〉2020.11.18. 접속검색

홍주현 · 박미경 (2011). 선거 기간 중 트위터에 나타난 후보자와 유권자의 정치적 행위(politicalaction) 연구. 「사이버커뮤니케이션학보」, 28(4): 257–301.

Clark, J and Aufderheide, Pat. (2009). Public Media 2.0: Dynamic, Engaged Public. Center for Social Media, American University. 〈http://www.centerforsocialmedia.org/resources/publications/public_media_2_0)dynamic_engaged_publics.〉 2021.09.10. 접속.

CSSE(Center for Systems Science and Engineering). (2020.08.08.). COVID–19 Data Repository. Johns Hopkins University. 〈https://github.com/CSSEGISandData/COVID–19〉

Brennan Center for Justice. (2020). How to Protect the 2020 Vote from the Coronavirus. *Memorandum*. School of Law, New York University.

Brundidge, J. (2010). Encountering "Difference" in the Contemporary Spherre: The Contribution of the Internet to the Heterogeneity of Political Discussion Networks. *Journal of Communication*, (60): 680–700.

Daly, Tom G. (2021). How Do Distanced and Online Election Campaigning Affect Political Freedoms? International IDEA.

⟨https://www.idea.int/sites/default/files/publications/how-do-distanced-and-online-election-campaigning-affect-political-freedoms.pdf⟩ 2021.09.11. 접속검색.

Elkit, Jorgen and Svensson, Palle. (1997). What Makes Elections Free and Fair? *Journal of Democracy,* 8(3): 32-46.

Fidler, David P. (2017). Transforming Election Cybersecurity. *Cyber Brief.* Councilon Foerign Relations.
⟨https://www.cfr.org/report/transforming-election-cybersecurity⟩ 2021.09.11. 접속검색.

Kim, Yonghwan. (2011). The Contribution of Social Network Sites to Exposure to Political Difference: The Relationsips Among SNSs, Online Political Messaging, and Exposure to Crosscutting Perspectives. *Computers in Human Behavior,* (27): 971-977.

Moon. Myung Jae. (2020). Fighting COVID-19 with Agility, Transparency and Participation: Wicked Policy Problems and New Governance Challenges. *Public Administration Review,* 80(4): 651-656.

Rushton, S. (2011). Global Health Security: Security for Whom? Security from What? *Political Studies,* 59(4): 779-796.

Smith, S. M., Fabrigar, L. and Norris, M. E. (2008). Reflecting on Six Decades of Selective Exposure Research: Progress, Challenges and Opportunities. *Social and Personality Psychology Compass,* 2: 464-493.

van de Pas, Remco. (2020). Globalization Paradox and the Coronavirus Pandemic. *Clingendael Report.* Netherlands Institute of International Relations.

김동호. (2020.02.26). 다시 문 연 국회…국회의원 등 본관 출입자 전원 체온 측
　　　정. 「연합뉴스」.

김용준, 이수행, 박정지. (2020). 포스트 코로나 19 시대 무엇을 대비해야 하나?
　　　「이슈 & 진단(415)」, 경기연구원.

국회민원지원센터. (2022.04.25.). 코로나 백신 접종 중단과 부작용 피해 조사
　　　에 관한 청원. 「4월 3주차 국민동의청원 현황」.

국회사무처 국제국. (2020). 「각국 의회의 코로나 19 대응 사례와 현황」. 주재관
　　　리포트 2020-1.

국회정보나침판. (2022). 열린국회정보. 대한민국 국회. 〈https://open.assembly.
　　　go.kr/infonavi〉

박성원. (2022). 「과학기술의 미래 영향평가: 유럽의회 2021년 보고서, 전례 없는
　　　이슈에 대한 의회의 대응」. 국회미래연구원, *Futures Brief* 5.

박영환, 정하윤, 이은정, 허인혜, 강주현, 이재묵. (2018). 한국 국회의 실질적 대표
　　　성 증진의 조건: 여성 관련 법안 사례. 「21세기정치학회보」, 28(2), 69-
　　　92.

신정민. (2020.08.14.). 통합당 이영 의원, 21대 국회 최초 '언택트 법안발의'. 「조선
　　　일보」.

유효종. (2020.08.27.). 입법부 '올스톱'…9월 정기 국회 난항 "표결방식 바꾸자."
　　　「the300.

윤지원, 박제완. (2020.10.04.). 7일부터 국정감사...코로나 국감 어떻게 변하나.
　　　「레이더P」.

이길섭. (2018.12.). 「2018 세계전자의회 커퍼런스 결과보고서」. 국회사무처

이재묵. (2021). 「코로나 시대의 민주적 정치참여 활성화 방안」. 국회입법조사처
　　　정책연구용역보고서.

조일수. (2020). 대의 민주주의와 참여 민주주의의 특징 및 한계 비교 연구. 「한국

교육논총」, 41(3): 23-50.

진미경. (1999). 한국 민주주의의 미래와 참여민주주의. 김석근, 김세중, 김주성, 장훈, 진미경 공저. 「한국의 자유민주주의」, 경기: 인간사랑.

Birch, A. H. (1972). *Representation*. New York, NY: Praeger.

Brideau, Isabelle and Virgint, Erin. (2020.05.04.). Ensuring Legislative Activities During COVID-19. *Hill Notes*. Canadian Library of Parliament.

CPA(Commonwealth Parliamentary Association). (2020). COVID-19 Delivering Parliamentary Democracy: CPA Toolkit for Commonwealth Parliaments. London, UK.

Cormacain, Ronan and Bar-Siman-Tov, Ittai. (2020) Legislatures in the Time of Covid-19, *The Theory and Practice of Legislation*, 8: 3-9. 〈https://deliverypdf.ssrn.com/delivery.php? ID=1501241060950 80124025088120091099022063075036012049018106112005097090083113093028067123121063030017007034091089113121127025105020040034053046106082070028124064068041008071115070100064118006127116085004001029112125119119082102081118085087118067093008&EXT=pdf&INDEX=TRUE〉 2022.04.9. 접속검색.

Crego, Maria Diaz and Man'ke, Rafal. (2022). Parliaments in Emergency Mode: Lessons Learnt after Two Years of Pandemic. *Briefing*. European Parliamentary Research Service.

Dai, Xiudian and Norton, Philip. (2007). The Internet and Parliamentary Democracy in Europe. *The Journal of Legislative Studies*, 13(3): 342-353. 〈https://www.tandfonline.com/doi/abs/10.1080/13572330701500946〉 2022.04.07.접속검색.

EPTA. (2021). Technology Assessment and Decision Making under

Scientific Uncertainty. – Lessons from the COVID–19 Pandemic. EPTA(European Parliamentary Technology Assessment) Report.

Fitsilis, Fotios and Stavridis, Stelios. (2021). The Hellenic Parliament's Use of Digital Media in its Response to the 2019 Turkey–Libya Memorandum of Understanding on Maritime Boundaries in the Mediterranean Sea: a Preliminary Assessment. London School of Economics and Political Science. Hellenic Observatory Paperson Greece and Southeast Europe No. 163.

Guasti, Petra and Geissel, Brigitte. (2021). Claims of Representation: Between Representation and Democratic Innovation. *Frontiers in Political Science*, 3: 1–14.

Goldschmidt, Kathy and Sinkaus, Bradley Joseph. (2020). The Future of Citizen Engagement: Coronavirus, Congress, and Constituent Communications. *Tehcnology Reports*. Congressional Mangement Foundation.

Griglio E. (2020). Parliamentary Oversight under the Covid–19 Emergency: Strivingagainst Executive Dominance. *The Theory and Practice of Legislation*, 8: 49 – 70.

Harris, Marci, Abernathy, Claire and Esterling, Kevin M.(2020.06.18.). Congressional Modernization Jump–started by COVID–19. Brookings.

Mansbridge, Jane. (2003). Rethinking Representation. *The American Political Science Review*, 97(4): 515–528.

McKay, Sarah and Aitken, Courtney. (2021). How Has the COVID–19 Pandemic Changed the Way the Scottish Parliament Works? *SPICe Briefing*. Scottish Parliament Information Center.

Mencarelli, Alberto. (2021). Parliaments Facing the Virtual Challenge: A Conceptual Approach for New Models of Representation.

Parliamentary Affairs, 1–15.

Moulds, Sarah. (2020). Scrutinising COVID–19 laws: An Early Glimpse into the Scrutiny Work of Federal Parliamentary Committees. *Alternative Law Journal,* 45(3): 189–187.

Nicholson, Elspeth. and Paun, Akash. (2020.11.24.). Devolved Legislatures: How Are They Working in the Coronavirus Lockdown? Institute for Government.

Norton, P. (2021). The Impact on Behavior in the House of Lords, in: Study of Parliament Group. *Parliaments and the Pandemic.* 85 – 89.〈https://studyofparliamentgroup.org〉 2022.03.10. 접속검색.

Papaloi, Aspasia and Gouscos, Dimitris. (2009). E–Parliaments and Novel Parliament–to–Citizen Services. *eJournal of eDemocracy and Open Government,* 3(1): 80–98.

Pitkin, H. F. (1967). *The Concept of Representation.* Berkeley, CA: University of California Press.

Rayment, E. and VandenBeukel, J. (2020). Pandemic Parliaments: Canadian Legislatures in a Time of Crisis. *Canadian Journal of Political Science,* 53 : 379 – 384. 〈https://www.cambridge.org/core/services/aop–cambridge–core/content/view/80DB47FEAD64630A438C326E3D03C65C/S0008423920000499a.pdf/pandemic_parliaments_canadian_legislatures_in_a_time_of_crisis.pdf〉 2020.04.09. 접속검색.

Rehfeld, A. (2018). On Representing. *Journal of Political Philospphy,* 26(2): 216–239.

Rizzoni, Giovanni. (2001.08.16–25). Essential Information for Post–encyclopaedic Parliaments: the Italian Case. A Paper Presented at 67th IFLA Council and General Conference. Boston, USA.

Rozenberg, O. (2020). Post–Pandemic Legislatures: Is Real Democracy Possible with Virtual Parliaments?, ⟨www.liberalforum.eu⟩ 2021.10.10. 접속검색

Schumpeter, Joseph. (1975) [1942]. *Capitalism, Socialism, and Democracy*. New York, NY : Harper.

Scott, Edward and Newson, Nicola. (2022.03.01.). House of Lords: Timeline of Response to COVID-19 Pandemic. *In Focus*. UK Parliament.

Sequeira, Tahira. (2020.10.29.). Finland Could Face a Mental Health Crisis Even After the Pandemic. *Helsinki Times*.

Urbinati N. and Warren M. E. (2008). The Concept of Representation in Contemporary Democratic Theory. *Annual Review of Political Science*, 11: 387–412.

Valsangiacomo, Chiara. (2021). Political Representation in Liquid Democracy. *Frontiers in Political Science*, 3: 1–14.

Waismel-Manor, Israel, Bar-Siman-Tov, Ittai, Rozenberg, Olivier, Levanon, Asaf, Benoît, Cyril and Ifergane, Gal. (2020). *COVID-19 and Legislative Activity: A Cross-National Study*. Bar Ilan University Faculty of Law Research Paper No. 20-12

Waśkiewicz, Andrzej. (2020). (Trans. by Marilyn Burton). *The Idea of Political Representation and Its Paradoxes*. Berlin, Germany: Peter Lang.

Worthley, John A. (1976). *Public Administration and Legislatures: Examination and Exploration*. Chicago, Il: Nelson-Hall.

강건택. (2020.09.26.). WSJ "한국, 코로나19 대응의 암호 풀었다"…K
　　　방역 대서특필. 「연합뉴스」. 〈https://www.yna.co.kr/view/
　　　AKR20200926005300072〉 2020.01.25. 접속겸 색.

강명구. (2007). 진보논쟁은 무엇을 놓지고 있는가? 「인물과 사상」, 4: 41-54.

권성수. (2016.06.02.). 한국의 가족주의는 어떻게 변화해 왔는가? 「리뷰 아카
　　　이브」. 〈http://www.bookpot.net/news/articlePrint.html?idxno=779〉
　　　2021.01.18. 접속검색.

권수현. (2019.11.14.). 韓국민의 정부신뢰도 39%…OECD 36개국 중 22위. 「연
　　　합뉴스」. 〈https://www.yna.co.kr/view/AKR20191114147100004〉
　　　2020.06.26. 접속검색.

권용혁. (2013a). 공적 영역과 사적 영역: 한국 근대 가족을 중심으로. 「사회와 철
　　　학」, 26: 159-184.

_____. (2013). 한국의 가족주의에 대한 사회철학적 성찰. 「사회와 철학」, 25:
　　　203-232.

김경미. (2018). 비교의 시각에서 본 한국 정치경제 모델. 「한국정치연구」, 27(1).
　　　375-402.

김동춘. (2020). 「한국인의 에너지, 가족주의」. 사울: 도서출판 피어나.

김동환·조수민. (2020). 코로나 19 방역에 있어서의 마스크 정책의 딜레마-KF-
　　　AD 마스크 표준을 통한 부분적 딜레마 대응. 「한국행정학회 동계학술
　　　발표논문집」, 2020(1): 437-447.

김명희. (2020). 공중보건 위기 대응과 협력적 거버넌스. 「행정포커스」, 146: 69-
　　　71.

김수정. (2020). 데이터와 코로나 19, 4차 산업혁명과 포스트 코로나 시대. 「행정
　　　포커스」, 147: 68-73.

김은희(Eun Hee, Kim). (2020.07.17.). 양반은 누구인가?(6). Facebook.〈https://

www.facebook.com/eunhee.kim.79230/posts/3360314690680152〉
2021.05.07. 접속검색.

_____. (2020.07.09.). 양반은 누구인가?(6). Facrbook. 〈https://
www.facebook.com/eunhee.kim.79230/posts/3337548939623394〉
2021.05.07. 접속검색

_____. (2018.12.08.). 양반은 누구인가?(1). Facebook.〈https://
www.facebook.com/eunhee.kim.79230/posts/2195112207200412〉
2021.05.07. 접속검색.

김주동. (2020.11.25.). '코로나 대응력' 한국이 日에 뒤져 의아했다면⋯.「머니투
데이」.〈https://news.mt.co.kr/mtview.php?no=2020112517401107562〉
2021.01.25. 접속검색.

남상훈. (2020.09.18.). 포브스 "한국, 코로나 안전국가 3위".「한국재난뉴스」.
〈http://www.hjnews.co.kr/news/articleView.html?idxno=3000〉
2021.01.25. 접속검색.

노흥인. (2020). 코로나 19와 적극행정.「행정 포커스」, 147: 32–35.

다카하시 도루. (2010). 구인모 옮김.「식민지 조선인을 논하다」. 서울: 동국대학교
출판부.

마루야마 마사오. (1995). 김석근 옮김.「일본정치사상사연구」. 서울: 통나무.

문명재. (2020). 코로나 19의 도전과 정부의 대응: 도전과 기회.「행정 포커스」,
147: 41–48.

박광국· 김정인. (2020). 포스트 코로나 시대의 정부역할과 시민문화.「한국행정
학보」, 54(3): 1–30.

박기수. (2020). 코로나 19가 안겨준 교훈과 정부의 역할.「행정 포커스」, 147: 36–
40.

박영은. (1985). 산업화와 가족주의. 한국정신문화연구원.「정신문화연구」, 8(1).

박재창. (2018).「한국의 거버넌스」. 서울: 한국외국어대학교 지식출판콘텐츠원.

박통희. (2004). 가족주의 개념의 분할과 경험적 검토: 가족주의, 가족이기주의,

의사가족주의. 「가족과 문화」, 16(2): 93–125.

박형준·주지예. (2020). 한국인의 국가비전과 정부역할, 정부 신뢰의 인식변화. EAI 워킹페이퍼.

성상덕. (2020). 한국인의 국가관: 2020년 현재. 한국 행정학회 행정사연구회 춘계 학술대회발표논문. 한국행정학회 세미나실. 2020.05.16.

소진광. (2020). 감염병에 대한 한국형 방역사례를 통해 본 지방분권의 중요성. 「행정 포커 스」, 147: 55–60.

손진석. (2020.04.29.) 佛 기 소르망 "한국, 방역 성공했지만 매우 감시받는 사회". 「조선일보」.

신대현. (2020.12.02.). 다시 활약하는 생활치료센터, 16개소 가동률 60% 돌파. 「메디포뉴스」.

위은지. (2020). 신속한 진단, 혁신적 선별진료소——코로나 19 확산통제에 기여. 「나라경제」, 357(8월호): 10–11.

이기범. (2020.08.05.). 한 코로나 19 방역 성적, OECD 국가중 압도적 1위. 「노컷뉴스」. 〈https://www.nocutnews.co.kr/news/5389416〉 2020.08.07. 접속검색.

이대희. (2020). 한국인의 국가관: 1948년 전후. 한국 행정학회 행정사연구회 춘계 학술대회발표논문. 한국행정학회 세미나실. 2020.05.16.

이소연. (2020.11.25.). 여론 속의 여론: 코로나–19 20차 인식조사(11월 2주차). 「한국리서치 주간리포트(제105–2호)」.

이승환. (2002). 한국민, 동양의 공사관과 근대적 변용. 「정치사상연구」, 6.

이영완. (2020.11.03.). [사이언스카페] 코로나 감염률, 한국이 세계에서 가장 낮다. 영 연구진 45국 감염, 사망 실태 조사 결과 네이처에 발표. 「조선일보」.

이한우. (2002). 「한국은 난민촌인가」. 서울: 책세상. 186.

임상훈. (2020.12.11.). 세계적 방역 모델 한국의 위기——외신이 주목한 특이점. 「오마이뉴스」.

임혁백. (2020). 코로나 19 펜데믹 이후의 사회경제질서의 변화. 경제인문사회

연구회 주최 감염병 연구회 출범 세미나 기조발표논문. 서울 엘타워. 2020.07.06.

진순천. (2020.04.08.). [역사속 역병①] 역병에 무너진 로마제국, 그 역사가 전하는 메시지.「에포크타임스 한글판」.

천관율. (2021.01.04.). '방역정치'가 드러낸 한국인의 세계—각자도생의 경고.「시사IN」. 〈https://www.sisain.co.kr/news/articleView.html?idxno=43617〉 2021.01.11. 접속검색.

_____. (2020.12.22.). '방역정치'가 드러낸 한국인의 세계—의문 품는 한국인들.「시사IN」. 〈https://www.sisain.co.kr/news/articleView.html?idxno=43417〉 2021.01.19.접속검색.

_____. (2020.06.12.). 코로나19가 드러낸 '한국인의 세계'— 갈림길에 선 한국 편.「시사 IN」. 〈https://www.sisain.co.kr/news/articleView.html?idxno=42165〉2020.11.18. 접속검색

_____. (2020.06.02). 코로나19가 드러낸 '한국인의 세계'— 의외의 응답 편.「시사IN」. 〈https://www.sisain.co.kr/news/articleView.html?idxno=42132〉 2020.11.17. 접 속검색.

최봉영. (1997).「조선시대 유교문화」. 서울: 사계절.

최석만. (1999). 유교 사상과 민주주의의 접합을 위한 이론 구성 및 방법론.「동양사회사상」, 2: 5–29.

최우영. (2006). 조선시대—사회관계 변화와 가족주의의 기원. 한국가족학회 편,「가족문화」,18(1): 1–32.

최영진. (2008). 유교 국가론에 있어 통치 주체와 객체의 문제.「동양철학 연구」, 53: 145–175.

최인수·윤덕환·채신애·송으뜸. (2020).「대중을 읽고 기획하는 힘 2021 트렌드 모니터」. 서울: 시크릿하우스.

최정운. (2016).「한국인의 발견: 한국 현대사를 움직인 힘의 정체를 찾아서」. 서울: 미지북스.

최진석. (2020.09.01.). 친일과 대한민국, 「미디어 투데이」.〈http://m.mediatoday.
　　　asia/181106#_enliple〉 2020.09.03. 접속검색.

한국리서치. (2020.11.25.). 여론 속의 여론: 코로나-19 20차 인식조사(11월 2주차).
　　　「주간리포트」, 105(2).

황경식, 정인재, 이승환, 김형철, 이기동, 박찬영, 김수중, 남경희, 최영진, 이좌용,
　　　정병석, 이진우. (1996). 「윤리질서의 융합」. 서울: 철학과 현실사.

Ahmad, R. (2008). Governance, Social Accountability and the Civil Society,
　　　Journal of Administration & Governance, 3(1): 10-21.

Bloch, Ernst. (1977, [first published in German 1932]). Trans. Mark Ritter.
　　　Nonsynchronism and the Obligation to its Dialectics. *New German*
　　　Critique. 11: 22 - 38.

Boin, Arjen and Lodge, Martin. (2016). Designing Resilient Institutions for
　　　Transboundary Crisis Management: a Time for Public Administration.
　　　Public Administration, 94(2): 289-298.

Boswell, C. and Rodrigues, E. (2016). Policies, Politics and Organizational
　　　Problems: Multiple Streams and the Implementation of Targets in UK
　　　Government. *Policy and Politics,* 44(4): 507-524.

Bowtell, B. (2020.03.06). Our HIV Lesson: Exclude Politicians and Trust the
　　　Experts- and the People- to Confront Coronavirus, *The Sydney*
　　　Morning Herald. 〈https://www.smh.com.au/national/our-hiv-lesson-
　　　exclude-politicians-and-trust-the-experts-and-the-people-to-
　　　confront-coronavirus-20200305-p5476a.html.〉 2021.01.10.접속검색.

Brousselle, Astrid, Brunet-Jailly, Emmanuel, Kennedy, Christopher, Phillips,
　　　SusanD., Quigleym, Kevin and Roberts, Alasdair. (2020). Beyond
　　　COVID-19: Five Commentaries on Reimagining Governance for
　　　Future Crises and Resilience.*Canadian Public Administration*, 63(3):

369–408.

Carmel, Emma. (2019). Chapter 3: Governance Analysis: Epistemological Orientations and Analytical Framework. In Carmel, Emma. (ed.) *Governance Analysis: Critical Enquiry at the Intersection of Politics, Policy and Society.* Glos, UK: Edward Elgar.

Center for Systems Science and Engineering(CSSE). (2020.12.30.). COVID-19 Data Repository. Johns Hopkins University(JHU). ⟨https://www. google.co.kr/search?source=hp&ei=Vu3zX9iELsmnoATDn4fQBQ&q= %EC%BD%94%EB%A1%9C%EB%82%98+%EB%B0%94%EC%9D%B 4%EB%9F%AC%EC%8A%A4+%EC%9D%BC%EC%9D%BC+%ED%9 9%95%EC%A7%84%EC%9E%90+%EC%88%98&oq=%EC%BD%94% EB%A1%9C%EB%82%98+%EC%9D%BC%EC%9D%BC+%ED%99%9 5%EC%A7%84%EC%9E%90+%EC%88%98&gs_lcp=CgZwc3ktYWlQ ARgBMgllADIGCAAQCBAeMgYlABAlEB46BQgAELEDOgQlABAKOggl ABCxAxCDAToGCAAQChAqOgclABCxAxAKOgQlABADOgglABAlEA0 QHlCDEVj3tgFgmJ0CaANwAHgDgAHcA4gBmlOSAQoxLjluOC4yMC4 ymAEAoAEBqgEHZ3dzLXdpeg&sclient=psy-ab⟩ 2020.12.30. 접속검 색.

Cohen, M.D., March, J.G. and Olsen, J.P. (1972). A Garbage Can Model of Organizational Choice. *Administrative Science Quarterly,* 17(1): 1 – 25.

Djalante, Riyanti. (2012). Adaptive Governance and Resilience: the Role of Multi-Stakeholder Platforms in Disaster Risk Reduction. *Natural Hazards Earth System Sciences,* 12: 2923 – 2942.

Eom, Seok-Jin. (2012). Institutional Dimensions of e-Government Development: Implementing the Business Reference Model in the United States and Korea. *Administration & Society,* 45(7): 875–907.

Fawcett, Paul and Daugbjerg, Carsten, (2012). Explaining Governance

Outcomes: Epistemology, Network Governance and Policy Network Analysis. *Political Studies Review,* 10(2): 195–207.

Fukuyama, Francis. (2020). The Pandemic and Political Order: It Takes a State. *Journal of Foreign Affairs,* 99: 4.

_____. (2004). The Imperative of State–Building. *Journal of Democracy,* 15(2): 17–31.

_____. (1997). Social Capital and the Modern Capitalist Economy: Creating a High Trust Workplace. *Stern Business Magazine,* 4(1).

Giustiniano, Luca, Miguel Pina e Cunha, Ace V. Simpson, Arménio Rego and Stewart Clegg. (2020). Resilient Leadership as Paradox Work: Notes from COVID–19. *Management and Organization Review,* 16(5): 971– 975.

Gorgulhoa, José, Tavaresa, Jorge, Páscoaa, Carlos and Tribolet, José. (2015). Governance: Decision–making Model and Cycle. *Procedia Computer Science,* 64: 578 – 585.

He, Alex Jingwei, Shi, Yuda and Liu, Hongdou. (2020). Crisis Governance, Chinese Style: Distinctive Features of China's Response to the COVID–19 Pandemic. *Policy Design and Practice,* 3(3): 242–258.

Henderson, Gregory. (1968). *Korea: The Politics of the Vortex.* Cambridge, MA: Harvard University Press.

Hirschman, Alberto O. (1970). *Exit, Voice and Loyalty.* Cambridge, MA: Harvard University Press.

Irene, Oseremen Felix. (2018). Enhancing Governance and Operational Effectiveness of Civil Society Organisations for Quality Service Delivery in South Africa. *International Journal of Governance and Development,* 5: 47–52.

Janssen, Marijn and van der Voort, Haiko. (2020). Agile and Adaptive Governancein Crisis Response: Lessons from the COVID-19 Pandemic. *International Journal of Information Management*, 55: 1–7.

Jung, Jai Kwan. (2020). The Role of Civil Society in South Korean Democracy: Liberal Legacy and Its Pitfalls. *Asia Democracy Issue Briefing*. The East Asia Institute.

Kauzya, John-Mary. (2020). COVID-19: Reaffirming State-People Governance Relationships. UN/DESA Policy Brief #75. Department of Economic and Social Affairs, UN.

Kingdon, John W. (2003). *Agendas, Alternatives and Public Policies.* Second edition. New York, NY: Longman.

Klingebiel, Stephan and To/rres, Liv. (2020). Republic of Korea and COVID-19: Gleaning Governance Lessons from a Unique Approach. *Pathfinders.* UNDP. 1–10.

Kooiman, Jan. (2010). Chapter 5: Governance and Governability. In Osborne, Stephen P. (ed.). *The New Public Governance? Emerging Perspectives on the Theory and Practice of Public Governance*. New York, NY: Routledge.

Kornhauser, Lewis A. (2004). Governance Structures, Legal Systems, and the Concept of Law. *Chicago-Kent Law Review*, 79(2): 355–381.

Kye, Bongoh and Hwang, Sun-Jae. (2020). Social Trust in the Midst of Pandemic Crisis: Implications from COVID-19 of South Korea. *Research in Social Stratification and Mobility,* 68: 1–5.

Lancaster, Kari, Rhodes, Tim and Rosengarten, Marsha. (2020). Making Evidence and Policy in Public Health Emergencies: Lessons from COVID-19 for Adaptive Evidence-making and Intervention. *Evidence and Policy,* 16(3): 477–490.

Lewis, W. Arthur. (1965). *Politics in West Africa*. New York, NY: Oxford University Press.

Maharaj, Rookmin. (2009). Corporate Governance Decision–making Model: How to Nominate Skilled Board Members, by Addressing the Formal and Informal Systems. *International Journal of Disclosure and Governance*, 6(2):106–126.

Morgenthau, Hans J. (1962). Chapter 29: The Corruption of Patriotism. In *Politics in the Twentieth Century. Vol 1, The Decline of Democratic Politics*. Chicago, IL: University of Chicago Press.

Moon. Myung Jae. (2020). Fighting COVID–19 with Agility, Transparency and Participation: Wicked Policy Problems and New Governance Challenges. *Public Administration Review*, 80(4): 651–656.

Putnam, Robert D. (1995). Bowling Alone, Revisited. *The Responsive Community*, Spring: 18–33.

Rogin, Josh. (2020.03.11.). South Korea Shows That Democracies Can Succeed Against the Coronavirus. *Washington Post*.

Rushton, S., (2011). Global Health Security: Security for Whom? Security from What? *Political Studies*, 59(4): 779–796.

Ţicla'u, Tudor, Hintea, Cristina and Andrianu, Bianca. (2020). Adaptive and Turbulent Governance. Ways of Governing That Foster Resilience: The Case of the COVID–19 Pandemic. *Transylvanian Review of Administrative Sciences*, Special Issue: 167–182.

van de Pas, Remco. (2020). Globalization Paradox and the Coronavirus Pandemic. *Clingendael Report*, Netherlands Institute of International Relations.

Yang, Kaifeng. (2020). What Can COVID–19 Tell Us About Evidence–Based Management? *American Review of Public Administration*, 50(6–7): 706 – 712.

Zohlnhöfer, Reimut and Rüb, Friedbert W. (2016). Chapter One Introduction: Policy-Making under Ambuiguity and Time Constraints. In Zohlnhöfer, Reimut and Rüb, Friedbert W. (eds.). *Decision-Making under Ambiguity and Time Constraints: Assessing the Multiple-Streams Framework.* Colchester, UK: ECPR Press.

제 Ⅳ 장 NGO와 협력적 거버넌스

김시원. (2021.01.05.). 세상이 어려워도 NGO는 멈추면 안 됩니다. 「더나은미래」.

박건희. (2020.10.06.). 포스트코로나 시대 NGO들의 변화 ①한국컴패션. 「CGN 투데이」.

박재창. (2021). 「코로나-19와 한국의 거버넌스」. 서울: 박영사.

_____. (2020). 「지구 거버넌스와 NGO」. 서울: 한국외국어대학교 지식출판콘텐츠원.

이양호. (2020). 코로나-19 팬데믹과 국가: 중국과 미국의 비교. 「민족연구」 76.

이정아. (2020.02.05.). 남성·노인·기저질환자가 코로나19에 특히 취약한 이유. 「동아사이언스」.

이태호. (2020). 코로나 19 팬데믹과 시민사회 운동의 역할과 과제. 포스트코로나 시대 협력과 연대, 무엇을 할 것인가? 한국사회비전회의, 2020년 7월 9일(목) ~ 10일(금), 백범김구기 념관 컨벤션홀. 발표논문.

조선일보. (2020.3.18.). 더 나은 미래: 코로나19 기부금 흐름 분석.⟨http://futurechosun.com/archives/47280⟩

황신애. (2021.01.01.). 우리나라의 비영리 지원과 모금의 동향, 그리고 코로나 19 이후. 「참여연대」. ⟨https://www.peoplepower21.org/Welfare/1757831⟩.

행정안전부. (2020.08.31.) 코로나19 극복 자원봉사 활동에 246개 센터·76만명 참여, 행안부, 하반기 '안녕! 함께 할게' 캠페인 참여 당부. 「대한민국 정책브리핑」(www.korea.kr).

홍성훈. (2021). 코로나19로 인해 드러난 미국 내 성별 격차. 「국제노동브리프」, 77-86.

Adams-Prassl A., Boneva T., Golin M. and Rauh C. (2020). Inequality in the Impact of the Coronavirus Shock: Evidence from Real Time Surveys. *Journal of Public Economics,* 189: 1-33.

Alizadeh M., Abbasi M., Bashirivand N., Mojtahed A. and Karimi S. E. (2020). Nongovernmental Organizations and Social Aspects of COVID-19 Pandemic: A Successful Experience in Health Policy. *Medical Journal of The Islamic Republic of Iran (MJIRI)*, 34(1): 1180-1183. 〈URL: http://mjiri.iums.ac.ir/article-1-6891-en.html〉

Amin, R. M., Febrina, R., and Wicaksono, B. (2021). Handling COVID-19 from a Collaborative Governance Perspective in Pekanbaru City. *Jurnal Bina Praja*, 13(1): 1 - 13. 〈https://doi.org/10.21787/jbp.13.2021.1-13〉

Asogwa, I.E., Varua, M.E., Datt, R. and Humphreys, P. (2022). The Impact of COVID-19 on the Operations and Management of NGOs: Resilience and Recommendations. *International Journal of Organizational Analysis*, Vol. ahead-of-print No. ahead-of-print. 〈https://doi.org/10.1108/IJOA-12-2021-3090〉 2022.06.16. 접속검색

Athal, Krishna. (2022.02.12.). How far NGOs Have Been Affected by Covid-19 Globally? *The Times of India*. 〈https://timesofindia.indiatimes.com/blogs/krishna-athal/how-far-ngos-have-been-affected-by-covid-19-globally/〉 2022.06.17. 접속검색.

Bertacchini, Federica. (2022). Covid-19 & NGOs: An Opportunity for Philanthropy? *Dianova*. 07.31. 〈https://www.dianova.org/opinion/covid-19-ngos-an-opportunity-for-philanthropy/#autor_desc〉

_____. and Goberna, Lucía. (2020.04.23.). How Will Covid-19 Affectthe Role of NGOs? *Dianova*. 〈https://www.dianova.org/opinion/how-will-covid-19-affect-the-role-of-ngos/〉2022.07.13. 접속검색.

Bilal, Hysa E., Akbar A., Yasmin F., Rahman A.U. and Li S. (2022). Virtual Learning During the COVID-19 Pandemic: A Bibliometric Review and Future Research Agenda. *Risk Management Healthcare and Policy*, 15:1353-1368. https://doi.org/10.2147/RMHP.S355895

Bond. (2020.04.08.). How is Covid-19 Affecting NGOs' Finances and Operations? 〈https://www.bond.org.uk/news/2020/04/how-is-covid-19-affecting-ngos-finances-and-operations〉. 2022.06.16. 접속검색.

de Ven, Katinka van, Alison Ritter and Robert Stirling. (2021). The Impact of the COVID-19 Pandemic on the Non-government Alcohol and Other Drug Sector: Future Implications. 「Drug Policy Modelling Program Monograph」 34. Network of Alcohol and Other Drugs Agencies (NADA), Sydney, Australia. 〈https://nada.org.au/wp-content/uploads/2021/03/Impact-of-COVID-on-NGO-AOD-Treatment_DPMP-Mono-34.pdf〉

Dobson, Andrew P., Stuart L. Pimm, Lee Hannah, Les Kaufman, Jorge A. Ahuma,Daamy W. Ando, Aaron Bernstein, Jonah Busch, Peter Daszak, Jens Engelmann, Margaret F. Kinnaird, Binbin V. Li, Ted Loch-temzelides, Thomas Lovejoy Katarzyna Nowak, Patrick R. Roehrdanz, and Mariana M. Vale. (2020.07.24.). Ecology and Economics for Pandemic Prevention. *Science*.

Driss, Hana. (2020). The Effects of the Covid-19 Pandemic on Humanitarian Aid Operations in Jordan. *Capstone Collection*. 3223. 〈https://digitalcollections.sit.edu/capstones/3223〉

EFA(European Fundraising Association) . (2020). The Impact of Covid − 19 on Nonprofits In Europe : Summary Report. 〈https://efa-net.eu/wp-content/uploads/2020/12/Nonprofit_Pulse_Summary_Report_2020.pdf〉

EPTA. (2021). Technology Assessment and Decision Making under Scientific Uncertainty − Lessons from the COVID-19 Pandemic. EPTA(EuropeanParliamentary Technology Assessment) Report.

〈https://www.tab-beim-bundestag.de/downloads/epta/reports/ EPTA%20report%202021.pdf〉

Enes Eryarsoy, Masoud Shahmanzari and Fehmi Tanrisever. (2022). Models for Government Intervention During a Pandemic. *European Journal of Operational Research*. 〈https://www.sciencedirect.com/science/ article/abs/pii/S0377221721010924〉

Grigoreva, Lidiya. (2020.04.23.). How Will Covid-19 Affect the Role of NGOs? *Dianova*. 〈https://www.dianova.org/opinion/how-will-covid-19- affect-the-role-of-ngos/〉

Jocius, R., O'Byrne, W.I., Albert, J. et al. (2022). Building a Virtual Community of Practice: Teacher Learning for Computational Thinking Infusion. *TechTrends*, 66: 547 – 559. https://doi.org/10.1007/s11528-022- 00729-6

Kim, Mirae and Dyana P. Mason. (2020). Are You Ready: Financial Management, Operating Reserves, and the Immediate Impact of COVID-19 on Nonprofits. *Nonprofit and Voluntary Sector Quarterly*, 49(6): 1191 – 1209.

Klein, Naomi. (2020.05.09.). Screen New Deal. Way Back Machine. 〈https:// theintercept.com/2020/05/08/andrew-cuomo-eric-schmidt- coronavirus-tech-shock-doctrine/〉 2022.07.15. 접속검색.

Le Got, Claude Vivier. (2022). The Impact of COVID: the Opinion of NGOs. Council of Europe. 〈https://www.coe.int/en/web/education/the- impact-of-covid-the-opinion-of-ngos〉2022.06.16. 접속검색.

Mohseni M, Azami-Aghdash S, Mousavi Isfahani H, Moosavi A, and Fardid M.(2021). Role of Nongovernmental Organizations in Controlling COVID-19. *Disaster Med Public Health Prep*. doi: https://doi. org/10.1017/dmp.2021.60.

Miko łajczak, Pawe ł, Joanna Schmidt and Robert Skikiewicz. (2022).
　　The Covid-19 Pandemic Consequences to the Activity of NGOs.
　　Entrepreneurship and Sustainability Issues, 9(3). 〈http://doi.
　　org/10.9770/jesi.2022.9.3.(20)〉

Natasha, Brigita. (2020.09.14.) How Post-COVID19 World Will Affect NGOs?
　　Artemis. 〈https://artemis.im/how-post-covid-19-world-will-affect-
　　ngos/〉

Nungsari, Melati, Yin, Chuah Hui, Fong, Nicole and Pillai, Veena. (2022.03.23.).
　　Understanding the Impact of the COVID-19 Outbreak on Vulnerable
　　Populations in Malaysia through an Ethical Lens: A Study of Non-
　　state Actors Involved in Aid Distribution. *Wellcome Open Research*.
　　〈https://d212y8ha88k086.cloudfront.net/manuscripts/19471/ee69d14f-
　　dfd1-4d15-abea-af6ea2a94312_17239_-_melati_nungsari_
　　v2.pdf?doi=10.12688/wellcomeopenres.17239.2&numberOfBrowsable
　　Collections=9&numberOfBrowsableInstitutionalCollections=0&number
　　OfBrowsableGateways=14〉 2022.06.15. 접속검색.

Packer, John and Slava Balan. (2020.07.27.). A Genuine Human Rights-
　　based Approach for Our Post-pandemic Future. *Open Global Rights*.
　　〈https://www.openglobalrights.org/genuine-human-rights-based-
　　approach-for-post-pandemic-future/〉

Saez, Patrick and Worden, Rose. (2021.06.29.) Opinion: NGO Boards Don't
　　Represent Who They Serve. That Must Change. *devex*. 〈https://
　　www.devex.com/news/opinion-ngo-boards-don-t-represent-
　　who-they-serve-that-must-change-100236〉

Sassu, Răzvan-Victor and Vaş, Eliza. (2020.10.06.). The Impact of the Covid-19
　　Pandemic on the European Non-governmental Sector. *Europe Now
　　Journal*. Council for European Studies.

Tageo, Valentina, Carina Dantas, Alessandro Corsello and Luis Dias. (2021.01.12.). The Response of Civil Society Organisations to Face the COVID-19 Pandemic and the Consequent Restrictive Measures Adopted in Europe. *Study*. The European Economic and Social Committee(EESC). 〈https://www.eesc.europa.eu/sites/default/files/files/qe-02-21-011-en-n.pdf〉 2022.07.19. 접속검색.

Voice. (2021.07). The Value of NGOs' Humanitarian Action in the Era of Covid-19. *Voice Out Loud,* 31.

Wang, F., Ge, X. and Huang, D. (2022). Government Intervention, Human Mobility, and COVID-19: A Causal Pathway Analysis from 121 Countries. *Sustainability*, 14. 〈https://doi.org/10.3390/su14063〉

Westerink, Jasper. (2017.04.27.). 3 Ways to Fight the Pandemics of the Future. *World Economic Forum.* 〈https://www.weforum.org/agenda/2017/04/strengthening-africa-s-first-line-of-defence-against-pandemics/〉

저자 소개

박재창

박재창은 현재 숙명여자대학교 명예교수로 재직중이다. 미국 뉴욕주립대학교에서 행정학 박사학위를 받았다. 한국 행정학회 회장, 한국 NGO학회 회장, 한국 국제지역학회 회장, 한국 정치행정연구회 회장을 역임했다. 한국 외국어대학교 석좌교수, 독일 자유베를린대학교 훔볼트재단 연구교수, 미국 버클리대학교 플브라이트 교수, 일본 동지사대학교 객원교수, 항가리 부다페스트경제대학교 초빙교수, 태국 창마이라찻팟대학교 방문교수를 지냈다. 미국 정치학회의 Congressional Fellow, (사)한국미래정부연구회 이사장, (사)아세아의회발전연구소 소장, (사) 옴부즈만연구소 이사장, 아시아 · 태평양 YMCA 연맹 회장으로 활동했다. [COVID-19, Familism, and South Korean Governance], [지구 거버넌스와 NGO], [대안관광과 NGO], [옴부즈만 : 제4부], [한국의 거버넌스], [한국의 헌법개정], [한국의 시대정신], [한국의 국정개혁], [New Governance: Issues and Challenges], [정치쇄신 4.0], [거버넌스 시대의 국정개조], [Responses to the Globalizing World], [한국민주주의와 시민사회], [분권과 개혁], [한국의회윤리론], [한국의회개혁론], [한국의회정치론], [한국전자의회론], [한국의회행정론] 등 50여 편의 저서와 편저가 있다.

코로나-19 시대의 국가와 시민사회
State and Civil Society in the Era of COVID-19

초판인쇄 2022년 9월 26일
초판발행 2022년 9월 26일

지은이 박재창
펴낸이 채종준
펴 낸 곳 한국학술정보(주)
주   소 경기도 파주시 회동길 230(문발동)
전   화 031-908-3181(대표)
팩   스 031-908-3189
홈페이지 http://ebook.kstudy.com
E-mail 출판사업부 publish@kstudy.com
등   록 제일산-115호(2000. 6. 19)

ISBN   979-11-6801-711-5 93330